蔡登山 著

蕭

徐志摩、朱自清等21位五四文青羅曼史

代序
從蕭紅談到五四名人的愛情

蔡登山

二〇一二年十二月十二日許鞍華執導的新片《黃金時代》在哈爾濱開拍，第一時間，我寫了〈藍天碧水永處懷蕭紅〉刊於四天後的香港《蘋果日報》副刊《蘋果樹下》。許鞍華說拍蕭紅是自己四十年的心願，「我二十幾歲時就想拍，但沒人肯寫，也不太懂她，現在終於等到了李檣的劇本。」同樣，我在大學時讀蕭紅的作品、讀葛浩文的《蕭紅評傳》等一大堆有關蕭紅的資料，但三十多年來一直盼望有人將她搬上銀幕。一九九四年我籌拍《作家身影》紀錄片，到香港勘景，小思老師還特地帶我和雷驤導演到聖士提反女校的樹下去找尋曾埋在此地的蕭紅的一半骨灰，但時移世變，卻找不到原來的那棵樹了。《作家身影》只拍到張愛玲，並沒有拍蕭紅，這一直是我心中耿耿於懷的。到了二〇〇〇年因《人間四月天》連續劇走紅，我和名編劇王蕙玲見面，建議她下一部寫蕭紅，她也答應，我慨然提供所有蕭紅的資料，讓她帶回加拿大去寫劇本，盼想不久即可看到會比《人間四月天》更轟動的連續劇，但出乎我預料的王蕙玲卻編寫了《她從海上來》張愛玲的連續劇。當然張愛玲的名氣遠大過於蕭紅，但就戲論戲，張愛玲的一生遠不如蕭紅來得精彩。

一九一一年蕭紅自中國最北方的城市——呼蘭縣走來，一九四二年一月二十三日，她又在中國最南方城市的一角——香港淺水灣寂然歸骨，總共才活了三十一個寒暑。對於他人正值青春美麗的年華，而對於蕭紅，那卻是她追求、奮鬥、掙扎而又含恨而終的短暫而痛苦的一生。蕭紅在少女時被逼婚逃婚、受騙懷孕，陷於哈爾濱某旅館而面臨被賣的絕境，是蕭軍救了她。兩人相愛而同居，曾為蕭紅帶來短暫的幸福，但這幸福後來卻褪了顏色，甚至最終轉化為痛苦：她在蕭軍的大男人主義與過份的呵護傾向中感到附庸的屈辱。加上蕭軍在感情上有了「外遇」，讓這一對在松花江畔定情，在青島、上海等地同甘苦、共患難達六年之久的文學伴侶，就這樣訣別所愛了！曾經「牽手」想共渡一生，卻終究不能不放掉伊的手，看著她的背影遠走……。難怪張愛玲曾說：「執子之手」，是最悲哀不過的詩句。只因「牽手」之後，常免不了要「放手」的，而「放手」看似瀟灑，實際上是淚乾心枯之後的絕望。在戰火紛飛之際，容不下蕭紅舔舐傷口，她遇上了端木蕻良，當然這一次又遇人不淑。她不但又開始給端木抄文稿，又開始忍受他對她寫作的譏諷，而且每遇風險，她總是端木的第一個放棄物。她曾孤身一人被拋在砲火威逼下的武漢，身懷九個月身孕絆倒在船塢，無人攙扶。她發覺自己仍然沒有擺脫從屬和附屬的身分，她原本傾心盡力的以愛情為支柱的精神家園無疑地又再次被損毀了。

「心比天高，命薄如紙」，或許是蕭紅一生的寫照。在一個風雲際會的大時代中，一個才華洋溢的女作家卻不斷地被男人遺棄。蕭紅曾說：「我一生最大的痛苦和不幸都是因為我是女人」，因此她愈渴望做為女性獨立於世，就愈依賴男性伸出拯救之手，而其悲劇也在於此。

一九三六年七月十七日蕭紅東渡日本，為了挽救她和蕭軍的感情裂痕，在這之前蕭軍和陳涓有段感情的糾葛。同年十一月十九日蕭紅從東京寫給蕭軍的信說：「均：你是還沒過過這樣的生活，和蛹一樣，自己被捲在繭裏去了。希望固然有，目的也固然有，但是都那麼遠和那麼大。人盡靠着遠的和大的來生活是不行的……窗上灑滿着白月的當兒，我願意關了燈，坐下來沉默一些時候，就在這沉默中，忽然像有警鐘似的來到我的心上：『這不就是我的黃金時代嗎？此刻。』」

是的，每個人都有著他的「黃金時代」；但就整個大時代而言，五四以降到了三〇年代是可號稱「黃金時代」的。您看在三〇年代，不管文學、電影、建築等等都達到相當高的水準，我們讀到的最重要的現代文學著作幾乎是三〇年代的作品，我們看費穆的電影《小城之春》，也是這時期的電影。還有上海外灘的各種歐式建築等等，其實若不是抗戰爆發，文學、電影、建築等等是絕對可以再攀上高峰的，無奈戰火紛飛，人們逃亡唯恐不及，又何來創作？「黃金時代」也遽爾消失了。

愛情是個古老的話題，也是個永恆的話題，只要有男女存在的一天，它終究會被談論的；婚姻也該是如此。然而在古老的時候，婚姻被等同於愛情，「父母之命，媒灼之言」，就是兩人「執子之手、與子偕老」的一生盟誓。直到「五四」風雷之際，魯迅、胡適、陳獨秀諸人，憤而要打破這千百年來萬難打破的鐵屋子，他們肩負著沉重的黑暗閘門，不惜以自身幸福為犧牲品，去吶喊去反抗，他們終於衝破這鐵屋子，於是後人才有所謂的「自由戀愛」的婚姻。

這群反封建傳統的鬥士，深深體驗到婚姻要以愛情為基礎，他們不願再如他們父執輩那樣在無愛的婚姻中備受煎熬；但另一方面，社會的傳統道德、理教禁梏，猶如一張牢不可破的大網，將他們牢牢地網在裡面，令他們無力掙扎、萬難衝破，但終於他們還是戰勝了，只為愛情是那麼醇香如斯！正如女作家席慕容說的「不能飲不可飲／也要拚卻的一醉」！雖然他們常常過早地就被父母「繫於鐵鎖下」，但他們卻始終認為「無愛情而勉強結合，是輕愛情而重倫道，且必增益伊之痛苦」，因此只有破除千百年來的桎梏，才能解開這束縛，為此他們背上「拋棄糟糠、另結新歡」等等沉重的罪名，但也因此顯示出他們的悲壯與執著。正如有人說：「良緣是一種美麗的守候，相識相知即一世執著；真情是一種永恆的感受，相愛相守即無悔無憂。」

愛情是什麼？人們曾千百次地問自己。哲學家曾做過帶有思辯色彩的詮釋，詩人則做過富於想像力的比喻。其實或許不用去追根究底，當男女雙方在精神上和感覺上達到最大的和諧時，愛神已悄悄地降臨了。當然愛情不只是風花雪月、不只是談情說愛而已，它必須落實於生活，正如魯迅所說：「人必生活著，愛才有所附麗」。童話中，王子和公主結婚了，故事常常就此落幕了，因為人們總是認為他們兩人從此過著幸福美滿的日子，但事實不然，相愛容易相處難，由於朝夕見面，雙方的神祕感漸漸褪去，於是原先的吸引力逐漸在消失，雙方都在重讀記憶中的你。而此時你若發現原先的嫩綠已退成枯黃時，感情的危機便已浮現了。聰明的人，此時會坦誠相見，一把一把地將心底的祕密掏給對方，因為只有坦誠將使新生的芥蒂渙然冰釋，只有坦誠能讓愛情繼續發光。這是在爬梳「五四」以降，這些名作家的愛情故事，所得的一些淺見，卑之無甚高論。

筆者藉著這些作家、學者的作品、書信，友朋的回憶等等史料，試圖去解讀他們的愛情故事，而他們豐富的感情之旅，或有更值得啟發於後人之處，因此不惴淺陋，謹以此禿筆，將它們陳述出來，篇中引用諸多學者的研究成果，也在此一併致謝。

目次

代序　從蕭紅談到五四名人的愛情／蔡登山　003
在藍天碧水永處——蕭紅的愛路跋涉　011
地老天荒一寸心——蕭軍的深情懷念　025
天上人間魂夢牽——端木蕻良的生死相伴　037
文學血脈的薪火——蕭紅與魯迅的父女情　049
哀莫大於心不死——胡風的苦難愛情　061
九死痴情原無悔——吳宓的執著深情　073
欲待相忘怎忘得——田漢的舊愛新歡　099
自是愛比死更冷——徐志摩對陸小曼的無悔之愛　119
如花一般的罪惡——邵洵美的金屋與藏嬌　133
浪跡一生只為愛——蕭乾的感情世界　147
何須惆悵近黃昏——朱自清的感情生活　165
平平淡淡見真情——聞一多的舊式婚姻　173
五十年來千斛淚——顧頡剛的感情世界　181

他生未必更情深——張恨水的三次婚姻 203
徒教靈雨灑空山——許地山的幸與不幸 213
守著陽光守著妳——巴金的永遠戀人 223
但有知己隔天涯——曹禺的苦戀 233
但冀苦樂與君同——吳祖光的患難夫妻 247
詩人本是多情種——艾青的追尋 257
一生兩世誠可哀——路翎的悲慘人生 267
珍重再見勿忘我——阿壠的生死戀 277
生來相愛不容易——朱生豪的事業與愛情 285
咫尺天涯共相思——蕭三的異國戀曲 295

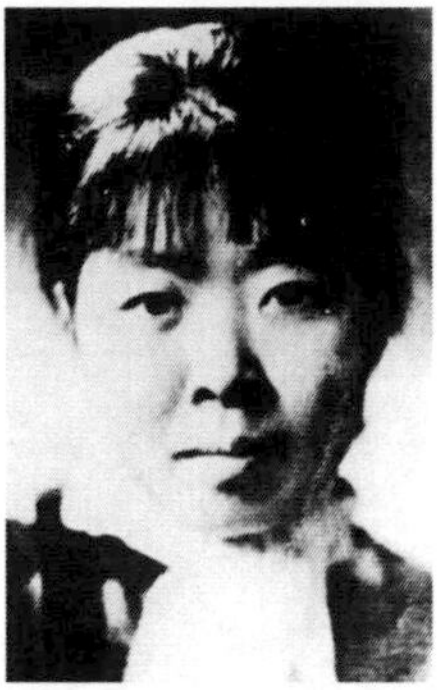

在藍天碧水永處
——蕭紅的愛路跋涉

蕭紅

有人說蕭紅是「命薄如紙卻心高於天」，確實，打從她出娘胎，便置身於以父親為象徵的冰冷家庭和以祖父為象徵的溫暖世界的兩極中。這些在她的作品如〈家族之外的人〉、〈永恆的憧憬與追求〉、《呼蘭河傳》都有述及。後來在祖父的支持下，她終於衝破父親、繼母以及包辦未婚夫家庭的阻擋，離開偏遠的呼蘭縣，來到哈爾濱的第一女中讀書。從中學生活開始，她經歷了祖父去世、逼婚逃婚、受騙懷孕直至陷於哈爾濱某旅館頂樓面臨被賣的絕境，蕭紅經歷了心理上並未成熟為女人，但身心均已遭受屈辱的時代。

一九三二年夏天，《國際協報》收到一位女性讀者來信，請求給予幫助，能夠為她寄去幾本文藝讀物，因為她是被旅館所幽禁的人，沒有外出的自由……信是寫得很淒切動人。主編斐馨園便讓蕭軍到旅館看一看情況，是否屬實。這天黃昏，蕭軍帶著介紹信和幾本書找到道外正陽大街南十六道街的東興順旅館。穿過二樓昏暗的長長通道，蕭軍來到名為張迺瑩的房間，敲門，沒有動靜；再敲門，門扇輕輕地開了，黑暗中出現了個披頭長髮的女人，活像一個幽靈。一張近於圓形的蒼白的臉，嵌在頭髮中間，一雙特大的閃亮的眼睛，直視著蕭軍，聲音顫抖著：「您找誰？」，「張迺瑩！」，「唔……」。蕭軍走進這斗室，燈光昏暗，霉氣沖鼻。他把老斐的信遞過去，打量起這位姑娘來。姑娘身穿一件已經褪色的藍單長衫，開襟有一邊已經裂開到膝蓋，懷孕的身形，烏髮中，竟夾雜著根根白髮。然而那蒼白的臉是美麗的，一雙大眼睛，閃著秋水般的瑩光。

姑娘坦率地向蕭軍傾吐了自己不幸的身世和遭遇：她當時二十歲，是個中學生，逃婚在外。未婚夫找到她後，花言巧語地騙姦了她，在旅館已經住了半年。她懷孕後，又被薄情的未婚夫遺棄，現在欠帳無法歸還，被當作人質軟禁在這裡。說罷，她深情地打量這個穿著藍布學生裝的、充滿剛毅之氣的青年。姑娘讀過蕭軍的作品，但沒想到他是這樣隨和的青年！

無意間，蕭軍發現了放在桌子上的詩作：

這邊樹葉綠了，那邊清溪唱著……
——姑娘啊！春天到了……
去年在北平，正是吃著青杏的時候；

今年我的命運，比青杏還酸！

剎那間，猶如一道電光石火，在眼前閃爍，蕭軍感到整個世界全變了！出現在他面前的是世界上最美麗的女人！是一顆晶明的、美麗的、可愛的、閃亮的靈魂！於是，他暗暗發誓，要不惜一切犧牲和代價，拯救這位不幸落難的才女！他決心同她結婚，這既是為了愛，也是為了將她從苦海中搭救出來。至於她的被誘姦、懷孕，他完全不去考慮。他愛的是她那驚人的、超凡的才華和她那純美的無瑕的心靈。於是他將自己兜裡僅有的五角錢留給她，又給她寫下了自己的地址，連夜向老斐匯報去了。蕭軍與蕭紅（案：張迺瑩就是後來的女作家蕭紅）就這樣認識了。

而就在八月初連降大雨，松花江決堤，道外一片汪洋。旅館的老板們都逃命去了，只剩下一個茶房看門。蕭紅乘混亂之際，搭上一條救生船，找到蕭軍住的老斐家，受到老斐一家的熱情接待。兩個文學青年，終於幸福地結合在一起，但也開始了他們艱苦的跋涉。不久，蕭紅產下一女，但因無錢償還住院費、醫藥費，況且他們的生活又沒有著落，於是在出院後，他們忍痛將女嬰送給了別人。

生活是艱苦的，但彼此的愛戀支撐著這個新壘的巢。面對著貧乏的物質生活，他們並不氣餒而是努力地想辦法去改變現狀。一九三三年秋，他們合印了第一部作品《跋涉》，收入蕭軍六篇短篇小說及蕭紅的五篇短篇小說。《跋涉》是得到一些友人們的幫助，自費印行的。但是即使印數極為可憐（一千冊）的這本書，也沒能逃脫日本帝國主義和漢奸的眼睛；當書一送到書店的時候，沒幾天便被禁止發售和強行沒收了。

一九三四年六月，他們離開哈爾濱，來到著名的海濱城市青島。在青島，蕭紅完成了長篇小說《生死場》，一舉奠定了她在現代中國文學史上的地位。魯迅在初版序言中稱：「北方人民對於生的堅強、對死的掙扎，卻往往已經力透紙背；女性作者的細緻的觀察和越軌的筆觸，又增加了不少明麗和新鮮。」不久，蕭紅、蕭軍又抵達了上海，並成為魯迅家中的常客。當時魯迅不僅在文學上熱心扶持蕭紅，而且在生活上也給予她很多父愛般的關心。

因《生死場》和《八月的鄉村》而受文壇矚目的蕭紅和蕭軍，在文學上取得了巨大成功後，在感情上卻出現了裂痕。原因在於蕭軍在蕭紅面前始終是以一種救世主和保護人自居，他總是把蕭紅放在弱者的位置而成為呵護的對象。而蕭紅隨著作品的問世，接觸面的拓寬，逐步發現了自身價值。但性格粗獷的蕭軍對此全然不察，這樣就難免會發生碰撞。由於蕭紅的特殊人生經歷，使她在感情上又特別敏感、脆弱、細膩，這樣每次爭吵都會在她心中投下一道陰影。他們的悲劇便逐步產生了。但他們彼此的感情又非常深，蕭軍曾多次對蕭紅說：「妳是世界上真正認識我又真正愛我的人，也正為了這樣，也是我自己痛苦的源泉，也是妳痛苦的源泉。」如果互相不是愛得那麼深，也就不會有那麼多的痛苦，真可謂「情到深處悲亦濃」。

於是一九三六年七月十七日，蕭紅隻身東渡日本，不管她當時出走的真正動機是如蕭軍所述的「由於她的身體和精神很不好」，「她可到日本去住一個時期」，「那裡環境比較安靜，既可以休養，又可以專心讀書寫作；同時也可以學學日文。由於日本的出版事業比較發達，如果日文能學通了，讀一些世界文學作品就方便得多了」；還是像蕭紅研究者所推測的是為了「逃避感情上的痛苦」，因為蕭軍在這之前，在感情上有了「外遇」，蕭紅曾寫了一組名為〈苦杯〉的詩，傾訴內心的哀傷：

淚到眼邊流回去，
流著回去浸食我的心吧！
哭有什麼用！

〈苦杯・九〉

說什麼愛情，
說什麼受難者共同走盡患難之路程！
都成了昨夜的夢，
昨夜的明燈。

〈苦杯・十一〉

或者是出於別的什麼原因。蕭紅的內心深處還是深愛著蕭軍。而這次短暫的別離，使他們冷靜、理智地去思考、去回憶那曾經甜蜜、溫馨的愛情生活。為此，蕭軍還去了青島。為的是追尋、回味他們曾在那裡渡過的一段美好的時光，而且還在那裡寫下了充滿愛的回憶的紀實性小說《為了愛的緣故》。裡頭有靈魂的懺悔，有對以往的愛的呼喚。而蕭紅在日本，也發出了孤寂的呼聲。正如駱賓基在《蕭紅小傳》中所說的：「隔著遼闊的海，兩顆純潔的心靈又擁結在一起了。」一九三七年初當蕭紅回國時，兩蕭的感情明顯有了改善。

然而一九三八年春，二蕭卻在臨汾分手了，這一對在松花江畔定情，在青島、上海等地同甘苦、共患難達六年之久的文學伴侶，就這樣在人生道路上分手了，一對魯迅麾下的「小紅軍」，就這樣訣別所愛了！他們此時除了感情的裂痕外，在思想認識上也發生了分歧。我們看蕭軍後來在〈側面〉中的記載，雙方各執己見地爭吵著，蕭紅首先發難：「你總是這樣不聽別人的勸告，該固執的你固執；不該固執的你也固執……這簡直是『英雄主義』、『逞強主義』……你去打游擊嗎？那不會比一個真正的游擊隊員更價值大一些，萬一……犧牲了，以你底年齡，你底生活經驗，文學上的才能……這損失，豈不僅是你自己的呢。我也不僅是為了『愛人』的關係才這樣勸阻你，以致引起你的憎惡與鄙視……這是想到了我們底文學事業。」「人總是一樣的。生命的價值也是一樣的。戰線上死的人不一定全是愚蠢的……為了爭取解放共同奴隸的命運，誰是應該等待著發展他們底『天才』，誰又該去死呢？」「你簡直……忘了『各盡所能』這寶貴的言語；也忘了自己的崗位，簡直是胡來！……」「我什麼全沒忘。我們還是各自走自己要走的路罷了，萬一我死不了——我想我不會死的——我們再見，那時候也還是樂意在一起就在一起，不然就永遠分開……」「好的。」於是他們分開了。不久後蕭紅和端木蕻良結婚了，而蕭軍也和王德芬結婚了，終其一生，二蕭並沒有再見面了。

而早在一九三七年夏天，《七月》雜誌的籌備會在上海召開，端木蕻良在會議上認識了蕭紅。雖然在一年前，端木在上海法租界的公園裡，見過蕭紅、蕭軍、黃源等四人在一起散步，但還是默默無名的端木（他的《科爾沁旗草原》要到一九三九年才出版），只能在遠處默默地注視這群已成名的作家。八月，上海「八．一三」事變起，端木前往武漢，居於小金龍巷，與蕭紅、蕭軍、蔣錫金、葉以群等同住。而根據端木後來的夫人鍾耀群的《端木與蕭紅》書中的描述，後來蕭軍、蕭紅夫妻搬走了，但也常來，有時是蕭紅獨自來。來了就笑端木的髒、亂、差，邊說邊幫他順手理一理，蕭紅見到毛筆、墨盒和紙，高興地鋪在桌上又寫又畫起來。端木這才知道蕭紅也是學過畫的。因為端木小時候也學過畫，很自然地談到一些對畫的看法。談得晚了，蕭紅要端木出去吃飯，端木正趕寫一篇稿子，便說在家吃，要蕭紅嚐一嚐他下麵條的手藝。蕭紅興致很高地說：「今晚月亮那麼好，還是出去吃吧，我請客。」端木看了看窗外，月色確實不錯，挑了一處江邊的小館子，靠窗邊的桌子，要了兩個菜和些零吃，邊吃邊聊，從手頭寫的創作談到各自的理想。蕭紅只想能有個安靜的環境寫東西，當個好作家，就是她最大的願望。端木仍想當戰地記者，只要有機會，他就走這條路。蕭紅聽了直搖頭，說他那樣的身體根本不是那塊料……這頓飯吃了足足有兩個小時。回來路過一座小橋，蕭紅拉著端木在橋上看了會兒月亮。蕭紅依著欄杆，輕聲唸道：「橋頭載明月，同觀橋下水……」詩明明沒完，但卻不唸下去了。端木覺得蕭紅有些興奮，便說：「不早了，咱們回去吧。」蕭紅說：「好吧！」便挽著端木的胳臂往回走了。走到小金龍巷口，和端木說聲「再見！」便轉身回去了。有一次，端木出去辦事回來，看到桌上鋪著紙，在一些行書草書中間，很明顯地題了幾句詩：「君知妾有夫，贈妾雙明珠。感君明珠雙淚垂，恨不相逢未嫁時。」最後一句重複練習了好幾行。端木知道蕭紅又來練過字了。不過她引用張籍的詩，沒引全。有時蕭軍過來也到屋裡來，提起毛筆在毛邊紙、報紙上揮揮灑灑地練字寫詩。有一天，邊題邊唸出聲來：「瓜前不納履，李下不整冠。叔嫂不親授，君子防未然。」還寫了「人未婚宦，情慾失半」八大字。蕭紅見了，笑道：「你寫的啥呀？你的字太不美了，沒一點文人氣！」蕭軍瞪了她一眼：「我並不覺得文人氣有什麼好！」其中「文人氣」指的是端木，鍾耀群後來和端木生活了三十多年，她的描述代表端木的回憶，無疑是可信的。而在這當中，我們已感覺蕭紅的心漸漸從蕭軍移向端木了。

一九三八年二月下旬，晉南戰局起了變化，日軍逼近臨汾，而原先在民族革命大學任教的蕭紅、蕭軍、端木蕻良也隨之撤退。端木、蕭紅、塞克、聶紺弩，將隨丁玲的「西北戰地服務團」到西安，而蕭軍卻沒有和他們同行，因為他準備棄文從軍，直接參加抗日部隊打游擊。於是二蕭終於在臨汾分手了，雖然蕭紅最後回答：「好的。」但在心裡一定是痛苦不堪的，畢竟是六年的患難共處了。後來蕭紅曾含淚告訴聶紺弩說：「我愛蕭軍，今天還愛，他是個優秀的小說家，在思想上是同志，又一同在患難中掙扎過來的！可是做他的妻子太痛苦了！我不知你們男子為什麼那麼大的脾氣，為什麼要拿自己的妻子做出氣包，為什麼對妻子不忠實！忍受屈辱，已經太久了……。」在蕭軍的大男人主義與過份的保護傾向中，蕭紅感到了附庸的屈辱，這種屈辱對於一個心氣甚高、才華橫溢的女作家而言簡直是不堪忍受的。

一九三八年五月，端木和蕭紅在武漢的大同酒家舉行了簡單的婚宴。但他們的朋友們似乎始終不能接受這個事實，在他們的筆下——蕭軍的〈側面〉、胡風的〈悼蕭紅〉、以及駱賓基、聶紺弩、梅林、高原、蔣錫金的作品裡，端木都變成了「無名氏」，他們不是稱他為「T」就是「D」，或者「某君」甚至「××」、「凹鼻子杜」，駱賓基更無視他們「結婚」的事實，而把他們當為「同居」關係。然而端木對這些事似乎不在乎，他認為男女之間的事，外人無需置喙的。對於外界傳言蕭紅的怨，他不能領會也不承認，他認為他對蕭紅好，一如蕭紅對他的好。而對於蕭紅被拋在砲火威逼下的武漢，懷著身孕絆倒在船塢，而他卻先行入川的指責，端木在幾十年後的解釋是武漢吃緊，他們只有一張頭等船票，依規定不能換成兩張次等的票同時去重慶，他要蕭紅先走，蕭紅要他先行，他不肯，蕭紅就生氣，說因她懷有身孕，會有安娥等人照顧她，一定要端木先行入川，端木於是依言先行。端木或許不知道，蕭紅雖痛恨做附屬品，但在心理上仍是個渴望愛情的女人，假使端木不那麼聽話先走了，或許會惹得蕭紅發脾氣，但蕭紅心裡終究獲得安全感與安慰。但端木以為終於和常常對他悄悄叨念「恨不相逢未嫁時」的蕭紅結了婚，以為接受了懷著蕭軍孩子的她，就表示了足夠的愛。他不懂，真的不懂，一個在感情生活中有那麼多顛沛經驗的，需要的是更多。

在重慶，蕭紅身體不好，情緒消沈。加之端木忙於社會活動和寫作，與她思想交流漸疏，以致蕭紅亦常常有寂寞感。一九四〇年初，原復旦大學教務長孫寒冰邀請蕭紅、端木前往香港編大時代文藝叢書。對重慶沒有好感，迫切想改變環境的蕭紅欣然允諾。這天，蕭紅與端木從重慶搭乘飛機前往香港。一個月後，蕭軍抵達重慶。一個月的時光，在人生長河中僅僅是瞬間，但蕭紅和蕭軍卻失之交臂，終其一生再沒有一面之緣。

在香港蕭紅似乎找尋到她的樂土，她給友人的信中說：「這裡的一切景物都是多麼恬靜和優美，有山、有樹、有漫山遍野的野花和婉轉的鳥語，更有洶湧澎湃的浪潮，面對著碧澄的海水，常會使人神醉的。這一切不都正是我日夜所夢想的寫作的佳境嗎？」於是她在一九四〇年底完成了著名的中篇小說《呼蘭河傳》，之後還有長篇小說《馬伯樂》和短篇小說《小城三月》。而對端木蕻良而言，也是創作上的豐收，他出版了《新都花絮》、《江南風景》，又發表《科爾沁旗前史》，以及無數短篇、散文、雜文和評論。然而好景不常，一向身體虛弱的蕭紅，卻病情日益加重，她被確定為肺病，得住院治療。

「什麼是痛苦，說不出的痛苦最痛苦。」這是蕭紅在她題名為〈沙粒〉詩中的最後一句。此時的蕭紅正處於這種最痛苦之中。其實他們到香港不久後，作為香港文協研究部的負責人，端木很快就投入到他的工作之中，對體弱多病並且多愁善感的蕭紅而言，她特別需要的溫存就少了。蕭紅是在心境很孤獨的情況下勉強寫作的。而一旦當她從創作狀態回到現實，她就不免有一種失落和惆悵。昔日那種令她如癡如醉和夢縈情牽的感覺沒有了，而激發起她無比熱情的心的交流和撞擊消失了。生活失去了應有的光彩，令她感到深深的失望和心碎。而其實蕭紅和端木並不是沒有感情的，關鍵還在於他倆的性格。好友周鯨文就說：「兩人的感情基礎並不虛假，端木是文人氣質，身體又弱，小時候是母親最小的兒子，養成了『嬌』的習性，先天有懦弱的成份。而蕭紅小時候沒得到母愛，很年輕就跑出了家。她是具有堅強的性格，而處處又需求支持和愛。這兩種性格湊在一起，都再有所需求，而彼此在動盪的時代，都得不到對方給予的滿足。」於是他們之間就出現了裂痕。

和蕭紅日趨衰弱的身體形成對比的是，她精神上的渴求更加強烈。她太需要愛，更需要一種依附和寄託。於是，又有一個人走進了她的生活，她就是駱賓基。在蕭紅人生的最後旅途上，駱賓基是她最後的感情驛站。駱賓基是蕭紅胞弟張秀珂的友人，作為蕭紅東北同鄉，他希望能得到關照。蕭紅將他介紹給端木，端木把自己在《時代文學》上連載的《大時代》停下來，發表駱賓基的〈人與土地〉。為了感謝蕭紅夫婦對他的幫助，駱賓基經常去看望他們。特別是蕭紅住院期間，對她懷有敬慕知情的駱賓基則長時間廝守在她身旁，以致護士小姐都以為他是蕭紅的丈夫。病中的蕭紅有著無限的思鄉之情，駱賓基那一口濃烈的東北口音，配上他那娓娓動人的聲調，對蕭紅不啻有種飲甘露而止渴的作用。太平洋戰爭爆發後，九龍已陷於砲火之中，端木既要照顧蕭紅，又要考慮撤退以及籌款事宜，同時還要與文化人保持聯繫，因此他不可能一直陪伴著蕭紅，於是駱賓基自然責無旁貸地照顧蕭紅。

一九四一年十二月二十五日，經過十八天的抵抗，香港終於淪陷了。十多天後，輾轉躲避的蕭紅被送進跑馬地養和醫院。她被不負責任的醫生誤診為喉瘤，第二天即被送進手術室。蕭紅接受了一次痛苦的喉管切開手術。手術後，蕭紅病情轉劇，身體更加虛弱。由於傷口難以癒合，使她痛苦萬分。一九四二年一月十八日，端木和駱賓基將蕭紅扶上養和醫院紅十字急救車，轉入瑪麗醫院重新動手術，換喉口的呼吸管。蕭紅已經無法再說話了。她用手勢示意駱賓基給她取來紙筆。她寫下：「我將與藍天碧水永處，留得那半部《紅樓》給別人寫了。」最後一句話。

一九一一年蕭紅自中國最北方的城市——呼蘭縣走來，一九四二年一月二十三日，她又在中國最南方城市的一角——香港淺水灣寂然歸骨，總共才活了三十一個春秋。對於他人正值青春美麗的年華，而對於蕭紅，那卻是她追求、奮鬥、掙扎而又含恨而終的短暫而痛苦的一生。當日本人佔領香港時，蕭紅在半個月不到的時間裡，輾轉在四家醫院的病床中，捱不盡恐懼與病痛折磨，終於死在法國醫院設在聖士提反女校的臨時救護站，兩個男人——她愛的或愛她的，把她火化了，一月二十五日的黃昏，把一半的骨灰葬在淺水灣的海邊。

五〇年代的淺水灣曾是喧鬧而優美的海水浴場，在博浪歡愉之際，人們大概記不起這裡的「藍天碧水永處」，曾經埋葬一顆早醒而寂寞的靈魂。就如同詩人筆下的感謂：

……
而漫長的十五年，
小樹失去所蹤，
連墓木已拱也不能讓人多說一句。
放在你底墳頭的，

詩人曾親手為你摘下的紅山茶，
萎謝了，
換來的是弄潮兒失儀的水花，
淺水灣不比呼蘭河，
俗氣的香港商市街，
這都不是你的生死場……

補記：

關於蕭軍一九三六年在上海期間感情的外遇，據周彥敏的《情愛蕭紅》一書的說法，是蕭軍在哈爾濱時期暗戀和追求過的那個名媛Marlie和陳涓，先後來到了上海，蕭軍舊情復熾，尤其是對已為人母的陳涓更是展開熱烈追求，這給蕭紅造成了巨大傷害。蕭紅寫下了組詩《苦杯》，就是忠實記錄了當時受傷後的苦悶心情。後來蕭軍的緋聞最終以Marlie的淡然和陳涓的離滬而分別不了了之。

為了修補二蕭之間的感情裂痕，蕭紅於一九三六年七月十七日赴日，去投奔在日本留學的黃源夫人許粵華，蕭軍則暫時回青島小住。一個多月後，許粵華由日本返國，再兩個月後魯迅病逝上海，在魯迅治喪期間，黃源、蕭軍、許粵華多所接觸，蕭、許之間擦出「愛的火花」，許粵華甚至為此珠胎暗結，最後施以人工流產手術。晚年的蕭軍在為蕭紅書簡輯存注釋時（一九七八年九月十九日）坦率地承認：「在愛情上曾經對她有過一次『不忠實』的事，——在我們相愛期間，我承認她沒有過這不忠的行為的——這是事實。那是她在日本期間，由於某種偶然的際遇，我曾經和某君有過一段短時期感情上的糾葛——所謂『戀愛』——但是我和對方全清楚意識到為了道義上的考慮彼此沒有結合的可能。為了要結束這種『無結果的戀愛』，我們彼此同意促使蕭紅由日本馬上回來。這種『結束』也並不能說彼此沒有痛苦的！」

蕭軍對好友黃源的「奪妻」之舉，也導致了致黃源與許粵華的婚姻在一九四一年走到了盡頭，原本他們四人之間曾經親密無間的友誼，也在時代的大潮裡分崩離析，灰飛煙滅。

之後，許粵華與黎烈文結為夫妻，在一九四六年二、三月間，黎烈文帶著許粵華應臺灣光復後首任長官公署陳儀之聘，來臺與李萬居共同主持《新生報》社的工作。一九四七年七月，黎烈文應臺灣大學文學院院長錢歌川的邀請，任文學院西洋文學系教授，從此開始了他的在台灣二十五年的執教生涯。一九七二年黎烈文去世，許粵華隨子女定居美國。

地老天荒一寸心
——蕭軍的深情懷念

在中國現代文學史上，像蕭軍那樣如此不倦執著地熱愛自由、冒險、俠義，追求無拘束無媚俗的自由人格，骨子裡具有天不怕地不怕的「流浪漢」性格和硬漢性格的作家，還是不多見的。

蕭軍原名劉鴻霖，另有筆名三郎、田軍等。一九〇七年五月二十三日生於遼寧省義縣沈家台鎮下碾盤溝村。父親是個細木工人，母親姓顧。在蕭軍生下六個多月時，母親在受了父親的一次毒打之後，悲憤難禁，服毒自殺。甫到人間即失生母，這不僅僅是幼年蕭軍的人生不幸，亦象徵著，蕭軍命定地被拋入了無怙無依的人生漂泊之途。少年蕭軍從一所學校到另一所學校，不斷地感到厭倦、逃學和被開除。一九二五年，十八歲的蕭軍投入設在吉林城的東北軍閥部隊「陸軍三十四團」所屬騎兵營當了騎兵，這時他沾染了名士風流，喝酒、作詩、看戲、聽大鼓，但經好友的提醒，他意識到這種所謂的詩酒名士生活，不過是腐蝕有志之士和真正流浪漢的「黑色的沼澤，發著臭味的坑」。於是他離開了吉林，投考設在瀋陽的「東北憲兵教練處」，受訓八個月後，分配到哈爾濱實習三個月。在哈爾濱他再度陷入溫柔而靡亂的生活，但他毫不留戀，再度與之告別。他考入「東北陸軍講武堂」第九期，次年轉入講武堂炮兵科。然後就在他臨近畢業時，一次在野戰實習期間，出於正義感為同學抱不平，與中校隊長發生爭執，並在激憤之下企圖用鐵鍬將其劈死，雖因眾人阻攔而未果，但蕭軍卻因此而被關押到「重禁閉室」，不久被校方開除。蕭軍的人生再度呈漂泊狀態，他先後在駐遼寧昌圖的陸軍二十四旅當過數月的准尉見習官，後又回「東北憲兵教練處」任教訓，這種行蹤不定的行伍生涯持續到一九三一年「九一八事變」日本入侵瀋陽為止。當「九一八」發生時，熱血青年的蕭軍向上級建議把「憲兵教練處」的二百餘名官兵拉出去打游擊，結果受到駁斥。當所在隊伍和上級撤離瀋陽入關赴北京時，不肯苟且偷生的蕭軍自然不願同行，他獨自來到吉林省舒蘭縣一個在軍隊中任職的朋友處，計畫將他的部隊組成抗日義勇軍，不幸遭到失敗，於是同朋友一道被迫離開舒蘭，年底潛逃到他曾任過憲兵的哈爾濱。

蕭軍決心到鄉下去打游擊，投入到烽火遍地的全民抗日鬥爭中去。況且他還有一把珍愛的手槍，但是蕭軍的妻子許素凡說什麼也不同意，甚至要挾他必須交出手槍，否則要去密告。這句話實實地傷害他，因為他那時剛剛參加一些進步團體的活動，這樣莫須有的告發會連累很多人。他決心割斷父親強加給他的無愛姻緣，那是蕭軍十五歲時家裡給他娶的媳婦。蕭軍說服了妻子，把她打發回故鄉，然後寫信告訴她：自己以後將獻身抗日救國大業，不知到何處，也不知何年何月才能回家，請她不必再等了，為免耽誤青春，可另行改嫁。從此蕭軍和髮妻許素凡斷絕了夫妻關係。痴情的許素凡以為蕭軍說的是氣話，她怎麼也不忍，她在蕭軍的老家一直等了七年，因蕭軍杳無音信，最後蕭父硬逼她改嫁給同村一個王姓的農民，兩人才徹底斷絕了關係。

在哈爾濱蕭軍棄武從文，他的文章〈飄落的櫻花〉在《國際協報》上刊出，他也因此認識了副刊主編裴馨園。一九三二年夏天，《國際協報》收到一位女性讀者來信，請求給予幫助，能夠為她寄去幾本文藝讀物，因為她是被旅館所幽禁的人，沒有外出的自由……信是寫得很淒切動人。老裴便讓蕭軍到旅館看一看情況是否屬實。這天黃昏，蕭軍帶著介紹信和幾本書，找到道外正陽大街南十六道街的東興順旅館。穿過二樓昏暗的長長甬道，蕭軍來到張迺瑩的房間，敲門，沒有動靜；再敲門，門扇輕輕地開了，黑暗中出現了個披頭長髮的女人，活像一個幽靈。一張近於圓形的蒼白的臉嵌在頭髮中間，一雙特大的閃亮的眼睛直視著蕭軍，聲音顫抖著：「您找誰？」「張迺瑩！」「唔……」蕭軍走進這斗室，燈光昏暗，霉氣沖鼻。他把老裴的信遞過去，打量起這位姑娘來。姑娘身穿一件已經褪色的藍單長衫，開襟有一邊已經裂開到膝蓋，懷孕的身形，烏髮中竟夾雜著根根白髮。然而那蒼白的臉是美麗的，一雙大眼睛閃著秋水般的瑩光。姑娘坦率地向蕭軍傾吐了自己不幸的身世和遭遇：她當時二十歲，是個中學生，逃婚在外。未婚夫找到她後，花言巧語地騙姦了她，在旅館已經住了半年。她懷孕後，又被薄情的未婚夫遺棄，現在欠帳無法歸還，被當作人質軟禁在這裡。說罷，她深情地打量著這個穿著藍布學生裝的、充滿剛毅之氣的青年。姑娘讀過蕭軍的作品，但沒想到他是這樣隨和的青年！無意間，蕭軍發現了放在桌子上的詩作：「這邊樹葉綠了。／那邊清溪唱著……／——姑

左起：黃源、蕭軍與蕭紅。

娘啊！／春天到了。……／去年在北平，／正是吃著青杏的時候；／今年我的命運，／比青杏還酸！」剎那間，猶如一道電光石火在眼前閃爍，蕭軍感到整個世界全變了！出現在他面前的是世界上最美麗的女人！是一顆晶明的、美麗的、可愛的、閃亮的靈魂！於是，他暗暗發誓，要不惜一切犧牲和代價，拯救這位不幸落難的才女！他決心同她結婚，這既是為了愛，也是為了將她從苦海中搭救出來。至於她的被誘姦、懷孕，他完全不去考慮。他愛的是她那驚人的、超凡的才華和她那純美的無瑕的心靈。於是他將自己兜裡僅有的五角錢留給她，又給她寫下了自己的住址，連夜向老斐匯報去了。蕭軍與蕭紅（案：蕭紅原名張迺瑩）就這樣認識了。

而就在八月初連降大雨，松花江決堤，道外一片汪洋。旅館的老闆們都逃命去了，只剩下一個茶房看門。蕭紅乘混亂之際，搭上一條救生船，找到蕭軍住的老斐家，受到老斐一家的熱情接待。兩個文學青年，終於幸福地結合在一起，但也開始了他們艱苦跋涉。不久，蕭紅產下一女，但因無錢償還住院費、醫藥費，況且他們生活又沒有著落，於是在出院後，他們忍痛將女嬰送給了別人。生活是艱苦的，但彼此的愛戀支撐著這個新壘的巢。面對著貧乏的物質生活，他們並不氣餒而是努力地想辦法去改變現狀。一九三三年秋，他們合印了第一部作品《跋涉》，收入蕭軍六篇短篇小說及蕭紅的五篇短篇小說。《跋涉》是得到一些友人們幫助、自費印行的。但是即使印數極為可憐（一千冊）的這本書，也沒能逃脫日本帝國主義和漢奸的眼睛，當書一送到書店的時候，沒幾天便被禁止發售和強行沒收了。

一九三四年六月，他們離開哈爾濱，來到著名的海濱城市青島。在青島，蕭紅完成了長篇小說《生死場》，一舉奠定了她在現代中國文學史上的地位。魯迅在出版序言中稱：「北方人民對於生的堅強、對死的掙扎，卻往往已經力透紙背；女性作者的細致的觀察和越軌的筆觸，又增加了不少明麗和新鮮。」不久，蕭紅、蕭軍又抵達了上海，並成為魯迅家中的常客。當時魯迅不僅在文學上熱心扶持蕭紅，而且在生活上也給予她很多父愛般的關心。

因《生死場》和《八月的鄉村》而受文壇矚目的蕭紅和蕭軍，在文學上取得了巨大成功後，在感情上卻出現了裂痕。原因在於蕭軍在蕭紅面前始終是以一種救世主和保護人自居，他總是把蕭紅放在弱者的位置而成為呵護的對象。而蕭紅隨著作品的問世，接觸面的拓寬，逐步發現了自身價值。但性格粗獷的蕭軍對此全然不察，這樣就難免會發生碰撞。由於蕭紅的特殊人生經歷，使她在感情上又特別敏感、脆弱、細膩，這樣每次爭吵都會在她心上投下一道陰影。他們的悲劇便逐步產生了。但他們彼此的感情又非常深，蕭軍曾多次對蕭紅說：「你是世界上真正認識我和真正愛我的人，也正為了這樣，也是我自己痛苦的源泉，也是你痛苦的源泉。」如果互相不是愛得那麼深，也就不會有那麼多的痛苦，真可謂「情到深處悲亦濃」。

於是一九三六年七月十七日蕭紅隻身東渡日本，不管她當時出走的真正動機是如蕭軍所述的「由於她的身體和精神很不好」，「她可到日本去住一個時期」，「那裡環境比較安靜，既可以休養，又可以專心讀書寫作；同時也可以學學日文。由於日本的出版事業比較發達，如果日文能學通了，讀一些世界文學作品就方便得多了」，還是像蕭紅研究者所推測的是為了「逃避感情上的痛苦」，因為蕭軍在這之前，在感情上有了「外遇」，蕭紅曾寫了一組名為《苦杯》的詩，傾訴內心哀傷：「淚到眼邊流回去，／流著回去浸食我的心吧！／哭有什麼用！（《苦杯・九》）說什麼愛情，／說什麼受難者共同走盡患難之路程！／都成了昨夜的夢，／昨夜的明燈。（《苦杯・十一》）」，或者是出於別的什麼原因，蕭紅的內心深處還是深愛著蕭軍。而這次短暫的別離，使他們冷靜、理智地去思考、去回憶那曾經甜蜜、溫馨的愛情生活。為此，蕭軍還去了青島。為的是追尋、回味他們曾在那裡度過的一段美好的時光，而且還在那裡寫下了充滿愛的回憶的紀實性小說《為了愛的緣故》。裡頭有靈魂的懺悔，有對以往的愛的呼喚。而蕭紅在日本，也發出了孤寂的呼聲。正如駱賓基在《蕭紅小傳》中所說的：「隔著遼闊的海，兩顆純潔的心靈又擁結在一起了。」一九三七年初當蕭紅回國時，兩蕭的感情明顯有了改善。

然而一九三八年春，二蕭卻在臨汾分手了，這一對在松花江畔定情，在青島、上海等地同甘苦、共患難達六年之久的文學伴侶，就這樣在人生道路上分手了，一對魯迅麾下的「小紅軍」，就這樣訣別所愛了！他們此時除了感情的裂痕外，在思想認識上也發生了分歧。我們看蕭軍後來在《側面》中的記載，雙方各執己見地爭吵著，蕭紅首先發難：『你總是這樣不聽別人的勸告，該固執的你固執；不該固執的你也固執……這簡直是『英雄主義』、『逞強主義』……你去打游擊嗎？那不會比一個真正的游擊隊員更價值大一些，萬一……犧牲了，以你底年齡，你底生活經驗，文學上的才能……這損失，並不僅是你自己的呢。我也並不僅是為了『愛人』的關係才這樣勸阻你，以致引起你的憎惡與鄙視……這是想到了我們底文學事業。」「人總是一樣的。生命的價值也是一樣的。戰線上死的人不一定全是愚蠢的……為了爭取解放共同奴隸的命運，誰是應該等待著發展他們底『天才』，誰又該去死呢？」「你簡直……忘了『各盡所能』這寶貴的言語；也忘了自己的崗位，簡直是胡來！……」「我什麼全沒忘。我們還是各自走自己要走的路罷了，萬一我死不了——我想我不會死的——我們再見，那時候也還是樂意在一起就在一起，不然就永遠分開……」「好的。」於是他們分開了，不久後蕭紅和端木蕻良結婚了，而蕭軍也和王德芬結婚了，終其一生二蕭並沒有再見面了。

帶著愛情的傷痛，蕭軍計畫去新疆，除了藉著邊塞雄渾的風光來沖淡自己的哀情之外，西出陽關，還可以在大西北幹一番事業。而恰巧這時新聞記者、作家吳渤（白危）來信約他到蘭州去開展抗日救亡工作，蘭州是去新疆的必經之地，蕭軍慨然應允了。和他一同西行的，有東北老友、戲劇家塞克（陳凝秋）、舞台燈光專家朱星南，著名民歌收集者、作曲家王洛賓及他的妻子羅珊共五人，他們吃盡千辛萬苦，總算捱到了黃河之濱的土城蘭州。按著吳渤提供的地址，他們找到炭市街四十九號前院，王蓬秋先生的家。王蓬秋原來在上海、南京工作，一九三五年來到甘肅，他是一位愛國志士，幾個孩子都積極參加抗日救亡運動。大女兒王德謙原是上海大同大學中文系學生，思想進步，愛好文學，與吳渤是志同道合的好朋友。吳渤來蘭州開展抗戰文藝運動後一直住在她家。而德謙美麗的二妹——德芬，曾在上海電車上與蕭軍見過一面，對於他們的到來，更是高興得不得了，不斷地與這位聞名的青年作家搭訕著，而蕭軍也注意到了這位聰明文靜的蘇州美專的學生。這天晚上，王德芬兄弟姐妹組成的文藝宣傳隊，在「民眾教育館」演出著名的抗日街頭劇《放下你的鞭子》。蕭軍他們都去看了，他想到自己親歷的「九一八」之夜，想到故鄉的三千萬人民，眼角濕潤了。他由衷感謝王家兄妹的精湛演出，特別是德芬，這個美麗的小姑娘！這一夜，蕭軍輾轉反側。第二天早晨，蕭軍拿著一個淺灰帶綠，顏色很雅致、仿龍泉大開片花瓶，瓶頸上纏繞著幾道鮮艷的朱紅色珠串，瓶內姹紫嫣紅的刺梅、芍藥、牡丹、丁香，來到德芬的居室。德芬微笑著向蕭軍點頭表示了謝意，兩顆心的信息接通了。

在不斷的交往中，德芬認識到蕭軍的剛直、豪爽、熱情，蕭軍也愛上了德芬，這個令人愛戀的美麗、熱情、純真的好姑娘！在兩顆心不斷吸引和貼近中，兩個人的接觸越來越密切了。

純潔的少女德芬墜入情網了，她說：「兩天來，我的平靜生活，像一池春水，被一塊投來的石子激起了波瀾——我的心被攪亂了，面對著這位敏感、多情而有趣的人，我應當怎麼辦？」在一個月之中，他們互通的情書達七十封之多，王家一家人除了大姐德謙之外，幾乎對他們的婚姻都持反對的態度。理由不外乎是：「德芬是個不諳世事的十九歲的小姑娘，而蕭軍卻是離過兩次婚的三十歲作家。這樣的婚姻可靠嗎？能保證蕭軍永遠鍾情於德芬？詩禮傳家的王家哪見過這樣的婚姻？既非『父母之命』，又無『媒灼之言』，一個剛離了婚的小夥子，住在人家家裡，沒幾天就『引誘』了人家的閨女，怎麼能為王家這樣的門第所接受呢？」於是王家下了逐客令，幸好大姐德謙幫他在甘肅省黨部找了間安身的房子。然後德芬又遭父母軟禁起來，熱心的大姐又幫忙他們傳遞情書。真誠純潔的愛情在艱難困苦中不斷昇華、成長，德芬和蕭軍二人誰也離不開誰了！而王蓬秋夫婦畢竟是受過新思想薰陶的，女兒的堅貞愛情終於感動了他們，他們最後讓步了。五月卅一日晚上，蕭軍來拜見王氏夫婦，誠懇地表示與德芬至死不渝傾心相愛的決心。六月二日，蘭州《民國日報》刊登了蕭軍與王德芬訂婚的啟事——王蓬秋啟事：小女德芬於本年五月三十日已與蕭軍君訂婚，因國難時期，一切從簡，祈諸親友見諒是幸。婚後，因新疆形勢有變，於是蕭軍和王德芬離開蘭州到四川，這對相濡以沫、風雨同舟的夫妻開始了艱苦的人生之旅。

有人說蕭軍的上一次婚戀——他與蕭紅——是一派騎士風度；而他的這一次婚戀——他與王德芬——也復是騎士風度。他的流浪漢性格成為痴情女心中的白馬王子，名作家梁遇春就說：「流浪漢確是個可愛的人兒，他具有完全男性，情懷瀟洒，磊磊大方，哪個懷春的女兒見他不會傾心？」是的，他這種流浪漢性格雖然為他贏得了愛情，但是卻為他一生的政治生命與文學生命造成致命的打擊。一九四八年的「文化報」事件，使他從文壇上消失了數十年。我們知道蕭軍在這之前曾兩次到延安，而也得到毛澤東的信任與賞識，但和其他知識份子不同，他並不以延安為生命與精神的最後「歸宿」，對於一個真正的流浪漢，精神「聖地」永遠只在「遠方」，任何現實生活中的絕對的、凝固化的「聖地」，都是虛幻的，因此他在短暫的停留後，終將離去，一如他拒絕毛澤東要他入黨的話語：「入黨，我不是那材料；當官，我不是那胚子，我這個人自由主義、個人主義太重，就像一頭野馬，受不了韁繩的約束，到時候連我自己也管不了自己，我還是在黨外跑跑吧！謝謝你這麼看得起我！」獨立的、反叛的、自由的「流浪漢」天性，預示了蕭軍往後的命運。學者錢理群說，因此當毛澤東要開始建立新的社會秩序，並要求維護這種秩序時，就很難再容忍蕭軍這樣永遠的反叛者。因此蕭軍在《文化報》中鼓吹「五四」時期的啟蒙主義話語，所造成的群眾威信，被視為向黨「奪權」：奪領導群眾之權。但天真的、理想主義、個人主義者的蕭軍自然不會懂得（想到）這一切，於是他最後被扣上駭人聽聞的「反蘇、反共、反人民」的帽子，成了日後「胡風反革命集團」等大批判運動的先聲。

經歷這種致命打擊，蕭軍的老友曾預言，他往後只有三條路可走，一是自殺，二是得精神病，三是再也寫不出東西來。但執拗的蕭軍偏不服氣，在受了處分，去瀋陽的火車上他照樣呼呼大睡，鼾聲如雷，而後來他硬是寫出了長篇小說《五月的礦山》。

而在一九七七年八月間，他搬到北京東郊東壩河村時，在故紙堆中，撿出當年蕭紅寫給他的信數十封（是蕭紅東渡日本及回國後所寫），後來蕭軍在「酷暑逼人，蚊蠅紛集、汗流透衣」加以詳細注釋，寫成《蕭紅書簡輯存注釋錄》。他說：「四十多年的歲月過去了，我今年已經七十一歲，而她也死去了近四十年，當我重新注釋這些信件時，一些情景又似浮現到眼前了，儼然像昨天一樣……因此引起來的心情有時也很複雜的，很難於說明，只能用李後主的一句詞概括一下：『流水落花春去也——天上人間？』」是的，我們彷彿看見在落霞滿天的黃昏、在紅葉紛飛的彎彎小徑上、在朔風呼嘯的寒夜、在暑氣逼人的山村炕頭上，一位童顏鶴髮的老人，時而蹙眉，時而緘口，時而輕輕地拂去溢出眼角的淚水，他深情地緬懷著似水年華，「錦瑟無端五十弦，一弦一柱思華年」，對於蕭紅這位曾是他的妻子、夥伴、戰友，他這麼寫著：「做為一個六年文學上的夥伴和戰友，我懷念她；做為一個有才能、有成績、有影響……的作家，不幸短命而死，我惋惜她……」一九八三年已老邁的蕭軍，有機會到了香港，他不忘到淺水灣畔憑弔蕭紅的遺址（當時蕭紅墓已遷至廣州銀河公墓），可說蕭軍對蕭紅的懷念之情，即使到古稀之年，亦沒有淡漠，而是更加濃烈。「鍾期死去哀千古，地老天荒一寸心！」或許是蕭軍晚年的寫照。

註：本文之寫就，參考王科、徐塞合著之《蕭軍評傳》，特此致謝。

天上人間魂夢牽
——端木蕻良的生死相伴

端木與蕭紅，1938年3月於西安。

在東北作家群中，就對土地的出色描繪及「土地情結」的濃厚與強烈而言，端木蕻良無疑是最具代表性的。在他的筆下，特別是在《科爾沁旗草原》和《大地的海》兩部長篇小說中，土地不僅僅是一種自然環境和客觀之物，而且是他作品中須臾不能或缺的重要角色，是一種蘊含豐富的形象：它遼闊、廣袤又帶著幾分蒼涼，充滿著旺盛、強大的生命力量，是大地之母，是一切生命的源泉。因此在端木的每一部重要作品中，他都寫上了如此多、如此長、如此優美而激情化的序言或後記。即使你沒有讀過那些作品，你也可以從那些序言和後記中，感受到強烈的激情衝擊，感受到作者所推崇的大地之子、太陽之子的情懷。而在作品中，端木那種昂揚的、汪洋恣肆的巨大激情，有時甚至達到一種缺乏節制的「膨脹」的程度，你甚至會懷疑端木那文弱的身體何以會有如此強烈巨大的激情。它雖然令作品有博大的、壯烈的、史詩般的效果，卻也導致放濫不知剪裁的批評。而作者「個人角色」過多的介入作品，雖然添加濃厚的浪漫色彩和英雄般的氛圍，但也沖淡、削弱了「客觀的真實」。

儘管如此，端木蕻良在中國現代作家中，卻有著傲人的起步。端木蕻良，滿族人，本姓曹，名漢文，後因仰慕大詩人屈原（本名平），改名京平。一九一二年九月二十五日生於遼寧昌圖縣（原為科爾沁旗遊牧區）鷲鷺樹村。九歲，偷看父親藏書《紅樓夢》（終其一生與曹雪芹及《紅樓夢》有著千絲萬縷的情緣），十二歲時，隨兄長考入天津匯文中學。開始接觸新文學，他說：「讀到《晨報副刊》、《語絲》、《創造》、《奔流》、《小說月報》等刊物，以及魯迅、郭沫若、茅盾等人作品，和一些世界文學名著，啟發了我的思想，鋪開了我生活道路。」一九二八年秋，他考入天津南開中學初中三年級，他的處女作是一九二九年發表在南開刊物《新人》第二期的短篇小說〈水生〉，那年端木才十八歲。「九一八事變」發生後，他因推動抗日救亡運動，結果被學校開除，他乾脆投筆從戎，前往綏遠、察哈爾，參加孫殿英任軍長之第四十一軍學生軍。但他從軍的日子並不長，大概三、四個月，一九三二年他考入清華大學歷史系。當時寫了《科爾沁旗草原》一個片斷——短篇小說〈母親〉，發表在《清華周刊》上。一九三三年上半年，端木投身抗日鬥爭和其他社會活動，同年八月他又拿起筆，他「放下了生命的投資」，用四個月的時間完成了三十多萬字的長篇小說處女作——《科爾沁旗草原》。而在這之前中國現代小說大都屬於中、短篇，直到一九三二年才有茅盾發表《子夜》長篇小說，因之端木蕻良一出道，即要攀登長篇小說這座高峰，不能不顯示出他勇氣與才華。而到一九三七年七月，全面抗戰爆發，端木還未過二十五歲的生日，他已完成了長篇小說《科爾沁旗草原》和《大地的海》，短篇小說集《憎恨》（包括《鷥鷺湖的憂鬱》等十個短篇）以及其他一些短篇與散文，此外尚有一部因遺失部分原稿而終未出版的長篇小說《集體咆哮》。如果以二十五歲以前便寫出這麼多作品而論，恐怕查遍二、三〇年代最負盛名的小說家，也難尋出第二人（在他之後的路翎或可比擬！）。端木蕻良不僅有著早慧的文學才華，也有著傲人的起步。

一九三七年夏，《七月》雜誌的籌備會在上海召開，胡風特別邀請端木參加，而也就是在這次會議上他認識了蕭紅。雖然在一年前，端木在上海法租界的公園裡，見過蕭紅、蕭軍、黃源等四人在一起散步，但是默默無名的端木（他的《科爾沁旗草原》要到一九三九年才出版），只能在遠處默默地注視這群已成名的作家。八月，上海「八一三事變」起，端木以黑丁之助，購得車票，乘火車離開上海，因腿疾在蒿壩小住後，前往武漢，居於小金龍巷，與蕭紅、蕭軍、蔣錫金、葉以群等同住。而根據鍾耀群《端木與蕭紅》中的描述，後來蕭軍、蕭紅夫妻搬走了，但也常來，有時是蕭紅獨自來。來了就笑端木的髒、亂、差，邊說邊幫他順手理一理，蕭紅見到毛筆、墨盒和紙，高興地鋪在桌上又寫又畫起來。端木這才知道蕭紅也是學過畫的。因為端木小時也學過畫，很自然地談到一些對畫的看法。談得晚了，蕭紅要端木出去吃飯，端木正趕寫一篇稿子，便說在家吃，要蕭紅嚐一嚐他下麵條的手藝。蕭紅興致很高說：「今晚月亮那麼好，還是出去吃吧，我請客。」端木看了看窗外，月色確實不錯，便和蕭紅一起出來了，挑了一處江邊的小館子，靠窗邊的桌子，要了兩個菜和些零吃，邊吃邊聊，從手頭寫的創作談到各自的理想。蕭紅只想能有個安靜的環境寫東西，當個好作家，就是她最大的願望。端木仍想當戰地記者，只要有機會，他就走這條路。蕭紅聽了直搖頭，說他那樣的身體根本不是那塊料……這頓飯吃了足足有兩個小時。回來路過一座小橋，蕭紅拉著端木在橋上看了會兒月亮。蕭紅倚著欄杆，輕聲唸道：「橋頭載明月，同觀橋下水……」詩明明沒完，但卻不唸下去了。端木覺得蕭紅有些興奮，便說：「不早了，咱們回去吧。」蕭紅說：「好吧！」便挽著端木的胳臂往回走了。走到小金龍巷口，和端木說聲「再見！」便轉身回去了。有一次，端木出去辦事回來，看到桌上鋪著紙，在一些行書草書中間，很明顯地題了幾句詩：「君知妾有夫，贈妾雙明珠。感君明珠雙淚垂，恨不相逢未嫁時。」最後一句重複練習了好幾行。端木知道蕭紅又來練過字了。不過她引用張籍的詩，沒引全。有時蕭軍過來也到屋裡來，提起毛筆在毛邊紙、報紙揮揮灑灑地練字寫詩。有一次，邊題邊唸出聲來：「瓜前不納履，李下不整冠。叔嫂不親授，君子防未然。」還寫了「人未婚宦，情慾失半」八個大字。蕭紅見了，笑道：「你寫的啥呀？你的字太不美了，沒一點文人氣！」蕭軍瞪了她一眼：「我並不覺得文人氣有甚麼好！」其中「文人氣」指的是端木，鍾耀群後來成為端木的妻子，和端木生活了三十多年，她的描述代表著端木的回憶，無疑是可信的。而在這當中我們已感覺蕭紅的心漸漸從蕭軍移向端木了。

一九三八年二月下旬，晉南戰局起了變化，日軍逼近臨汾，而原先在民族革命大學任教的蕭紅、蕭軍、端木蕻良也隨之撤退。端木、蕭紅、塞克、聶紺弩，將隨丁玲的「西北戰地服務團」到西安，而蕭軍卻沒有和他們同行，因為他準備棄文從軍，直接參加抗日部隊打游擊。在離開臨汾時，蕭紅和蕭軍又發生激烈的爭執，最後蕭軍提出：「還是各自走各自的路，將來見面時樂意在一起就在一起，不然就永遠分開。」蕭紅回答：「好的。」但在心裡，蕭紅一定是痛苦不堪的，畢竟是六年的患難共處了。後來她曾含淚告訴聶紺弩說：「我愛蕭軍，今天還愛，他是個優秀的小說家，在思想上是同志，又一同在患難中掙扎過來的！可是作他的妻子太痛苦了！我不知你們男子為什麼那麼大的脾氣，為什麼要拿自己的妻子做出氣包，為什麼對妻子不忠實！忍受屈辱，已經太久了……。」

一九三八年五月，端木蕻良和蕭紅在武漢的大同酒家舉行了簡單的婚宴。但他們的朋友們似乎始終不能接受這個事實，在他們的筆下——蕭軍的〈側面〉、胡風的〈悼蕭紅〉、以及駱賓基、聶紺弩、梅林、高原、蔣錫金的作品裡，端木都變成了「無名氏」，他們不是稱他為「T」就是「D」，或者「某君」甚至「××」、「凹鼻子杜」，而且如駱賓基更無視他們「結婚」的事實，而把他們當為「同居」關係。然而端木對這些事似乎不在乎，他認為男女之間的事，外人無需置喙的。對於外界傳言蕭紅的怨，他不能領會也不承認，他認為他對蕭紅好，一如蕭紅對他的好。而對於蕭紅被拋在炮火威逼下的武漢，懷著身孕絆倒在船塢，而端木卻先行入川的指責，端木在幾十年後的解釋是武漢吃緊，他們夫婦只有一張頭等船票，依規定不能換成兩張次等的票同時去重慶，他要蕭紅先走，蕭紅要他先行，他不肯，蕭紅就生氣，說因她懷有身孕，會有安娥等人照顧她，一定要端木先行入川，端木於是依言先行。端木或許不知道，蕭紅雖痛恨做附屬品，但在心理上仍是個渴望愛情的女人，假使端木不那麼聽話先走了，或許會惹蕭紅發脾氣，但蕭紅心裡終究獲得安全感與安慰。但端木以為終於和常常對他悄悄唸叨「恨不相逢未嫁時」的蕭紅結了婚，以為接受了懷著蕭軍孩子的她，就表示了足夠的愛。他不懂，真不懂，一個在感情生活中有那麼多顛沛經驗的人，需要的是更多。

在重慶，蕭紅身體不好，情緒消沉。加之端木忙於社會活動和寫作，與她思想交流漸疏，以致蕭紅亦常常有寂寞感。一九四〇年初，原復旦大學教務長孫寒冰邀請蕭紅、端木前往香港編大時代文藝叢書。對重慶沒有好感，迫切想改變環境的蕭紅欣然允諾。這天，蕭紅與端木從重慶搭乘飛機前往香港。一個月後，蕭軍抵達重慶。一個月的時光，在人生長河中僅僅是瞬間，但蕭紅和蕭軍失之交臂，終其一生再沒有一面之緣。

在香港蕭紅似乎找尋到她的樂土，她給友人的信中說：「這裡的一切景物都是多麼恬靜和優美，有山、有樹、有漫山遍野的鮮花和婉轉的鳥語，更有洶湧澎湃的浪潮，面對著碧澄的海水，常會使人神醉的。這一切不都正是我往日所夢想的寫作佳境嗎？」於是她在一九四〇年底完成了著名的中篇小說《呼蘭河傳》、之後還有長篇小說《馬伯樂》和短篇小說《小城三月》。而對端木蕻良而言，也是創作上的豐收，他出版了《新都花絮》、《江南風景》、又發表《科爾沁前史》，以及無數短篇、散文、雜文和論文。然而好景不常，一向身體虛弱的蕭紅，卻病情日益加重，她被確定為肺病，得住院治療。

「什麼是痛苦，說不出的痛苦最痛苦。」這是蕭紅在她題名為〈沙粒〉詩中的最後一句。此時的蕭紅正處於這種最痛苦之中。其實她們到香港不久後，作為香港文協研究部的負責人，端木很快就投入到他的工作之中，對體弱多病且多愁善感的蕭紅而言，她特別需要的溫存就少了。蕭紅是在心境很孤獨的情況下勉強寫作的。而一旦當她從創作狀態回到現實，她就不免有一種失落和惆悵。昔日，那種令她如痴如醉和夢縈情牽的感覺沒有了，而激發起她無比熱情的心的交流和撞擊消失了。生活失去了應有的光彩，令她感到深深的失望和心碎。而其實蕭紅和端木並不是沒有感情的，關鍵還在於他倆的性格。好友周鯨文就說：「兩人的感情基礎並不虛假，端木是文人氣質，身體又弱，小時是母親最小的兒子，養成了『嬌』的習性，先天有懦弱的成分。而蕭紅小時候沒得到母愛，很年輕就跑出了家。她是具有堅強的性格，而處處又需求支持和愛。這兩種性格湊在一起，都再有所需求，而彼此在動蕩的時代，都得不到對方給予的滿足。」於是他們之間就出現了裂痕。

和蕭紅日趨衰弱的身體形成對比的是，她精神上的渴求更加強烈。她太需要愛，更需要一種依附和寄託。於是，又有一個人走進了她的生活。他就是駱賓基。在蕭紅人生的最後旅途上，駱賓基是她最後的感情驛站。駱賓基原名張璞君，祖籍山東，一九一七年生於吉林省琿

1960年5月端木和鍾耀群結婚合影。

春縣。他是蕭紅胞弟張秀珂的友人，作為蕭紅東北同鄉，他希望能得到關照。蕭紅將他介紹給端木，端木把自己在《時代文學》上連載的〈大時代〉停下來，發表駱賓基的〈人與土地〉。為了感謝蕭紅夫婦對他的幫助，駱賓基經常去看望他們。特別是蕭紅住院期間，對她懷有敬慕之情的駱賓基則長時間廝守在她身旁，以致護士小姐都以為他是蕭紅的丈夫。病中的蕭紅有著無限的思鄉之情，駱賓基那一口濃烈的東北口音，配上他那娓娓動人的聲調，對蕭紅不啻有種飲甘露而止渴的作用。太平洋戰爭爆發後，九龍已陷於炮火之中，端木既要照顧蕭紅，又要考慮撤退以及籌款事宜，同時還要與文化人保持聯繫，因此他不可能一直陪伴著蕭紅，於是駱賓基自然責無旁貸地照顧蕭紅。

一九四一年十二月廿五日，經過十八天的抵抗，香港終於淪陷了。十多天後，輾轉躲避的蕭紅被送進跑馬地養和醫院。她被不負責任的醫生誤診為喉瘤，第二天即被送進手術室。蕭紅接受了一次痛苦的喉管切開手術。手術後，蕭紅病情轉劇，身體更加虛弱。由於傷口難以癒合，使她痛苦萬分。一九四二年一月十八日，端木和駱賓基將蕭紅扶上養和醫院紅十字急救車，轉入瑪麗醫院重新動手術，換喉口的呼吸管。蕭紅已經無法再說話了。她用手勢示意給駱賓基給她取來紙筆。她寫下：「我將與藍天碧水永處，留得那半部《紅樓》給別人寫了。」最後一句話。一九四二年一月二十二日，一位在中國文壇上熠熠閃亮的女作家就這樣悲慘地走完她三十一個年頭。她的骨灰一半被安葬在淺水灣，一半被埋在聖士提反女校的一顆大樹下。而端木在蕭紅火化前剪下的一縷青絲，則一直保留到五十年後一九九二年蕭紅在呼蘭縣的墓修建完成後，才安放在其中。

而在蕭紅去世後到後來與鍾耀群結婚，其間十八年，端木也有過真正的戀人，但因三次申請結婚都沒有得到批准，又無法向他美麗的作家女友青林（原名青述麟）解釋說明，就不了了之。而後，青林成了名詩人卞之琳的妻子。一九六〇年初，經由生活書店經理顧尚華夫婦的介紹，他認識了從初中二年級就讀他的作品的鍾耀群。鍾耀群當時是昆明軍區國防話劇團的話劇演員，三十七歲，未婚。而端木那時已是四十八歲了。認識後不久他們就決定結婚了，於是他們各自向自己的工作單位打報告。不料鍾耀群的話劇團領導發現端木有些問題，屬於「歷史疑點」，便不同意他們結婚的報告。鍾耀群決定尋找「上層關係」，得到一位部長的支持。一九六〇年三月，他們手持各自的介紹信，前往北京東城區人民政府辦理結婚登記。

一九六三年，端木往雲南探親，在歸途中因腦血栓而中風。雖經十三個月的治療調養，也仍然無法改「偏癱」（半身不遂）的機障帶病回北京，而當時他們結婚還不到三年。然而真正苦難的時代來了，那是文化大革命，端木夫婦也無可避免地捲入漩渦，一南一北不通消息。鍾耀群被打成反革命遭受審查；端木更慘，他與老舍等一干作家學者被關在文廟，遭紅衛兵用水火棍脫下褲子打屁股。他們彼此生死不明，有著懸念和牽掛，但卻不敢有任何表示，惟恐給彼此帶來更多的災難。後來端木去找了一個毛澤東像的徽章，一字不寫寄給鍾耀群，鍾耀群收到一看，知道端木還活著！直到一九七四年，他們夫婦總算不再分隔兩地，但十四年的大好時光已遠去，而端木已成了十足的病人，鍾耀群在擔任妻子的角色外，又加上特別護士和手杖的任務。後來經北京市委的批准，調鍾耀群至北京市文聯的作家協會，專充端木的創作助理，也因此端木又展開創作的新頁，他要撰寫一部三卷巨作《曹雪芹》。而一九八〇年一月，端木的「《曹雪芹》上卷出版了，印數二十萬冊，立即搶購一空，出版社於三個月後再版三十萬冊，又很快售完」。一九八五年《曹雪芹》中卷又問世了。而這其中有著鍾耀群的心血，其實鍾耀群也有一枝健筆，只是她心甘情願隱在端木的背後。她年年月月，聽來人反覆談論的是蕭紅而不是她自己，但她沒有稱怨，也沒有說恨，對於端木與蕭紅，她說：「非常尊重這份感情，絕不會打翻陳年醋罈。」是的，一九九六年十月五日端木因病在北京去世後，她本來要繼續完成端木尚未完成的《曹雪芹》下卷，但她還是先寫出《端木與蕭紅》一書，讓端木生前對她說的有關史實寫出。另外她將端木的骨灰分做四份，其中一份她特別千里迢迢帶到香港，撒在聖士提反女校的大樹下，和當年端木埋在此地的蕭紅骨灰，合在一起。鍾耀群有著平凡中的偉大與無私愛意。而端木與蕭紅在天上人間終又再見了，正如端木所寫的〈蕭紅逝世四十周年祭〉中所云：「天上人間魂夢牽，西風空恨綠波先。春蠶到死絲無盡，蠟炬成灰淚未乾。布被寒生七尺鐵，燈華熱湧五音弦。霜刀豈削石中碧，劍雨徒曾綠草妍。」「虎丘斜谷影隻橫，狂嘯興風聲正獰。鼠尾耗油欺叔夜，梟鳴作譜笑秦笙。雜水八成鋒仍利，浮雲千遍月恆明。九曲寒泉難為凍，奔流到海報卿卿。」

註：本文之寫就，參考孔海立著《端木蕻良傳》，特此致謝。

端木蕻良16歲攝於天津南開中學。

文學血脈的薪火

——蕭紅與魯迅的父女情

學者錢理群說蕭紅是「命薄如紙，卻心高於天」①。的確，打從她出娘胎，便被置於以父親為象徵的冰冷家庭和以祖父為象徵的溫暖世界的兩極中。這些在她的作品如〈家族之外的人〉、〈永恆的憧憬與追求〉、《呼蘭河傳》都有述及。後來在祖父的支持下，她終於衝破父親、繼母以及包辦未婚夫家庭的阻擋，離開偏遠的呼蘭縣，來到哈爾濱的第一女中讀書。從中學生活開始，她經歷了祖父去世、逼婚逃婚、受騙懷孕，直到陷於哈爾濱東興順旅館，面臨被賣入妓院的絕境。蕭紅經歷了心理上並未成熟為女人，但身心均已遭受屈辱的光景。一九三二年，二十一歲的蕭紅在絕境中遇到蕭軍，他們相愛並同居。（兩人的結合曾經為蕭紅帶來幸福，但這幸福後來卻褪了色，甚至最終轉化為苦痛，當然這是後話。）一九三四年五月，蕭紅在愛路跋涉中，和蕭軍千里迢迢地從哈爾濱搭乘「大連丸」郵船，流亡到關內，然後輾轉來到青島。這一年的九月，蕭紅在青島寫完她的第一部中篇小說《生死場》。這期間，生活是艱苦的，舉目無親；而文海茫茫，到處都是險阻。蕭紅想起了她所崇仰的長者——魯迅，她懷著不安和希冀的心情給魯迅寫了一封信（當然，同時寫信的還有蕭軍），另外她又附上了剛剛抄就的《生死場》和當年在哈爾濱印的《跋涉》。不久，魯迅的覆信來了，他果然沒有拒絕這位陌生女孩的求援。這對於在人生旅途中，過早地受盡奚落的蕭紅而言，不啻是在大海沒頂前的援手。於是她用僅剩的一點錢，再次漂流來到上海。不同於她的漂流關內，這次她是滿懷希望的。

那是「歷史性」的一刻——一九三四年十一月三十日下午兩點鐘。蕭紅按照魯迅信中指引的路線，準時來到了內山書店。她輕輕地推開了書店的門，內心激動得撲通撲通的跳著，雙眼緊緊地尋覓著，一位巨人般體魄，壯偉風采的長者，那是她從匕首投槍的文章中想像的身影。但她萬萬沒想到，眼前出現的是一位身材矮小、面目清癯的老人，他樸素平凡得很，甚至有點不修邊幅。魯迅一見他們來了，手裡拿起一頂舊氈帽，腋下夾著一個紅花黑花格的布包，先開了口：「我們走吧」，說完便帶頭走出了內山書店。在街上，魯迅健步走在前頭，最後走進附近一家咖啡店，他領著蕭紅與蕭軍找到一個角落坐下來，要了一壺紅茶。這小店座位不太多，光線也不充足，簡直顯得有些冷清。魯迅倒常到這裡來，然而並不是為了喝咖啡，因為店主人可能是個猶太人，中國話聽不太懂，而且只要客人一到，他就打開唱機放起音樂來，這樣，談起話來是很方便的。魯迅經常在這裡同左聯的一些朋友商議事情。坐了不大一會兒，許廣平領著海嬰也來了，她是為了照顧魯迅的安全而來的，同時也是為了看看蕭紅。（多年以後，許廣平在〈憶蕭紅〉中寫道：「陰霾的天空吹送著冷寂的歌調，在一個咖啡室裡，我們初次會著兩個北方來的不甘做奴隸者。他們爽朗的話聲把陰霾吹散了，生之執著，戰鬥、喜悅，時常寫在臉面和音響中，是那麼自然、隨便、毫不費力，像用手輕輕拉開窗幔，接受可愛的陽光進來。」）臨別時，許廣平握住蕭紅的手，依依不捨地說：「見一次真是不容易啊！下一次不知什麼時候再見了？」在當時魯迅已被國民政府當局通緝四年了，他是冒著生命危險來和他們會面的，蕭紅以感激的眼神深情地望著。在漂流無依中她已看盡了世間冷酷的面孔，而眼前的老人帶給她的是多大的安慰與溫暖……她甚至還看到，在這陰冷的初冬天氣裡，老人卻只穿著一件單薄的舊棉袍，腳下穿著一雙舊的膠底帆布鞋，脖上連一條圍巾也沒有。當老人掏出早已準備好的二十塊錢（那是蕭紅來信所要借的），霎時蕭紅感覺眼眶有些潤濕。就在這一刻，中國現代文學史上的「父」與「女」兩代人會合了，他們之間整整相距了三十年，但確有著薪火相傳的文學血緣。

看著《生死場》，魯迅吃驚於蕭紅對生活的「細緻的觀察和越軌的筆致」，更吃驚於看上去還有點纖弱的蕭紅，卻能把「北方人民對於生活的堅強，對於死的掙扎」，描繪得「力透紙背」。於是魯迅拿著書稿，就「託人把這部稿子送到各方面去『兜售』，希望能找到一處可以公開出版的書店來接受出版它。」「文學社曾願意給她付印，稿子呈到中央宣傳部書報檢查委員會那裡去，擱了半年，結果是不許可。」在這半年的焦急等待中，魯迅總是耐心地安慰著蕭紅，最後還是魯迅從日常生活裡節省出錢來，以「奴隸社」的名義為蕭紅印行這本書。魯迅並親自為這本書寫了序言。一九三五年十二月，作為「奴隸叢書之三」的《生死場》，以實無其店的上海容光書店出版了。之後，它再版不下二十次，《生死場》奠定了蕭紅在中國現代文學史上的地位，這其間有著魯迅的一份功勞。因此有人說，在那個陰雲遮天的苦難年代，沒有魯迅，也就沒有蕭紅。她可能默默無聞地寂寞下去，失望和頹唐甚至會毀掉她。

魯迅以沈重的筆觸「畫出沈默的國民的魂靈」，並要改造這民族靈魂。當他讀完《生死場》後，他預言這部小說將擾亂「奴隸的心」。魯迅的文學血脈似乎在這裡得以傳承。學者皇甫曉濤說蕭紅是繼魯迅後，第一個能夠如此鎮定地面對死亡的中國現代作家②。她一再地寫死亡，寫輕易的、無價值的、麻木的死，和生者對於這死的麻木。在這裡，人民死於生產、死於毆鬥、死於「蚊蟲的繁忙」和傳染病；更多的卻是死於不該死去的人類對自身、對他人的冷漠、暴虐和毫無主張。在這裡「人死了聽不見哭聲，靜悄地抬著草捆或是棺材向著亂墳崗子走去，接接連連的，不斷……」在蕭紅看來，這片關東大地，最可痛心、最驚心動魄的是它的「蒙昧」、「麻木」，那是生命價值的低廉、是生命的浪費。小說令人髮指地描繪道：「亂墳崗子，死屍狼藉在那裡。無人掩埋，野狗活躍在屍群裡。太陽血一般昏紅，從朝至暮蚊蟲混同著蒙霧充塞天空。高粱、玉米和一切菜被人丟棄在田圃，每個家庭是病的家庭，是將要絕滅的家庭。全村靜悄了。植物也沒有風搖動它們。一切沈浸在霧中。」這使我們不禁想起魯迅小說〈藥〉的最後出現的死寂的墳場，而蕭紅則更進一步逼視那渾噩的「死」和無聊的「生」。它將人推到非人的最後邊緣的同時，也將其「生」的意識放到「死」的地獄之火來灼烤。它第一次如此淋漓盡致地大膽裸露生命的軀體，讓它在紛擾繁殖的動物和沈寂陰慘的屠場與亂墳崗中舞蹈著，恰如魯迅的〈野草・墓碣文〉中「窺見死屍，胸腹俱破，中無心肝。而臉上都絕不顯哀樂之狀，但朦朦如煙然」，而「抉心自食，欲知本味」時，面對死亡所顯示出的哲人的睿智和文化反省。它是一個失卻生命活動的民族，看著自身屍體時，「被大蠱惑，倏忽間記起人世，默想至不知幾多年，遂同時向著人間，發聲反獄的絕叫」（魯迅〈失掉的好地獄〉）③。於是我們看到那些互相隔絕的人們逐漸靠攏、匯集，「一起向蒼天哭泣」，「共同宣誓」，「大群的人起來嚎啕」——在敵人的鐵蹄威脅下，人們也許是第一次發現彼此間有了休戚與共的命運。而那使「藍天欲墜」的吶喊——「我是中國人」，讓麻木如動物般的人們，第一次感到了人的尊敬、民族的尊嚴。我們古老的民族畢竟是有生命力的，它終於獲得一顆「猛壯」的、「銅一般凝結」的「心」。《生死場》從「死」的境地，逼視中國人「生」的抉擇，在熱烈的騷動後面，是比一潭死水還讓人戰慄、畏怯的沉寂和單調、孤獨和無聊，是一種「百年孤寂」般的文化懺悔和文明自贖。

而和《生死場》同屬姊妹作的《呼蘭河傳》，蕭紅寫的無疑是個悲劇，然而呼蘭河人的不以悲劇為悲劇的木然無謂，才是真正的悲劇。這正如同魯迅小說中的「無主名無意識的殺人團」——「無個性就是他們的個性，無思想就是他們的思想，無意識就是他們的意識，無目的就是他們的目的」，而且在任何情況下，他（她）們又總是「多數」的存在。古往今來，直接死於統治者屠刀下的人少，更多的卻死於「無主名無意識的殺人團」的不見血的「謀殺」之中④。魯迅對他們曾「哀其不幸」、曾「怒其不爭」，而蕭紅則在他們對生死的漠然中，寫出了「幾乎無事的悲劇」。蕭紅在對歷史的思索，對國民靈魂的批判，和魯迅有著心靈上的契合！

一九三六年七月十五日的《魯迅日記》寫著：「晚廣平治饌為悄吟餞行」。（蕭紅為愛所苦，她要遠去日本，許廣平親自下廚，為她做了幾樣小菜。）臨別之夜，魯迅望著即將孤身遠行的蕭紅，他憐愛地坐在藤椅上囑咐蕭紅：「每到碼頭，就有驗病的上來，不要怕，中國人就會嚇唬中國人，茶房就會說：『驗病的來啦，來啦……』」蕭紅凝神地聽著，但有誰料到，這竟是這對宛如父女的最後訣別呢！三個月後的十月十九日，魯迅逝世了，消息很快傳到了日本。蕭紅在〈海外的悲悼〉文中說：「二十一日的報上，我就渺渺茫茫知道一點，但我不相信自己是對的……我很希望我是看錯……雖然去的時候是留著眼淚。……我想一步踏了回來，這想像的時間，在一個完全孤獨了的人是多麼可怕！……」次年蕭紅返回上海，她第一件事便是去看望魯迅的墓。她寫下了〈拜墓詩——為魯迅先生〉，詩云——

跟著別人的腳跡，
我走進了墓地，
又跟著別人的腳跡，
來到了你的墓邊。

那天是個半陰的天氣，
你死後我第一次來拜訪你。

我就在你的墓邊豎了一棵小小的花草，
但，並不是用以招弔你的亡魂，
只說一聲：久違。

我們踏著墓畔的小草，
聽著附近的石匠鑽著墓石的聲音，
那一刻，
胸中的肺葉跳躍了起來，
我哭著你，
不是哭你，
而是哭著正義。

你的死，
總覺得是帶走了正義，
雖然正義並不能被人帶走。

我們走出了墓門，

蕭紅在香港

那送著我們的仍是鐵鑽擊打石頭的聲音，
我不敢去問那石匠，
將來他為著你將刻成怎樣的碑文？

蕭紅對魯迅的崇敬，使她下決心要用自己的筆描繪出魯迅的音容笑貌。一九三八年她先寫了〈魯迅先生記・一〉，接著又寫了〈魯迅先生記・二〉的文章。到了一九三九年，也就是魯迅逝世三週年時，她又用了全部心力寫了《魯迅先生生活散記》，後來重慶婦女生活社在一九四〇年七月出版單行本時，改名為《回憶魯迅先生》。真摯的情感和優美的文筆，使得蕭紅的《回憶魯迅先生》，不僅在所有魯迅回憶錄中獨領風騷、出類拔萃，就是在整個現代中國文學史上，也是一流的文學作品，我們看一段她描寫魯迅在夜間寫作的情形，就可見一斑——

客人一走，已經是下半夜了，本來已經是睡

覺的時候了，可是魯迅先生正要開始工作。在工作之前，他稍微闔一闔眼睛，燃起一支煙來，躺在床邊上，這一支煙還沒有吸完，許先生差不多就在床邊睡著了。（許先生為什麼睡得這麼快？因為第二天早晨六七點鐘就要起來管理家務。）海嬰這時也在三樓和保姆一道睡著了。

全樓都寂靜下去，窗外也是一點聲音沒有了，魯迅先生站起來，坐到書桌邊，在那綠色的檯燈下開始寫文章了。

許先生說雞鳴的時候，魯迅先生還是坐著，街上的汽車嘟嘟的叫起來了，魯迅先生還是坐著。

有時許先生醒了，看著玻璃窗口薩薩的了，燈光也不顯得怎麼亮了，魯迅的背影不像夜裡那樣黑大。

魯迅先生的背影是灰黑色的，仍舊坐在那裡。

人家都起來了，魯迅先生才睡下。

海嬰從三樓下來了，背著書包，保姆送他到學校去，經過魯迅先生的門前，保姆總是吩咐他說：「輕一點走，輕一點走。」

魯迅先生剛一睡下，太陽就高起來了。太陽照著隔院子的人家，明亮亮的；照著魯迅先生花園的莢竹桃，明亮亮的。

魯迅先生的書桌整整齊齊的，寫好的文章壓在書下邊，毛筆在燒瓷的小龜背上站著。

一雙拖鞋停在床下，魯迅先生在枕頭上邊睡著了。

蕭紅以女性作家特有的細膩觀察和罕見的天賦，描繪出魯迅極其生活化的一面，使人如臨其境、如見其人、如聞其聲、如感其情，她寫出一個活生生的魯迅。

一九四〇年十月，為了紀念魯迅逝世四週年，蕭紅又奮筆寫了大型啞劇《民族魂》，刊登在楊剛主編的香港《大公報》文藝副刊上。這個劇本共四幕，魯迅和他筆下的人物如阿Q、孔乙己、祥林嫂、單四嫂子等都出場了。儘管此時蕭紅的病體已很衰弱，但她的筆是永遠離不開魯迅的！

一九一一年蕭紅自中國最北方的城市——呼蘭縣走來，一九四二年她又在中國最南方城市的一角——香港淺水灣，寂然歸骨，總共才活了三十一個寒暑。這之於他人正是青春美麗的年華，而對於蕭紅，卻是追求、奮鬥、掙扎而又含恨而終的短暫、痛苦的一生。當日本人佔領香港時，蕭紅在半個月不到的時間裡，輾轉在四家醫院的病床中，捱不盡恐懼與病痛折磨，終於死在法國醫院設在聖士提反女校的臨時救護站。兩個男人——她愛的或愛她的，把她火化了。一九四二年一月二十五日的黃昏，她的一半骨灰被葬在淺水灣的海邊。五〇年代的淺水灣曾是喧鬧而優美的海水浴場，在博浪歡愉之際，人們大概記不起這裡的「藍天碧水永處」，曾經埋葬一顆早醒而寂寞的靈魂。就如同詩人筆下的感喟⑤：

……

而漫長的十五年，

小樹失去所蹤，連墓木已拱也不能讓人多說一句。
放在你底墳頭的，
詩人曾親手為你摘下的紅山茶，
萎謝了，
換來的是弄潮兒失儀的水花。
淺水灣不比呼蘭河，
俗氣的香港商市街，
這都不是你的生死場……

蕭紅風風火火地從中國默默的北方一隅，跋涉到當日的文化中心——上海，她來到魯迅的身邊，她以她年輕生命所煥發的才華光芒，令當日文壇為之目眩。然後她經歷愛情上的悲歡離合，她寂寞悲苦的逝去。她的一生有如曳著耀眼光芒的雷電，滾過密雲期的中國文壇，是瞬間輝煌之後的一道虹彩；她在中國現代文學的記憶中，是鮮明的永存的，當然在那呼蘭河畔，更有著她鮮活的身影。

一九三九年三月十四日，在大後方的蕭紅給許廣平的信談到魯迅時說：「我們這裡一說起就是導師導師，不稱周先生，也不稱魯迅先生，你或者還沒有機會聽到，這聲音是到處響著，好像街上的車輪，好像檐前的滴水……。」而許廣平在〈追憶蕭紅〉文中：「每逢和朋友談起，總聽到魯迅先生推薦，認為在寫作前途上，蕭紅先生是更有希望的。」這些話語不是相互間的恭維，而是真正上的血脈相連。錢理群就指出⑥，在「寥如晨星」的女作家中，與現代文學的宗師魯迅最為相知的，竟是最年輕的蕭紅。

註①、④、⑥：錢理群《精神的煉獄——中國現代文學從「五四」到抗戰的歷程》，廣西教育出版社，一九九六年

註②、③：皇甫曉濤《蕭紅現象——兼談中國現代文化思想的幾個困惑點》，天津人民出版社，二〇〇〇年

註⑤：盧瑋鑾〈寂寞灘頭〉，收入《香港文學散步》，香港商務印書館，一九九一年。

哀莫大於心不死
——胡風的苦難愛情

有篇文章這麼寫著：「胡風死了。如果魯迅在天之靈有知，我肯定他是最悲痛的一個。胡風死了，他是中國現代文人蒙難史中，悲劇色彩最濃的一個。胡風的一生充滿了缺點，他自信、孤傲，甚至有些過敏和猜忌，但他又是中國現代文化人中，最堅韌、最勇敢的一個！有幾個文人能看真理後，至死不回頭的？有誰能夠熬受單身監禁三十年——其間又屢傳將被處死的消息——而信念不變的？我認為，除了胡風，再難舉出他人了。……在中國現代史上，勇於講真話而不惜以生命抗戰的文人是不多的。大陸將來要樹文人紀念碑的話，我堅信，胡風絕不會沒有的。」是的，胡風曾以魯迅的唯一傳人而自居，他們都是「真的猛士，敢於直面慘淡的人生，敢於正視淋漓的鮮血」，他們都是「想憑奇骨在這一代求得貫徹」的人物。但胡風最終卻被整個社會看成一名「罪人」，負荷著良知與邪惡的落差，在飽經憂患的悲苦中耗盡了生命。可堪安慰的是，是跟他一起受難的同仁們，對他的評價：「步魯迅後塵，求文藝正道，上天入地雖十死不悔；為歲月前導，開一代詩風，嫉偽崇真，堪千秋永生。」「千古後千古文章，自有千古評論，千古有史；一生事一生風雨，終證一生肝膽，一生無愧。」

1934年，胡風與梅志。

胡風原名張光人，筆名有谷非等，一九〇二年生於湖北蘄春縣。一九二一年冬，十九歲的胡風，奉父母之命，與洪翠娥結婚（五年後洪翠娥卻因難產死去），一九二三年他考入南京東南大學（中央大學前身）附屬中學。一九二五年考入北京大學預科，曾旁聽了魯迅的一堂「中國小說史」課，得到一次滿足。次年九月轉入清華大學英文系二年級。十一月回家鄉參加革命工作。一九二九年九月東渡日本，後入慶應大學英文科，留日時深受馬克思主義、普羅文學運動影響，課餘參加「日本普羅科學研究新藝研究會」，與日本普羅文學家江口渙、小林多喜二等往還甚密，曾在「藝術學研究」、「普羅文學講座」介紹中國革命文學情況，又加入日本反戰同盟、日本共產黨。一九三三年三月，因在留學生中組織左翼抗日文化團體被捕，拘留三個月後，被驅逐回國，到上海。參加「左聯」，初任宣傳部長，後繼茅盾擔任常務書記。

這時的胡風已年過三十，雖然在事業上已小有成就，但他還沒有嚐過真正的愛情。而就在這時，一個女性溫柔的面影來到他的面前，她是左聯盟員梅志。梅志原名屠圮華，一九一四年生，江蘇常州人。她出身於一個舊教師家庭，家境貧寒。幼年時父親在江西工作，她目睹大革命的情景，又接觸到一些進步書籍，萌發她爭取婦女解放和參加革命的意願，於是在師範畢業後，她除了當起教師，並於一九三二年加入「左聯」，積極從事革命活動及文學寫作。幾次交往下來，胡風對這位年輕、美麗、聰穎的姑娘產生了好感。常常找她聊天，在文學創作和工作方面給她幫助。梅志也崇敬這位有學問，沒有架子的領導人，看到他潦倒的個人生活，不由得為之感慨。經過一段時間的接觸，兩人的感情越來越深，胡風再也離不開她了。在胡風熱烈追求下，梅志終於答應了他的求婚，並說服了家人。一九三三年十二月二十五日，他們在一間三樓小屋內開始了新的生活。他們從房東那裡借了一張舊書桌，又買了一張床、一張方桌四個圓凳子，就這樣組了個小家庭。胡風寫作和上班，梅志則操持家務和幫他抄稿。從此，他們共同生活長達半個世紀，除了命運強迫他們分開的若干年外，他們患難與共，相濡以沫，互信互愛，忠貞不渝。

一九三四年秋，「左聯」的一位盟員穆木天被捕，出獄後向「左聯」誣告胡風是南京派來的「內奸」。為了在政治上負責，他辭去「左聯」書記職務，並向「左聯」斷絕了組織聯繫，開始了職業作家的生活。一九三六年夏，為建立抗日民族統一戰線，左翼文藝界內部發生了

「兩個口號」問題的論爭。周揚等人提出「國防文學」作為文藝界聯合戰線的口號；魯迅、馮雪峰則主張用「民族革命戰爭大眾文學」的口號，而後一個口號由胡風在一篇文章中公開提了出來。胡風在文章中沒有說明這個口號是經過魯迅同意的，而且隻字不提「國防文學」。本來對胡風就有看法的「左聯」成員認為胡風置「國防文學」於不顧而另提新的口號，分明是蓄意標新立異，就批評胡風提出的口號。於是在兩三個月之內，圍繞「兩個口號」的孰是孰非，展開了激烈的爭論。後來因魯迅逝世和「西安事變」的發生，及次年蘆溝橋事變爆發，論爭才不了了之。但文藝界的宗派成見並沒有根本消除。胡風也因此和周揚種下不和禍根。

抗戰時期，胡風主編《七月》、《希望》等刊物和《七月詩叢》、《七月文叢》等書，由於他與眾不同的編輯方針和辦刊宗旨，一批有著共同追求，創作態度和創作方法一致的文學新人由此脫穎而出，他們大多受胡風文藝理論的影響，團結在胡風的周圍，逐漸形成一個流派，後人便把他們稱之為「七月派」。由於其中以詩人為主，也因此稱為「七月詩派」。詩人有阿壠、魯藜、天藍、孫鈿、彭燕郊、冀汸、曾卓、綠原、牛漢、杜谷、胡征、化鐵、朱健、魯煤、徐放等。路翎則以寫小說為最出名。又由於胡風編刊物著重於新人新作，對於已成名的作家較少刊登，因此漸漸地，被譏為「胡風口袋裡有一批作家」。後來則是「宗派」、「小集團」的說法也出來了。而到一九五五年，這些人中的絕大多數被打成了「胡風反革命集團份子」，受到不同程度的摧殘與迫害，則是大家始料未及的。

在五〇年代的胡風事件中，舒蕪的「反戈一擊」構成了不容忽視的誘因。它包含著雙重的意義：一、舒蕪發表的《從頭學習〈在延安文藝座談會上的講話〉》、及《致路翎的公開信》，依照四〇年代末、五〇年代初何其芳、林默涵、周揚等的思維方式，將胡風及其同仁的文藝思想予以曲解，把他們本質上繼承「五四」精神及魯迅傳統的、以馬克思主義為主導的複雜思想構成，定位為反馬克思主義、反毛澤東思想、反現實主義性質，客觀上「坐實」了時代對於胡風及其同仁的批判；二、以舒蕪名義發表，實際上也由他本人投身參與的《關於胡風反黨集團的一些材料》，無限上綱上線、斷章取義、羅織罪名，客觀上「坐實」了胡風及其同仁們所謂「反革命集團」的「罪行」。這在舒蕪晚年也不無反省地說到：「雖非我始料所及，但是它導致了那樣一大冤案，那麼多人受到迫害，妻離子散，家破人亡，乃至失智發狂各式慘死，其中包括了我青年時期幾乎全部好友，特別是一貫挈我、掖我、望我的胡風，我對他們的苦難，有我應負的一份沉重的責任。」

面對著路翎、阿壠、呂熒等朋友以及自身遭受的批判和誤解逐日加劇，胡風覺得辯證變得十分必要。而舒蕪自以為是的「反戈一擊」，混淆了自己和同仁在思想上的原則性差異也亟需澄清。於是一九五四年七月二十二日，胡風將凝聚自己與朋友們心血的「三十萬言書」——《關於解放以來的文藝實踐情況的報告》，親手交給中央文教委員會主任習仲勛，並請他轉呈毛澤東和中共中央。然而胡風及其同仁們的一片丹心，卻被無情地打入冷宮，句句諍言換來的卻是一場史無前例的「文字獄」——「胡風反革命集團」。而就這事件觀之，胡風的文藝觀點不能說沒有絲毫偏頗，但由於他倔強的性格，他的過分自信，他始終堅持己見，以致使論爭逐

胡風一家人。

步激化。而面對批評他的那些「當權者」的政治優勢，胡風既不願屈服，又感到對手是一個「龐然的存在」，因此不滿和對立的情緒愈加強烈。這時他們已沒有公開發表言論的場所，便只好在往來的信件中互通信息，商討活動計畫，同時發牢騷，說怪話，使用一些隱晦的語言。例如，胡風把毛澤東《在延安文藝座談會上的講話》說成是「被當作了『圖騰』小冊子」，這在當時敢把毛主席的偉大馬克思主義著作的信仰比之為迷信的「圖騰」，豈非反動之極、惡毒之極！又說：「和這些老爺們糾纏，也得深入到他們的肝臟裡去」，「用孫行者鑽進肚皮去的戰術，那是可以試一時的」，「還有許多事情我們得忍受，並且只有在忍受中求得重生，一切都是為了事實，為了更遠大的未來！」等等。這些從胡風與好友的信件中，尋章摘句、斷章取義的話，都被「當權者」無限上綱上網，成為反革命的罪證。而殊不知這些話有時是借用政治性的詞語，實際上講的是關於文藝的問題；而有時是文人們故作的驚人之語，其目的只是說說氣話，發發牢騷而已。然而文壇最大的冤案、歷史的悲歌，就這樣發生了，一九五五年五月中旬，他們陸續被捕了，據保守的統計，因「胡風反革命」案件，共觸及二千一百多人，逮捕九十二人，隔離六十二人，停職反省七十三人。後來正式定為「集團份子」的七十八人，其中定為「骨幹份子」的二十三人。這七十八人中，到一九五八年五月，給予撤消職務、勞動教養、下放勞動等處理的六十一人。

胡風「執著於真理，因忠得咎，以直招禍」（賈植芳語），在經過幾個月的隔離審訊後，終於關入北京郊區的秦城監獄，而作為胡風的妻子的梅志，也因幫助胡風編過《七月》和《希望》，抄寫過「三十萬言書」，被定為「反革命集團骨幹份子」，關押在北京城內的監獄。她和胡風同頂一片藍天，但相互之間，誰也不知對方的下落。一九六一年初，梅志的母親因病死於醫院，梅志才獲釋出獄，料理母親後事。然後她連續幾次給公安部寫信，要求與胡風見面，均未獲准。直到一九六五年春，她才踏上往秦城監獄的路，十年，整整十年，她才能見到胡風的面。當她走過一條兩旁有花壇的水泥路，感到裡面又深又寬。路兩旁遠處有著一幢幢小樓，樓上的窗戶都用淡青色窗簾遮著。大廳深處有人陪著一個穿藍短衫褲的人匆匆地向梅志走來，直到眼前，梅志才看清他是胡風，而原來頭頂兩旁黑黑的一圈頭髮，如今已全禿了。梅志想到十年來他所受的難忍的煎熬，她真想大哭一場，然而她還是壓住她澎湃欲出的感情。胡風平靜地走到梅志面前，伸出手握住她的手，用仍然堅定的目光望著受盡苦痛的妻子。「身體好吧！

帶的東西都收到了吧！」「身體很好，東西都收到了。」「孩子們都向你問好。曉山明年就高中畢業了，曉風沒考上大學，當了農業工人……」「好，這樣好。讓曉山也當工人去吧。」想到在文壇耕耘多年，卻落得如此下場，真不如芒冠布衣，平平淡淡過一生。而第二次探監，梅志按照胡風的要求，帶著兩大捆的日文版的馬恩全集給他，並將孩子們的近況說給他聽，又把女兒的信給他看。胡風一看信，就火冒三丈：「什麼話，要我向溥儀學習！溥儀是什麼人？是封建皇帝，靠殘酷剝削人民過著腐朽沒落的生活。政府幫助他改造成新人，是黨和人民的寬大。我能和他一樣全部否定自己嗎？我學習馬列主義錯了嗎？我衷心跟黨走，一心想做對黨有用的工作，這也錯了嗎？我何嘗不知道大帽子底下過關的訣竅，但那是對黨對人民不負責，對自己不負責！我能這樣做嗎？我沒有做過的事我不能承認，做了的是否全錯了也不是一句話能說得清的。我還得用大量時間學習馬列主義，深入實踐，才能得出結論。這不是關在獨身牢房所能辦到的。這能怪我嗎……」而同年深秋，梅志第三次來到秦城監獄，梅志問到獄中情況，胡風說：「審了有幾百次吧，但是審來審去我想不出有什麼大問題。我想再狠也就不過如此了，要真能槍斃我，我倒安心了，因為這不是我的過錯，我能得到大解脫。現在使我心情不安的是那些年華正茂的朋友們因為我而不知身受著什麼磨難呢！我從來沒有為個人打算過，名和利不是我所追求的。造成今天這種情況，我只是做了一個中國人應做的事，我絕沒有惡意，不管怎麼樣，我願意接受黨給我最後的裁決。希望你也這樣，不存任何幻想，相信黨相信群眾。對我的結論可能我看不到了，但我是唯物主義者，我相信歷史會對我作出公正的結論的。但你要有最壞的準備。」

一九六五年底，胡風從秦城監獄回到家中——監外執行。十年來的監獄生活暫告一段落，他在公安部派員監視的狀況下，和家人團聚。胡風緊緊地握住梅志的手說：「你可以原諒我，但我不能原諒自己，在這漫長的歲月裡，我只要想到你們就揪心似地痛。雖然對許多朋友因我受牽連，我也感到內疚，但他們靠近我時，已經有了自己的思想和理想，我更多地是出於一片愛才之心。我對他們只有惋惜！而你們卻是完全無辜的。這次我最擔心害怕的是把你拉出來，也來示眾。」一九六六年二月十五日，胡風在公安部的安排下離京入川。短暫的監外執行過去了，但等待胡風的卻是一個十餘年的黑暗。九月八日，胡風和梅志被兩名持槍的解放軍押送到川東苗溪勞改茶場。由於一路的顛簸，和胡風在囚車上強忍小解，引起了激烈的腦神經痛。胡風病倒了。望著躺在床上的凹下的眼睛，高隆的鼻樑，梅志不由得一陣發顫，連心都緊緊地縮了起來。「可別這樣離我而去啊！不，我絕不能讓你比我先走！你還有許多事要做，你還有許多話要說，對我說，對大家說，訴說你這一生的遭遇，訴說你這十幾年來的不平，你不能帶著這不白之寃，輕易地離開人世呀！眾口鑠金，曾參殺人，這些以假亂真的事情在你身上該有多少啊！將來誰來和你分辯？只有自己才能說得清，用行動來回答，用文字來回答，用心血……你要活下來，恢復你高大的身影！」然而十一月七日四川公安廳將他押解去成都，剛與丈夫團圓一年，梅志又眼睜睜看著他離去，而從此一別，又整整五年。五年茶場的勞動，種種勞累和歧視，梅志沒有被壓垮，但令她難以承受的是，五年後和胡風見面時，她面對的是個精神失

1984年胡風與梅志攝於北京家中。

常的丈夫。梅志唯有嚥下眼淚，苦苦支撐，照料他，安慰他。盡快使他擺脫病魔的纏繞，那是她唯一的願望。

一九七九年一月十一日，被流放四川的胡風終於獲得自由，結束了長達二十四年的囹圄生活。一九八三年後，胡風忍受著身體各種病痛與幻視幻聽的折磨，開始陸續撰述《胡風評論集後記》、《我與外國文學》、《胡風回憶錄》等。一九八五年四月他再次住進北京友誼醫院，確診癌症已到末期。六月八日，他病逝，享年八十三歲。

胡風生前的好友聶紺弩對胡風的贈詩有一句：「哀莫大於心不死」，該是最能表現那種「九死而無悔，上下而求索」的胡風精神。另外聶紺弩還曾說過這麼一段話：「有人說：胡風的文章晦澀，別別扭扭，不明白曉暢。我說這些人都不懂什麼是文章，更不懂得胡風的文章。魯迅和雪峰的文章姑且不論。在中國，當今的文學界眾多人物之中，我最佩服的就是胡風的文章。胡風是真正的大手筆，寫驚世駭俗的大文章的人，他的文章有令人膽寒的風骨。要文章能通順並不難，我聶紺弩的文章就很通順，我可以當一名要人的文案，但我不能和胡風相比。胡風當不了文案。他那文章，他那詩，連他那拙重的字，都沒有一點媚的味道。因為他和他的文章都不附屬於誰，是他自己的。他的文章，他的詩，不是掌握了什麼詞藻、音韻、章法、典故以及經典裡能夠查到的知識可以寫得出來。他不是文字的奴隸，他的文字是他自己創造出來的，只屬於他，或者說只屬於他的理論和他的詩。別的什麼學問都跟他的詩和文章無緣。胡風的文學所以讓人感到艱澀、不順，甚至難以理解，因為他是一個探索者，而且探索的是險境，是誰都沒有去過也不敢去的地方。你可以說他是一意孤行，是的，他單槍匹馬，不顧死活，必然會弄得頭破血流！遍體鱗傷。他絕不是那個外國的唐吉訶德！胡風追求的文學境界，我以為他其實並沒有真的到達，他只不過是在艱難的探索中望見和感覺到了，或者自以為達到了。因此他的文章就有許多一時很難說透的地方，因為說不透，文字就必定帶點生澀。可他自己卻已經沉浸在開拓者的狂奮和歡樂之中了。他異常自信，罕見的自信。他的理論講清楚的那些部分，我敢說都是中國千古文章中沒有見過的。想想看，三十萬言誰能寫出來？那絕不是一篇普通的文章，打死我也寫不出來！中國不缺少圓通的文章，中國最需要寫胡風這種帶有生澀感的大文章的人。胡風的一生就是一篇沒有寫完的大文章。他的人，他的文章，他的詩，是一個醒世的偉大過程，代表了那一段歷史，這就足夠了。」該是知人之論吧！

九死痴情原無悔
——吳宓的執著深情

吳宓，1923年於南京。

五四新文化運動是中國現代的啟蒙運動，它以摧枯拉朽之勢，迅速地摧毀了傳統的思想文化及價值體系，直到一九二二年《學衡》雜誌的出版，幾乎沒有出現真正的反對派。《學衡》是東南大學出版的一份同人雜誌，由吳宓主編。它具有鮮明的反新文化運動和文學革命的傾向，由此而形成了所謂的「學衡派」。而其時新文化陣營雖有分化，但長期以來已「紮住了硬寨」。做為反對勢力的「學衡派」似乎產生不了多大的力量，因此很自然的《學衡》對新文化運動的批評（如梅光迪發表了〈評提倡新文化者〉、吳宓有〈論新文化運動〉一文），並未獲得認真的討論；又譬如《學衡》對中國文化特質的認識，對中西文化交匯和文化道德理想的關注，亦未引起注意，甚至被冷落了。胡適在一九二二年說：「《學衡》的議論，大概是反對文學革命的尾聲了。我可以大膽說，文學革命已過了討論時期，反對黨已破產了。」而後來的文學史書，大都沿襲了這種「成王敗寇」的論調，基本上對《學衡》持否定的評價。然而「學衡派」不同於更早的「國粹派」，「國粹派」是在與世界文化隔膜的狀態下，出於狹隘的「中國文化中心論」而要延續舊制；「學衡派」則是基於新的世界文化態勢，重新返視中國傳統文化對於人類文明有益的精神價值。「學衡派」以新人文主義為理論武器，重新審視中國傳統文化與西方古代文化在人文精神方面的內在溝通，挖掘中國傳統文化中解救當時世界性精神危機的良藥。他們的「昌明國粹」是與「融化新知」聯繫在一起的。而反對者論「學衡派」只強調了它「昌明國粹」的一面，卻忽略了它「融化新知」的一面。在泛功利主義的時代氛圍中，他們的積極面被隱而不彰，他們無力扭轉乾坤，只能「徬徨歧路。預思來日。憂思誰知。彌覺孤淒也已」。吳宓的這種悲嘆正顯示了「學衡派」在困守掙扎之中嚴重失落的心靈顫動。

吳宓，字雨僧，一八九四年八月二十日生於陝西涇陽縣安吳堡。生下半年，母親過世，三歲時過繼給叔父。十三歲起就讀於三原宏道學堂。一九一一年春，考入清華學堂，一九一六年畢業。一九一七年赴美國留學深造，先入維吉尼亞州立大學二年級習文學，翌年轉入哈佛大學比較文學系，師從文學批評家白璧德（Irving Babbitt）。三年後從該校本科及研究院先後畢業，獲文學碩士。旋即應已先期返國的梅光迪之約，返國任教於南京東南大學英語系，講授「英國文學史」等課程。一九二二年參與創辦《學衡》雜誌，任總編輯。並於該刊先後發表〈文學研究法〉、〈論新文化運動〉、〈詩學總論〉、〈英詩淺釋〉、〈我之人生觀〉等論文，譯介白璧德等人論人文主義思想資料。

而據《吳宓日記》及《吳宓自編年譜》觀之，其父母對吳宓之婚事，仍守舊規，主張早婚。吳宓說：「十年以來，來為余議親者，不下二三十起。」但吳宓則主晚婚，等美國留學回來再議。然而就在他就讀清華學堂期間，繼母雷孺人決定以陳貞文五表妹為宓之婦。吳宓告之清華校章，學生在校及留學美國期中，不許訂婚、結婚。雷孺人則表示：「此無妨。五妹年僅十七歲。今當接五妹由蘭州來上海，住我家中，入學，讀書。俟汝（宓）留美滿五年，一九二一年回國，彼時結婚，亦不為遲也。」而吳宓早就喜歡五妹，於是答應了。但後來因祖母不喜雷孺人而反對此事，父親又以孝心而順之，於是這件婚事終沒有得成。吳宓後來曾感慨道：「倘使五表妹之婚姻得成，則宓後來必無（一）與陳心一之結婚（二）以『為人填債』而愛毛彥文之兩大錯誤與痛苦。也矣！」

而「為人填債」乃吳宓詩中「身心作土填冤債」，蓋指朱斌魁實負毛彥文，而吳宓代朱君償其對毛女士之債耳！這要細說從頭，那是吳宓在清華學堂讀書時的同學好友朱斌魁（君毅），有天朱斌魁告訴吳宓，他和姑表妹毛彥文的事情：毛彥文當年十九歲，肄業於杭州浙江省立女子師範學校。毛彥文的父親寵愛小老婆，而不喜她的母親，曾為求免還財主方耀堂三千圓之債，竟於酒醉中將毛彥文許配給方之子國棟。而方國棟乃為一紈　子弟，不喜讀書。

於是毛彥文暑假、年假都留在杭州，以避婚嫁。但是今年暑假，父親來到杭州，說是她母親病重，要接毛彥文回江山縣鄉間。回到家中，但見賓客盈門，家中正準備兩天後為她辦喜事。於是毛彥文的母親與朱斌魁的父親和弟弟密商逃婚的計畫，那是在當天宴賓客之際，毛彥文乘人不備之際，由家中後門逃出，換了鄉間農婦的服裝，坐上由朱家早已預先準備好的小轎，抄田間小路，到江山縣城住到朱斌魁家。方耀堂知不能勉強，願解除婚約，但仍索取舊債三千圓。毛彥文的父親對女兒的不從命，相當生氣，他告訴毛彥文說：「你為爭取婚姻自由，因此三千圓之債，必須代我償還。另外不能嫁給表哥朱斌魁，免得鄰里認為你是先喜歡上表哥才拒絕方氏的。」朱斌魁為替毛彥文解決三千圓之難題，於是在清華同學及北京各校之浙江省同鄉中募款，而吳宓感其故事，特徵得父親之同意，捐出伍拾圓（為募款中捐出最多者），結果共募得一千二三百圓，交給毛父，毛父自添其大半，湊足三千圓之數，償還方耀堂之債。至於毛彥文與朱斌魁的婚事，則一直等到朱斌魁畢業赴美前，即一九一六年七月，才正式訂婚。

而吳宓和陳心一的婚事是起因於一九一八年的冬天，當時在哈佛大學的吳宓，接到清華學弟同期赴美的陳烈勛來函說：其姐「陳憶，字心一，畢業於杭州浙省女師校完全科，現任定海縣小學教員，今年二十四歲，擇婿甚苛。姐在家曾聞談說吾兄，又閱讀《益智雜誌》、《清華周刊》中兄之詩文著作，且觀《清華年刊》中兄之照像，對兄深為仰慕，願終身奉侍吾兄，故敢敬謹介紹為婚，望祈俯允。」為此吳宓在次年春即請朱斌魁函請同在浙省女師校同學數年的毛彥文，代為調查陳心一的情形。得到的結果是「陳女士容貌平正，面尚白，舉止大方，似頗誠厚。總之陳女士在舊家庭中，作一賢慧之兒媳婦，承順翁姑，則有餘。在新家庭中，作一有才能之主婦，兼辦內外事務，獨當一面，則不足。吳先生最好答以『我之婚事，俟回國後方能決定』。有多位知友，屆時當為介紹，供吳先生比較選擇。仍祈吳先生自決。」而到暑假，陳烈勛又來波城及康橋區住多日，再三勸促。他對吳宓說：「自去冬至今，又有來求姊為婚者多起，家中父母悉謝卻之。」這直教生性過於仁厚的吳宓覺得需承擔全部之責任，於是他並沒有聽從毛彥文的調查報告，在十一月下旬，他函覆陳烈勛，答應這件婚事。陳烈勛立即來函表示感謝，並言：君子一言為定，至於訂婚之儀式等，他年併入結婚儀式中辦理可也。

一九二一年吳宓返國，回到家他就寫信給在杭州的岳父陳芍卿先生，約好去拜謁的日期。於是八月十日吳宓到陳宅拜見岳父母，及心一的姑母。之後姑母引心一出見，並無多交談，約十五分鐘後，門口忽報「毛彥文來了！」時毛彥文已走入，神采飛揚，態度活潑。她先對庭中眾人說：「我從江山縣家中來，要到北京上學。心想吳先生正回國，不知已到否？故來此處探問一下。誰想到這樣巧？」心一的姑母亦留毛彥文午飯，毛彥文一直盤桓到下午四時才離開，她不時地和吳宓談話，或問朱斌魁在美國的情形，也問到吳宓的情況，有時則談到她自己，似乎有說不完的話。而同年八月二十三日，吳宓與陳心一在上海當時有名的西餐館——一品香旅社結婚。

而就在他們結婚後的當年冬天，陳心一的弟弟陳烈勛在美國得精神病，次年秋天被送回國，居於杭州家中。十月中旬有天，陳心一對吳宓說：兩三年前陳烈勛訂婚於程氏，乃是她一手促成，今因病其如此，要解除婚約，亦須由她回杭辦理。但吳宓以為此事可請介紹人等出面處理，根本不用她去處理，況且當時陳心一才生女兩個月，又有吳宓的友人顧泰來在家中寄宿，豈可拋此不管呢？兩人為此爭吵，陳心一執意甚堅，終於在當晚搭夜車返回杭州，經二十餘天才回。據當時在場之顧泰來表示，當時「我眼見一家庭之分裂矣！」

而在一九二三年四月間，訂婚七年的朱斌魁與毛彥文卻傳出要分手的事。他們兩人在朱斌魁赴美留學前訂婚，後來毛彥文在湖郡女塾讀英文三年，又在北京女高師肄業三年，六年間學費全由朱斌魁提供，六年間兩人通信不絕，一九二二年九月朱斌魁獲博士學位返國，他曾寫信給毛彥文到碼頭迎候。然而毛彥文性好交際，朋友多，不分輕重，臨時為一友邀往茶館飲茶，耽誤些時間，致使斌魁不見毛彥文來迎接大感失望，直到登岸良久，始見毛彥文。後來朱斌魁任南京東南大學教育系教授，他要毛彥文從還有兩年就可畢業之北京女高師，轉學到南京金陵女子大學繼續就讀，毛彥文為了能和朱斌魁在一起，即使因轉學而需多念一年，亦欣然接受。而當時朱斌魁又兼任註冊部主任，他曾告訴吳宓說：「吾此職雖微，然在辦公室中，每日必有數十乃至百人來見，並有所請求。其事均由吾決定准行與否。吾所決定者，即是彼等得、失、苦、樂之所由判分。則吾之權力為不小矣！」吳宓此時深感朱斌魁有種淺薄之虛榮心，已不同於往昔之朱斌魁了。而那年冬天，朱斌魁因積勞成疾，病了兩個月之久，住進鼓樓醫院。毛彥文則每日前來探視，有時向學校請假，整日守護在朱斌魁的身旁。又在吳宓家為朱斌魁熬藥，並特別煮些飯粥、肴蔬、羹湯，送到醫院給朱斌魁，晚上則住在吳宓家，可謂費心照料。一九二三年四月間，也就是朱斌魁返國半年後，有天吳宓突然接到毛彥文的手書，要吳宓到成賢學舍一談。吳宓到時，室中尚有朱經農等人。但見朱斌魁沉默不語，而毛彥文則甚為激動。朱斌魁表示他要與毛彥文解除婚約，並不是毛有任何缺點，或任何過失。只是他的思想改變，今昔不同。第一，他現在才知道姑表兄妹結婚，於子女不好。第二，他現在所喜歡的女子，只要她身體肥壯，尤其臀部大而圓，其他如家世、財產、教育、才能，以及品貌，均所不計。而對一般有學識、有文化，在大學畢業或肄業之女生，尤絕對不取。雖經吳宓諸人的勸說，但朱斌魁終不為所動。

而據毛彥文在回憶錄《往事》一書中表示，事後她得知朱斌魁當時是愛上匯文女子中校的某一女生，那女生十七、八歲，是南通人。而當朱斌魁向她退婚的消息被匯文校長知道後，那女生就被學校給開除了。而毛彥文又表示朱斌魁的同學兼同事孟憲承在出事的第三天，曾對她說：「妳記不記得君毅留美最後兩年，在紐約給妳的信很少？他是否告訴妳他的錢不夠用？其實清華的官費是夠他花的了，他於兩年前變了，他衣袋中有好多年輕女人的照片，常常拿出來給我們看，不是說這個胖的好，就是那個瘦的好。他曾經跟我們討論過，想不顧一切跟妳結婚，婚後徐圖納妾。去年他的一場病，妳拚了命看護他，他良心發現，感到不可那樣做，還是解除婚約，讓妳仍舊有幸福的前途。所以妳對君毅的退婚，應該高興，無須傷心，縱令妳和他結婚，也不會幸福的，與其以後鬧離婚，不如現在解約的好。我覺得妳太善良，所以把實情告訴妳。」

於是在一九二四年的夏天，中華教育改進社在南京舉行年會，毛彥文為招待之一。熊希齡的繼配朱其慧女士亦出席該會。毛彥文當年在浙江湖郡女校求學時，就與朱夫人的侄女朱曦同學，而在北京女子高等師範時，又因朱曦而得識其堂妹朱畹、胞妹朱嶷，她們三人因同為女高師，同室共寢，結成莫逆。因此毛彥文常於周末隨朱畹去石駙馬大街的熊府，熊希齡和朱其慧對毛彥文都很親切，關懷照顧備至。因此當朱夫人得知毛彥文的婚變時，她大抱不平，自告奮勇地主持正義。於是在某一星期日下午，由朱夫人邀集一些教育界名流，有張伯苓、陳衡哲、王伯秋、吳宓、陳鶴琴、朱經農等，而金陵女大的校長、教務長及留校的同學也參加，朱斌魁則偕程其保同來，大家推張伯苓為主席。張君說了一大堆他和他夫人的事，其意仍在調解，而陳衡哲則對朱斌魁大加責備，要其說出退婚理由，朱斌魁仍以姑表兄妹為由，舉室為之譁然。後來毛彥文說：「請各位不要責備朱先生太多，今天的會是討論如何解除婚約，不是向朱先生興問罪之師。」陳衡哲聞言生氣的說：「我們大家退席，到現在毛小姐還維護朱先生。」說完她起立要走，經朱經農等勸阻後才留下。至此推王伯秋起草解除婚約的條文，經誦讀後無異議，由當事人及證人簽名蓋章後成立。據《吳宓自編年譜》中云，雙方議定如下：「（一）朱斌魁付給毛彥文「賠償損失費」四千八百圓整（或四千六百圓）整。其交付辦法：自一九二四年七月份起，毅每月以銀一百圓，面交或匯交宓。宓轉交給彥後，須取得彥簽名蓋章之收據，將收據寄交毅匯存。至一九二八年六月（或四月），全數付清。然後另締結婚姻。（二）在京、滬各大報，如上海《申報》、《新聞報》，刊登〈朱斌魁、毛彥文協議解除婚約聲明〉。

大旨『以雙方性情不合，興趣不同，今願解除婚約。俱出自動。特此敬告親友』云云。可由宓等二三位友人起草，經毅、彥簽字認可後，宓負責送交報館登出。（三）今後毅、彥各不得對公私任何方面、任何人，有詆毀、責評對方之語言及文字。」兩人總算解除婚約了。

毛彥文從此終其一生，再沒有和朱君毅見面，甚至通音訊，直到一九六三年底她得知朱君毅半年前在上海逝世，遠在台北的毛彥文寫下〈悼君毅〉一文，回首前塵，她述及四十年前的婚變，對她的影響，她說：「你給我的教訓太慘痛了，從此我失去對男人的信心，更否決了愛情的存在。……以你我從小相愛，又在一個環境中長大，你尚見異思遷。中途變心，偶然認識的人，何能可靠。」

一九二五年吳宓到北京，任清華大學國學研究院主任，聘請王國維、梁啟超、陳寅恪、趙元任四位大師擔任導師，培養兼通中西文化的文史專門人才。而一九二六年起，任清華大學外國語言文學系教授，制訂了培養西方文學和語言的「博雅之士」人才的方案。一九二八年八月吳宓曾作江南之遊，並寫下〈南遊雜詩〉九十六首，一九二九年二月，吳宓再度作江南之旅。躑躅西湖之濱，又寫了二十首〈續南遊雜詩〉。其中「君傷遇合牽情苦，我為文章惹恨多。細話平生雙對酌，人天短夢強婆娑。」「未信有情皆是累，但能無病便為仙，半年勞梗匆匆過，重向湖濱問夙緣。」都是描寫他和毛彥文的交往和真情的流露。再翻看一九二八年八月十一日的《吳宓日記》，就記載他到杭州，毛彥文來站迎候，而同至其宅，然後同遊西湖的情景。而同年十月十四日之日記更表明他愛毛彥文之心意：「至宓何以傾心於彥如此之甚，不外兩層。

（一）彥極聰明而又多情。（二）彥之身世極苦，其於人情世事已觀之透澈，然內心中仍藏有熱情至意，此種相反之情形最難兼之於一身。故宓視彥為極難遇而可愛之人。簡言之，憐其才而憫其遇而已。」

一九二九年七月上旬，吳宓再作第四次南遊。這一回他是專誠南下去跟毛彥文道別的。因為她已獲准進入美國密西根大學深造，八月間就要啟程赴美了。吳宓得到消息便兼程趕到杭州，數日盤桓，離愁別緒，使吳宓傷心欲絕，欲哭無淚。他在歸途中，寫下了至為頹廢消沉，甚至於明言他將要「拚將一死消愁盡」的感懷二首：「世上原無難處事，人生確有斷腸時，讀書學道曾何益，黃口白頭一樣痴。拚將一死消愁盡，未許餘生有夢期，宿孽懺除留正果，從今不作寫情詩。」而據他一年後所寫的一闋〈生查子〉，我們得知他這次和毛彥文聚首時，曾經有過很不愉快的場面。「此日去年時，眉樣蓬山認。閉戶啜佳羹，逐客聞嚴令。一載著悲歡，瀛海來芳訊。誰道別離多，轉使心情近。」詞中寫道他們兩人正閉戶啜佳羹，驟然有人前來嚴令逐客。有此一幕，吳宓方始倉卒北返，沒能等到上海的送別。而以毛彥文早與朱君毅解除婚約，不相往來而推之，下逐客令者應是毛彥文的父母尊長。論者以為或許正由於毛彥文的尊長盛責毛不該與有婦之夫往還，受了這一次重大的刺激，吳宓方才痛下決心離婚的。

而其實吳宓與陳心一的婚姻早就不協調，在一九二八年九月十六日的日記中，有段話：「宓之允心一婚事，初無愛戀之意，只以不忍拂其請，寧犧牲一己而與為婚，譬猶慈善事業。及後來早有悔心，而又硜硜守信，寧我吃虧，不肯負人。專重道德之義務，不計身心之快樂，愈陷愈深，馴至不可脫卸，追悔無及。近頃復又感懷此事，日夕怫鬱懊喪不釋。心一嫁我固幸，不嫁我亦可得所。既如此，何必犧牲我之一生。此真所謂自作孽不可活也。平心而論，心一固眾人所稱為賢妻良母者，惟其人性格倔強，情感薄弱，故難與宓融洽，雖欲教而進之，俯而就之，終屬無益。嗚呼痛哉！」可見一斑。而此後吳宓曾考慮過離婚的種種情況，並請教過諸好友的意見，甚至毛彥文亦得知此心意。此可見一九二八年年底以後之日記。

一九二九年九月十二日，吳宓與陳心一訂定離婚條件：（一）吳宓給陳憶（心一）生活費五千元。目前先付二千元。餘數至遲於三年內付清。未付之款，應按年利一分付息。（二）三孩中，無論幾人，如歸陳憶撫養，應由吳宓按年給費如下表：未入學者，每人每年一百二十元。在小學者，二百四十元。在中學者，三百六十元。在大學者，四百八十元。（三）目前心一居北平撫養三孩。在此期間（至多一年）暫由吳宓增給陳憶津貼每月三十元。附言議定後，先登《大公報》七天。彼此信件退還。仍存友誼。九月十五日《大公報》第二版左上角刊登《吳宓、陳憶離婚聲明》謂「我等性情不合，興趣不同，現以雙方同意，正式離婚。謹此通告親友。」兩人正式離婚了。結束了八年的婚姻生活，吳宓百感交集，寫了一首〈九月十五日感事作〉云：「早識沉冥難入俗，終傷乖僻未宜家。分飛已折鴛鴦翼，引謗還同薏苡車。破鏡成鱗留碎影，澄懷如玉印微瑕。廿年慚愧說真愛，孤夢深悲未有涯。」表達了他自身的感受。而不久他又寫了調寄〈水龍吟〉：「海西何處仙鄉，夢魂夜夜頻來去。憂勞萬種，辛勤半世，寂寥誰語。作計安排，存仁依禮，寸心無負，縱路人譏彈，友朋交謫，還期望，君能喻。七夕雙星待聚，泛歸槎佳期休誤，堪傷往事，情天多缺，知音難遇。夕照低沉，滄波浩渺，彩雲飛逝，早鴛屏繡閣，薰香畫黛，領濃歡趣。」在詞中，吳宓寫出了他離婚後的處境，他表示，他之所以要和陳心一離婚，乃是因為他飽經憂勞，辛辛苦苦了半輩子，「寂寥」時無人可與相語，使他不得不為自己打算，「作計安排」。同時他更強調對陳心一是：「存仁依禮，寸心無負。」的，因此縱使路人對他譏評，朋友給予指責，他都問心無愧的。而他所求的是伊人毛彥文對他的瞭解。

一九三〇年九月，吳宓想藉歐遊之便，把毛彥文從美國接回來，共結連理，達成多年的心願。他每天和毛彥文隔洋用電報談情，據說英倫的電訊局經理對吳宓的痴情，大為感動，特別給予減價優待。結果由於吳宓書呆子習氣太重，在電報中堅決爭取家庭之中誰該支配（Dominate）一字，使毛彥文知道他頑固的個性，只能作朋友，並不能作丈夫。他數年來的追求，毀於一旦。為此吳宓還寫了一首詩自嘲：「吳宓苦愛毛彥文，三洲人士共驚聞。離婚不畏聖賢譏，金錢名譽何足云。作詩三度曾南遊，繞地一轉到歐洲。終古相思不相見，釣得金鰲又脫鉤。賠了夫人又折兵，歸來悲憤欲戕生。美人依舊笑洋洋，新粧艷服金陵城。奉勸世人莫戀愛，此事無利有百害。寸衷擾攘洗濁塵，諸天空漠逃色界。」歐洲回國之後，吳宓宿緣未了，情何以堪，雖曾說過：「從今誓要忘伊了」的話，但卻仍然情不自禁，再度六次南遊，寫了〈六南遊雜詩〉有「本為緣多惜此生，悲涼勞倦莫能名，如何又結新緣去，五載江南六度行」「境從悟後方增戀，夢欲醒時且暫歡。孤注一投吾事了，歸來靜止依枯禪。」八月間吳宓再次南遊，曾經在上海元昌里見到毛彥文，然而據吳宓元昌里即事〈蝶戀花〉所記：「君障面紗吾拂袖，劃地為溝去去休」，兩人之間彷彿小孩子吵架一般，劃地為溝，連聲去去。但是第二天吳宓赴上海北站，準備北返時，毛彥文又臨去秋波，趕到北站去送行，使得吳宓恨也不是，愛也不是，於是他又寫道：「已別又何來送我，默默無言，此意心知可。強止終分輪轉火，填胸萬感針氈坐。舊夢迴環連瑣瑣，疑信難參，恩怨誰平頗。人事由天安置妥，輕塵飛絮隨顛簸。」

一九三三年吳宓更藉「木馬屠城記」，亦即托洛伊城之海倫故事，一語雙關（吳宓常稱毛彥文為海倫），古意今情，寫了一篇平生力作長歌〈海倫曲〉。這也就是後人所謂的：「吳宓述哀百首，打不動玉人芳心」之作，而在該年遽然中輟的吳宓戀曲。似乎又有了進展。毛彥文終於表示了態度，她願與吳宓保持兄妹般的感情，這使得一往情深的詩人，還奢望著今生便以兄妹終局，但願來世再結鴛盟吧。雖是如此，但吳宓終難太上忘情，他仍然在苦苦追求，這從他的詩作中可見一斑。而毛彥文則固守最後防線，一進一退，步步為營。

一九三五年二月初，吳宓正在勉定心神，埋首撰寫他的平生重要作品之一——《空軒詩話》時，突接毛彥文的來函，信上簡簡單單的問他：能否即日赴滬一行？而此時吳宓正被書局催稿催得氣都喘不過來，於是他拍電致覆，請她稍候數日，等他把稿子趕好如期交了，他自會立即起程，欣欣然地到上海和伊人會面。詎料，二月九日平津京滬各地大小報，全以巨大篇幅，登出一條驚人的花邊新聞，六十六歲的熊希齡和三十三歲（案：當為三十八歲）的毛彥文

熊希齡與毛彥文結婚週年紀念。

在上海舉行結婚典禮。熊希齡，一八六七年生，湖南省鳳凰縣人，民國初年曾任國務總理、財政總長，後來絕意仕途，一心致力於教育及慈善事業。此事對吳宓而言打擊是相當大，於是他作了懺情詩三十八首，那是他嘔心瀝血之作，亦可謂傑作中的傑作。其中有「事成無補方知悔，情到懺時恨最深」的詩句。

面對吳宓的苦苦追求，而毛彥文卻突然與熊希齡結婚，不知內情者都責毛彥文寡情，半世紀以來，毛彥文可說是備受毒罵與誤解。從毛彥文的回憶錄中，似乎可理出一些端倪來，首先她在〈悼君毅〉一文中說：「其實我自情竇初開，以迄於彼此決裂時，二十餘年來，全部精神與愛都為你一人所佔有，換言之，我二十餘年來只認識一個男人，我的青春是在你佔有期間消逝的！有了這個慘酷經驗，我對於婚事具有極大戒心，以致久延不決。」而對於吳宓，毛彥文有她自己的看法，她說：「吳腦中似有一幻想的女子，這個女子要像他一樣中英文俱佳，又要有很深的文學造詣，能與他唱和詩詞，還要善於詞令，能在他的朋友、同事間週旋，能在他們當中談古說今，這些都不是陳女士所專長，所以他們的婚姻終於破裂，這是雙方的不幸，可是吳應負全責，如果說他們是錯誤的結合，這個錯誤是吳一手造成的。」而不幸的是吳宓離婚後，將這種理想錯放在毛彥文身上，毛彥文認為「想係他往時看過太多海倫少時與朱君毅的信，以致發生憧憬。其實吳並不了解海倫，他們二人的性格完全不同。海倫平凡而有個性，對於中英文學一無根基，且嚐過失戀苦果，對於男人失去信心，縱令吳與海倫勉強結合，也許不會幸福，說不定再鬧仳離，海倫絕不能像陳女士那樣對吳百般順從，故自吳、陳離婚以來，海倫不斷的設法勸兩方復合，因海倫始終認為只有陳心一能容忍吳的任性取鬧，惜終未成功。」再加上「自海倫與朱解除婚約後，她想盡方法，避免與朱有關的事或人接觸，這是心理上一種無法解說的情緒。吳為朱之至友，如何能令海倫接受他的追求？尤其令海倫不能忍受的，是吳幾乎每次致海倫信中都要敘述自某年起，從朱處讀到她的信及漸萌幻想等等，這不是更令海倫發生反感嗎？」

而學者沈衛威則認為吳宓生性浪漫、感情多變、見異思遷的文人氣質，理想化的「洛神」——毛彥文身影（幻影）的晃動，使他陷入思想與情感的迷亂之中。尤其是在得不到時，只好痴傻地犧牲自己的幸福生活，為伊人守候。反觀毛彥文的實際思想意識是傾向於胡適及新文化運動主潮的，是一位時代新女性。她思想情感與吳宓完全不是處於一個界域內，也根本沒有把吳宓當作一個愛情獵物。於是這種關係呈現出一個畸形的單戀狀態。於是沈衛威下了個結論是「吳宓與毛彥文的愛情關係不是一個『共同在場』的現代遊戲形態。吳宓始終是『出席』的『在場』，而毛彥文卻是作為一個『缺席』的存在的『在場』。他與毛的情感結構始終是虛設的。這便是吳宓的可悲之處。」不能不說是極有見地的看法。

沈衛威又指出，一九三三年當吳宓追求毛彥文而不得時，曾一度移情別戀於時代新女性盧葆華。而盧葆華如同毛彥文，根本瞧不上他這位離了婚，還養著一母三女的守舊的窮教授（且在新文學界聲名不好），致使吳宓在痛苦中表示自己要「歸皈宗教，虔事上帝，不再追求人間浪漫之愛。」為此他在日記上寫下頗為感傷的話語：「宓婚事將成，而磁石引針，橫風斷纜，逐又新舊兩空，難行難止，使宓虛懸徘徊，增加痛苦。若我奮力前求，則急遂難成；若收心割愛，則牽纏未斷。欲助甲而甲不受助，願不負乙而又必負之，欲使自己不吃虧而又必吃虧，欲為我身謀福利而無福利。嗚呼，此誠理想家行事之必然結果，浪漫派求愛之天與懲罰，而亦吾愚妄之性行之一定軌轍也。」更可見吳宓的肺腑之言。

而至於毛彥文之所以嫁給年齡幾乎長她一倍的熊希齡，當時人們都不得其解。其實毛、熊之結緣可推至二十年前，毛彥文結識朱夫人的侄女朱曦始，而再五年後，毛彥文考上北京女高師，常去熊府走動，熊氏夫婦以姪女待之。一九二五年夏，毛彥文畢業於南京金陵女子大學，此時熊希齡創辦的香山慈幼院正需教員，熊希齡便囑朱畹寫信邀毛彥文前去教書。毛彥文因計畫出國留學，未允所請。一九三一年毛彥文獲密西根大學教育學碩士，學成歸國。在熊希齡的大女兒熊芷的陪同下，參觀北京香山慈幼院，予以毛彥文深刻的印象，這也是日後熊毛結合的思想基礎。同年八月熊夫人朱其慧病逝，毛彥文聞訊非常悲痛。此時慈幼院正大肆改革擴充，需才孔急，熊希齡曾親自寫信邀毛彥文前來執教，然因毛彥文已接下上海復旦大學和國立暨南大學的聘書，又未允所請。一九三四年秋，已鰥居五年的熊希齡由京至滬，寄寓於朱曦家。朱曦因憫於對姑丈晚年生活之孤寂及事業無人繼承，而有撮合熊、毛之念頭，遂三番五次至復旦大學去遊說毛彥文。而熊之大女兒熊芷雖在懷孕期間，也兩次由京至滬，為其父助陣。於是在一九三四年十一、二月間，熊希齡向毛彥文發出了第一封求愛信：「彥文女士，久未晤為念，頃有達於左右者，請先恕僕之唐突。溯自與季兒同學時，嘗稱道君之賢淑，為彼第一知交。迨君與某之解除婚約，熊夫人屢屢代抱不平，謂君之溫和而多情，某某之薄倖而負心。種種印象深入於僕之腦筋，未嘗一日忘也。是後僕對於君之境遇，十年以來時時注意，而於危急亂離之世，尤恐君陷於危難之邦，想君尚能記憶也。繼而知君能與境遇奮鬥，以一女子而獨立生活，且犧牲己利以孝親愛妹。其性格之純厚，道德之高尚，尤為僕所敬愛矣，僕亦不自知以何因緣而注意至此也。僕自熊夫人故後，加以『九一八』之變，國難家難同時並作，僕之觀念消極萬分。此一年來病魔纏繞，尤感覺扶持無助，僕欲得一看護照料病軀而已。乃季兒與香兒堅決反對僕之意見，竟以僕向所敬愛於君之故代向君徵求同意。前日夜報大略，使僕既驚且喜，不啻褐衣而拾珠玉，旱苗而得雨露也。僕以老大之身，經此家國之難，自覺生命將及垂萎。今忽得君之眷顧，振我精神，又不啻僕人新生命新紀元也。僕不僅為個人家庭幸福慶，且為所辦慈幼教育事業無量數之兒童幸福慶。昔宋史歐陽文忠公之父，年齡大於其母二十七歲。歐母賢聲，古今罕有，然只限於歐陽氏之家庭而已。今君助我發展教育，幼幼及人之幼，則更賴歐母之賢而進一步矣。僕以十三年社會事業之經驗，深覺現時代之需要，必得一真正文明家庭以為之倡，僕與君嘗負此重大使命矣。僕無他能，惟此誠摯之心必使君之精神快樂滿足。而立此模範家庭，以為我國無量數之兒童幸福基礎，不獨子其子也。倘蒙同意，請賜復音，並候面教。」

而這信發出後，年逾半百的熊希齡卻如同少男般初戀的心情，不知會被接受亦是拒絕，真乃坐立難安，於是素有「湖南神童」的熊希齡，又提筆填了一首〈臨江仙——春意柬彥文〉，詞曰：「樓外草青春欲到，東風靜待花開，陰晴不定總縈懷。含蕾猶未放，飛蝶又驚猜，可是愛花人已困。思量羯鼓安排，中宵起坐復徘徊。欲將愁遣去，兜的上心來。」過了一段時間，仍不見彥文回書，熊希齡輾轉反側，徹夜難眠，於是他起身提筆，又填了一首〈菩薩蠻〉：「沉沉消息眉峰蹙，燈前試向牙牌卜。起後復重眠，夢多魂未安。取書將欲讀，瞬又心他屬。輾轉似輪馳，思君無斷時。」後來，毛彥文似有所動，她終於給熊希齡回信！然仍稱老伯，不過在老伯二字加以括號，並附注：在關係未確定前仍舊稱。熊希齡得信，又驚又喜，題〈菩薩蠻〉二首：「搖紅影裡燈花笑，望穿倦眼佳音到。猶自舊稱名，開函驚一聲。括弧加解釋，一線生機錫。疑信未分明，終宵眠不成。」「從前悔被虛名誤，回頭忽又聞鸚鵡。似是向人呼，今吾非故吾。故教遲作答，答亦圓而滑。權當藥催眠，明朝期再談。」而幾個月來，各方面的懇切開導，加上熊希齡的執著追求，毛彥文終於應允熊的求婚。熊希齡在興奮之餘，寫了〈賀新郎——定情柬彥文〉一首：「世事嗟回首，覺年來飽經憂患，病容消瘦。我欲尋求新生命，惟有精神奮鬥。漸運轉，春回枯柳，樓外江山如此好。有針神細把鴛鴦繡，黃歇浦，共攜手。求鳳樂譜新聲奏，敢誇云老萊北郭。隱耕箕帚，教育生涯同偕老。幼幼及人之幼，更不止家庭濃厚。五百嬰兒勤護念，為搖籃在在需慈母。天作合，得嘉偶。」

一九三五年二月九日，熊、毛締結良緣，白髮紅顏，一時傳為佳話。其中上海《申報》有如下報導：「三時正，來賓齊集禮堂（案：上海西藏路慕爾堂），即由該堂朱葆元牧師證婚。結婚進行曲悠揚起奏後，熊氏及毛女士，即由二少童，及男女儐相朱庭祺夫婦，引導緩步入堂，及講壇前而止，熊氏衣藍袍黑褂，頷下濯濯，望之如五十許人，恂恂然儒者風度；新娘衣妃色禮服及地，披白色婚紗甚長，為年雖已逾卅，然眉目間青春猶在，固一及笄之美麗少女也，謂為二十許人，或可相當。朱牧師即舉行耶教結婚儀式，鄭重迅速，未半小時，即告完成。婚禮進行中，新郎始終未示笑容，新娘亦頗矜持，惟當牧師讀主文至『熊希齡與毛彥文碩士……』時，新娘忽輾然微笑，豈念年窗下，萬里洋所造就者，至今已得有歸宿而喜歟。」毛彥文之嫁與熊希齡，或有人不解，或謂年齡過於懸殊。然毛彥文卻自有一番說詞，她說她和朱君毅分手後近十年間，雖不乏有人追求，但她一概拒絕。理由是「以你我從小相愛，又在一個環境中長大你尚見異思遷，中途變心，偶然認識的人，何能可靠。如與年相若者結合，他不會和你一樣嫌我年事大了嗎？你長我四歲，尚振振有詞，要娶十七八歲的少女為配偶。……當時反常心理告訴我，長我幾乎一倍的長者，將永不變心，也不會考慮年齡，況且熊氏慈祥體貼，托以終身，不致有中途仳離的危險。」除此而外，毛彥文之熱心教育，有遂慈幼教育事業之夙願，而作出此一果斷之選擇。

一九三七年春，熊希齡帶著毛彥文，雙雙出國，赴爪哇出席國際禁販婦孺會議，為保障人權而奔走呼籲。回國後，又在山東青島市，籌備一所嬰兒園。七七事變，熊希齡愛國不落人後，他偕同毛彥文自青島南下，在「八一三」淞滬戰役爆發後親自主持戰地救護工作。在一個多月內，他們設立臨時醫院四所、難民收容所八處，共救出傷員六千餘人、難民十五萬餘人。在受傷的軍民中，在難民收容所中，人們經常看到一個文靜的臂纏紅十字章的中年婦女，在鼓勵、在撫慰、在扶助那些戰爭帶給他們不幸的人們，她就是毛彥文。因此他們益為世人所推重，不久上海各慈善團體籌組聯合救災會，熊希齡被推選為副會長。除此而外，他們還率先發起籌辦一所街頭教育社。同時又計畫如何把慈幼院遷到大後方去。一九三七年十二月間，他們風塵僕僕地趕到香港，為籌募救治傷兵和救濟大批難民的經費，詎料因勞累過度，熊希齡心臟病發，於十二月二十五日病逝香江。毛彥文則經慈幼院董事會一致推舉，成為香山慈幼院院長，在國難中獨立支撐，繼續完成熊希齡未竟的事業。

一九三八年春，吳宓經香港、海防輾轉到達西南聯大文法學院蒙自分校，授課一學期。秋，蒙自分校遷回昆明聯大本部，吳宓自此在聯大外文系任教授，直至一九四四年。在熊希齡病逝後，吳宓曾想方法要追得毛彥文，在一九三九年七月十一日的日記中，有如下的記載：

「為今之計，宓宜徑即赴滬（案：毛彥文此時已由平輾轉至滬，居於法租界福開森路底餘慶路愛棠新村）。先在港製西服，自飾為美觀年少。祕密到滬，出其不意，徑即訪彥。晤面後，旁無從者，即可擁抱，甚至毆打撕鬧，利誘威逼，強彥即刻與宓結婚，同行來滇。出以堅決，必可成功。即至越禮入獄，亦於宓無損。前事可不必提說，惟有此法可成功滿意云云。」然後來他認為此計不成，於是他又想出另一辦法：「（一）在此間造作空氣，使眾皆知宓愛彥至真至苦，必有人以其情形函報彥知。旁觀之言，易使彥感動。或者（二）宓邀友茶會，宣佈將出家受戒為僧。更居西山一二星期，以實其事。彥知宓真為出家，必不能無動於中，倘肯親筆致宓一函，則此後事皆易辦。（三）宓於適當之時，赴滬訪彥，面致其情，或有萬一之望，云云。」（見一九四〇年十二月三十日之日記）。吳宓曾說：「予平生所遇之女子……愛之最深且久者，則為海倫。」因此，在意亂情迷下，導致有此心理失態的想法。沈衛威指出，吳宓具有敏感、純真、激情、憂鬱，以及神經質的外在表現，喜歡沉緬於自己的純粹感覺和生動的想像力中，以至有時把握不住現實與理想的落差，出現荒誕的行為，使自己陷入情感的迷途，可說是極為中肯的論斷。

而一九四一年太平洋戰爭爆發，毛彥文困居香港（案：她於十一月底赴港，寓許地山夫人家，十二月八日戰爭爆發，十八天後香港淪陷，成為難民，一個月後輾轉脫離陷境），吳宓聞訊為之著急萬分，曾有函電慰問，但如同熊希齡去世，吳宓致電慰唁一樣，均沒有得到毛彥文的回音。於是吳宓寫下了一首〈慰未亡人詩〉，中有「讀罷楞嚴未解情」之句，坦承他雖鑽研佛經多年，卻依舊一往情深，戀戀不已，根本無法獲得解脫。其後他還一再的在課堂上說：別無他願，惟求此生能夠再晤毛彥文一次。而一九四九年毛彥文來到台灣，她除了是「國民大會」代表外，她先後執教於桃園復旦中學及台北實踐學院十餘年，直到八十高齡才自動退休。一九九九年十月三日，她逝世於台北內湖國泰醫院，享年一百零三歲。而吳宓則身陷大陸，飽受迫害與折磨，於一九七八年病逝，享年八十四歲，兩人終其一生，並沒有再見過面。

據張紫葛《心香淚酒祭吳宓》一書云，一九四九年九月，重慶大學中文系系主任艾蕪，因慕吳宓之名，請他擔任兼任教授。吳宓在第一次上課後，就收到女生鄒蘭芳小姐（案：鄒為四川萬源人，後畢業於重慶大學法律系）的一封長信，具道素昔仰慕吳宓，今有幸親聆教誨，深感夫子學識淵博，字字璣珠。誓當頂禮門牆，虔領教導，求其登堂入室云云。吳宓接信後置未作覆。爾後每授課一次，必得鄒生一函，越寫越長，漸道家世情志，並表示愛慕之情。吳宓均以鄒生一時虛幻，而未在意。一九五一年，鄒蘭芳的兩個曾當將官的哥哥遭到鎮壓後，留下八個幼小的子女要她照顧。她於是哭求吳宓的幫助，吳宓秉存仁者之心，從此每個月從自己工資抽出大部分，幫助她撫養孩子。幫助這種成份的人，在當時是非常危險的，但吳宓卻覺得義不容辭。而就在此時西南師範學院圖書館的一位女職員頗有姿色，她的丈夫是三青團的，因為到了台灣，所以她被認定是隔離對象，她看中了吳宓。她想吳宓是該校的頭面人物，做了他的夫人，可得統戰之蔭蔽；他又是高級教授，工資高，物質生活也可以大大改善；老教授為人善良，不講無產階級政治要求，且有紅學專家之稱，待妻子必然溫良體貼，而且這種學究易於誘導定情。於是她死命地向吳宓靠攏，為迫使吳宓與她結婚，她還胡謅和吳宓私通等等。而實際上與她私通的是吳宓的頂頭上司方敬（詩人何其芳的妹夫）的好友張東曉，並且當場被抓個正著。但迫於政治壓力和無奈，吳宓只得答應和鄒蘭芳結婚，才算平息一場「桃色風波」。但吳宓卻自咎其責地說：「我負擔了小鄒一家九口生活，就娶她為妻，成什麼話？買她嗎？前此一諾千金之仗義行為竟成狼子野心矣！……」於是兩人在一九五三年結婚，這樣鄒蘭芳才有了工作。兩人生有一女，但未足歲便夭折了。其後鄒蘭芳長期患病，吳宓朝夕照顧，接便洗髒，必自躬親而不假手他人。但因鄒患的是肺結核，到一九五六年，便香消玉殞了。

在臨終前，鄒蘭芳才坦承其實她在一九四九年七月已得知患了肺結核，她給吳宓寫第一封情書，其實是要在有限的生命裡找個蔭蔽之所。她說：「我欺騙了吳雨僧，利用了他的正直善良，利用他的同情心，來套著他，捕獲他，在他的有生之年，為我這個不值半文的女人，為我的侄兒侄女們，做牛做馬，……我，是他的罪人！」而當吳宓得知事情的原委時，他說：「哦！她——立意得遠，用心良苦。我們竟然盡在鼓中矣！然亦不必惱恨也，倘以悲天憫人之心觀之，則伊——情可憫！良可憫也！」鄒蘭芳在最後迴光返照時，淚眼汪汪地對吳宓說：「我害了你，累贅了你。沒有半點報答。對你的大恩大德，來生圖報！」吳宓俯身對她說：「……別這麼說，你，半點不曾累贅我。你給了我機會，讓我真正盡一盡丈夫的義務。我永遠銘記你，感謝你。——放心，我一定把你的侄兒、侄女撫養成人……」而吳宓也始終信守著他的承諾，除此而外，他室內的擺設一如鄒蘭芳生前，吳宓還在家中為她設有靈位（後在「文革」中成為罪狀，為紅衛兵所砸），每餐必多設一副碗箸，每看電影，必多購一張票，虛席以待。足見恭行君子之風。

文化大革命爆發後，吳宓即遭殘酷迫害，大量的日記、文稿、藏書被洗劫一空。曾是他晚年執教的學生周錫光談到在文革初期他回西南師範學院探望吳宓的經過，他說：「一九六七年二月，我決計赴渝探望吳先生。當我到了西師，只見學校辦公樓、教學樓已是一派破敗景象，處處牆上殘留著大標語、大字報，據說各『造反派』大軍都已出去（武鬥開場，好些人借『串連』逃之夭夭），學校空空如也。只在三教學樓不遠菜地裡有十幾個衣著破爛的老師（『牛鬼蛇神』）蹣跚地挖地『勞改』。我不願讓他們發現，便立在老遠探看，沒有他。於是我走向教學樓，沒有他，正躊躇間，忽發現拐彎樓梯處有一個老人正吃力地躬腰掃地，是他，果然是他！我趕過去正要喊他（吳先生已看見我），忽見他急急地揮揮掃帚（意叫我馬上離開），又急側轉身答應一聲：『有！』，向樓裡走去（有人叫他）。我十分激動，看到了他，他還活著！晚上，我再次到文化村宿舍去看望吳先生，當靠近宿舍時，黑處有一個低聲音叫住我，是吳先生。大概他已估計到我將再來，便站在這兒等一陣了。我說明：『是專程趕來看望。』可話音沒完，吳先生說：『你能趕來看我，我很感激，……其實我下午已看見你，你也看見我了，這就夠了。現在你無須逗留，趕快離開西師，不要受我的牽連。錫光，聽我的話，趕快離開！』於是我向吳先生深深鞠躬後，便離開了西師……」

而從吳宓一九七二年七月十二日給友人姚文清的信中，我們可以得知，他備嚐折磨，左腿殘廢，雙目幾乎失明的苦況：「一九六九年五月九日（宓等十人，第一次貶來梁平），在『鬥爭宓之大會』上派兩名學生拉宓（罪犯）入場（跑極快），中途在平鋪磚地之『食堂』中，猛被向前推倒（宓向左前方跌倒地上），結果左腿扭折（又被組長虐待；不許吃飯，每日強迫『練習走路』）。——現今必須右手拄杖，否則不能站立，更不能走步。經過不斷醫療，現今可支杖走路，左三關節已不再痛。但左腿仍不能彎曲，不能起甚高（故上台階、上樓梯十分困難），而骨髖（左胯）一關節猶時時作痛，宓右目在一九七一年六月忽全盲，現惟靠左目代兩眼之用（醫云：目中『白內障』，到大城市大醫院不難治好）。」一九七七年一月吳宓的妹妹吳須曼從西安來重慶，把他接回老家涇陽。此時吳宓幾乎雙目全盲，左腿也已殘廢。一九七八年一月十四日病危，送醫搶救，十七日凌晨三時辭世，終年八十四歲。

也是吳宓的弟子，現為西南師範大學教授的孫法理在文章對吳宓有這樣的評論：「吳宓的學生錢鍾書曾說吳宓是亞里士多德定義下的悲劇人物。這大約指的是他的理想與時代的脫節。那是早期的吳宓。晚期吳宓的悲劇是時代的悲劇，但他那孤獨頑強的執著卻給它增添了幾分悲壯。吳宓總生活在他所說的The World of Truth（真的世界）裡，而他周圍卻有不少人是他所說的Vanity Fair（浮華市場）裡的弄潮兒。這一事實也對吳宓悲劇的形成起了推波助瀾的作用。他是個孤獨的行道者，踽踽獨行，走完了他凄涼的路。」可說是道盡了吳宓一生的行事，甚至感情之旅。

欲待相忘怎忘得
——田漢的舊愛新歡

田漢被稱為中國話劇的奠基人，他終其一生，創作了話劇、歌劇、電影、戲曲等劇本達百部以上，儘管其中包含著成熟與幼稚、突進與回旋、動人與乏味，瑕瑜互見，良莠不齊，而經過幾十年時光的篩選，現在仍具藝術價值的已不多見。但總體而言，他的劇作展示了中國現代話劇發展的軌跡，確是無庸置疑的。而田漢更創立「南國社」，有人譽為「中國之有新戲劇，當自南國始」，道出了南國社在中國話劇史上的地位。南國社出現在一九二七年冬，但孕育於一九二四年，直到一九三〇年被國民黨查封為止，前後存在近七年之久。它是一個以戲劇為主體而又兼及文學、電影、美術和音樂的藝術團體，但因其戲劇成就極為突出，因此一向被人們視為一個戲劇團體。它幾經挫折，歷經坎坷，汲取現代戲劇的經驗與教訓，頑強地從事著戲劇的活動，堅持社會性、藝術性和舞台性的統一，糾正了墮落的文明戲劇和陷入迷途的愛美劇在觀眾中造成的不良影響，鞏固並發展了話劇在現代文藝史上的地位，其貢獻是十分突出的。

田漢，原名壽昌，湖南長沙人，生於一八九八年三月十二日，他自幼喜好戲劇，一九一二年考入湖南省立長沙第一師範學校；在學期間，曾將京劇《三娘教子》改編為《新教子》在

1950年，田漢在北京與母親合影。

《長沙日報》發表。一九一六年畢業後，得舅父易象（梅臣）的資助，入日本東京高等師範學校深造，而且贏得表妹易漱瑜的愛。田漢和表妹漱瑜從小就很親密，常在一起討論文學和學校裡的事情。久而久之，兩人心裡都產生了異樣的感情。舅舅察覺到了，他很喜歡田漢，覺得他可堪造就，就和母親、妻子和姐姐易克勤一起商議田漢和漱瑜的婚事。不料，妻子嫌田漢家窮，說：「我就這麼一個女兒，要嫁也不能嫁到蹲叫化棍的地方都沒有的人家去呀。」易梅臣很生氣說：「你這是什麼話！我姐家怎麼啦？你呀，就知道嫌貧愛富！」但這事還是被擱了下來。後來田漢去了日本留學，他和漱瑜經常書信往來，感情愈見加深。但漱瑜的母親想趁田漢在日本求學之間，把女兒許配給一個姓陳的大鄉紳的兒子。而恰好此時，田漢利用學校放暑假回國探親。在表舅蔣壽世的幫助下，漱瑜從家裡逃出，和田漢去了上海，找到漱瑜的父親。易梅臣沒有責備他們，先讓他們住上一陣子之後，便安排女兒和田漢一起去日本留學了。

在東京的那些日子裡，田漢和漱瑜的感情越來越深，不過時而也有些小磨擦。在田漢寫的情詩裡，曾記錄著：在一個初冬的夜裡，她傷心地跑出屋外，一個人站在林間，任憑寒冷的晚風撲面吹來。詩人隨後趕到，苦苦相勸她回屋，『林間有些什麼呢？／幾枝枯樹，／樹上有一隻鳥兒，／啞啞的不住——／您聽它一聲聲地／勸您回去！』她淚珠盈盈，也不作聲，只扭過臉兒獨自站在樹下不肯回去。詩人雖一時弄不明白是怎麼回事，但還是趕緊掏出一條汗巾兒殷勤地替她拭淚，又脫下自己的斗篷替她披上，一番肺腑之言終於打動了她：『自小就一塊兒玩，／了無疏隔。／況復同在異鄉，／同為異客？／莫因看見了浮雲，／謂月兒不白。』於是，戀人間驟起的情感微瀾漸漸平息，月亮清澈地照著他們倆慢慢地相攜回家。

一九二二年秋天，留學日本六年的田漢，接受了上海中華書局編輯所的聘職，攜已懷孕的妻子易漱瑜回到上海。田漢在留日期間，受外國話劇影響，開始他話劇事業。一九二〇年，他創作的《環珴璘與薔薇》與《靈光》被留日學生搬上舞台，他本人也導演了一個沒有腳本的劇《不朽之愛》（後來改成劇本《戰友》）。後來頗有些影響的《咖啡店之夜》等也寫於東京。其間，他先後參加少年中國學會和創造社。但由於思想分歧或感情隔閡更加之藝術趣味相異的緣故，使得田漢終於自立門戶，於一九二四年一月創辦了《南國半月刊》，這可視為南國社的濫觴。《南國半月刊》「欲在沉悶的中國新文壇鼓動一種清新芳烈的藝術空氣」，刊登創作、通訊，而從第二期起又附刊南國新聞，注重戲劇、電影及出版物的批評。他追慕威廉・勃萊克（William Blake）的風範，刊物從出資、編輯、校對、折疊、發行等全由他和漱瑜勉力支撐，而由於心力兩疲，漱瑜竟因此病倒。於是不得不在出刊第四期後宣告停刊。

一九二四年八月下旬田漢帶著漱瑜返回湖南養病，但病情並沒有多大起色，次年元月十四日，漱瑜便永別人間了。那一天有事在長沙的田漢，突接漱瑜病篤的信，他跋涉七、八十里路急速趕回，只見漱瑜已是病骨支離，欲哭無淚，她不要田漢再離開她，她要田漢送她的終。田漢心如刀割，不斷地安慰漱瑜，但當天晚上漱瑜竟臥在他的懷裡長睡不醒了。田漢滿含珠淚寫下如此的詩句：「兩聞危篤殊難信，細雨寒風奔到門；掀帳挑燈看瘦骨，含悲忍淚囑遺言。生平一點心頭熱，死後猶存體上溫；應是淚珠還我盡，可憐枯眼尚留痕。」另外他還寫了十首悼亡詩，以寄託自己的哀思。

據弟弟田洪的回憶，漱瑜在臨終時對田漢說：「我們夫妻一場，你能為我送終，我是幸福的，你不要太難過了。我死後，你要為海男找個好媽媽。黃大琳是我的好朋友，我和她數度同學，情如姐妹，你要是能同她結婚，她會照顧好我的孩子的。」黃大琳比漱瑜小三歲，漱瑜六歲在吉林上幼稚園時，她倆便成了同學，親如姐妹。後來漱瑜隨父南歸，大琳也隨祖母回青島，十歲時大琳又由青島到了長沙，在鄉裡讀了兩年書後，聽說漱瑜在省城裡的周南女校讀書，便也轉學到周南女校，兩人又成為好同學，雖不同年級，但卻同一個床睡覺。後來漱瑜瞞著母親要隨田漢去日本，大琳似乎感覺到她們要分別，她一個勁地囑咐：「姐姐，你是一定要回來的啊！」這一別，直到漱瑜病重回家鄉調養時，兩人才又見了面。大琳經常來探望漱瑜的病情，後來儘管她到湖南省立第一女子師範讀書，也經常有信來。

因著這樣的關係，田漢到省城後，就寫信把漱瑜去世的情形告訴大琳，又把一些遺物送給她，還把他作的十首悼亡詩給大琳看。而在此之前大琳已知道漱瑜去世的消息，為失去知己，她已經不知哭過多少次了，而聽了田漢的話，她更是被感動了。從此，他們的通信便頻繁起來。後來田漢的家遷居長沙南門外社壇街祇園，離大琳的學校很近，大琳也常常去看望田漢。她很愛海男，常送海男一些好玩的東西，很快海男也同她親熱起來。田漢與黃大琳的關係雖然一天比一天親密起來，但也曾發生過一些矛盾和誤解，並不像那些攻擊田漢的人猜想的那樣「他們事實上已經結婚了」。他們的結婚是在兩年以後。

一九二七年二月十九日田漢與黃大琳結婚，但只兩年多的時間，也就是一九二九年十一月兩人便告分手。在外人看來，分手的原因似乎是在黃大琳方面。田洪、陳綺霞回憶說：「由於黃不愛學習，哥哥一寫文章，她就大吵，所以結婚後不到半年（案：應為兩年）就離婚了。」而南國社社員吳似鴻則說，黃大琳「與田漢人生目的不同，她要過安定的小家庭生活，而田漢卻是個要大幹實幹的社會活動家，又是勤奮走筆的作家，當然就不能把愛情全副付給妻子。這樣雙方矛盾早已存在，到一九二九年的冬季，雙方正式鬧離婚。有一天，我們好幾個社員坐在田漢的寫作室裡，聽田漢講婚姻的苦處，他說：『婚姻是一條繩索套上脖子，好不自由，最好不結婚，用情人制。』但據《田漢評傳》作者劉平指出，解放後黃大琳曾經給田漢寫過一封信（未發表的手稿），在信中黃大琳說：「自從潄瑜死後，我和您來往，家裡反對，但我並不因此斷絕了友情。我知道您家窮，可我從來沒有嫌過，我還是和您結了婚。」黃大琳承認自己「缺點多，年輕好玩，沒有盡到『賢妻良母』的責任，缺乏政治頭腦，渾渾噩噩的過日子」，她說那時「年紀輕，不諳人情世故，不知道避嫌」，而做出了一些不必要的麻煩事，引起了田漢的疑心。這麻煩事是指她與葉鼎洛的事，有一次葉鼎洛向田漢要路費到安東去，田漢一時籌措不出，黃大琳為了解決彼此的困難，當掉了自己的皮襖。她當時想，葉先生是自己中學時代的老師，又是田漢的朋友，急人之急，解田漢之急，所以就這樣做了。而又有一次，葉鼎洛拆了床邊曬臭蟲，卻又頭痛沒處躺，黃大琳就讓他躺在自己的床上（案：當時他們都住在南國藝術學院宿舍裡），黃大琳坐在一邊吃花生。田漢回來後看到這情景，「馬上又走了」，後來「許久時間沒回來過」，黃大琳說她「也不知為什麼」。（而直到他們離婚後的約十年後，劉雯卿才告訴大琳，田漢是為此事才離婚的。）黃大琳信中說：「那時，我真難過極了。我可以發誓，我不會做對不起你的事的。葉先生教我班的圖畫是在我和您認識之前，那時，我何必不和他相愛，而要等到了已婚之後再來做這有虧品行的事呢？」而由於她當時並不知道田漢為此事生氣，因此她並沒向他解釋。而此時田漢卻又陷入另一個「三角戀」的戰局裡，黃大琳看到田漢與安娥的交往，還有和林維中的魚雁往返，她心中極為氣憤，於是她賭氣到廈門去，想讓葉鼎洛幫她找個工作。這更加重了田漢的疑心。於是田漢正式提出離婚，黃大琳在信中說：

「當時我很傷心，但也倔強地接受了。因為您和左小姐交好，和林小姐通信，我都有所聞。林維中從南洋寄來罵我的信，我在您公文屜中看見過，還有林維中給您的掛號信，內容是要求您和我離婚和她結婚，否則要您還她的錢——要本不要息的這封信我也看見過。那時候，您已對我沒有感情，所以您提出來我也只有同意，退讓。」

而在此之前，田漢在一九二五年《醒獅周報》上創辦的〈南國特刊〉上，發表了很多悼亡詩。而這些詩感動了一位蘇州姑娘，她叫林素斐（又名林維中）。她當時在南洋教書，她訂了很多國內報紙，是從報紙上看到這些詩的。而從林維中的來信，田漢驚訝地發現她竟是因逃婚而從上海到南洋的一位奇女子。林維中原先在上海哈同女校讀書，因為天資聰穎而又勤奮好學，一直是學校裡成績優異的佼佼者。不僅如此，又長得丰姿綽約。富商哈同夫人因此相中了她，拉著她的纖纖素手要她答應與她的兒子訂婚。林維中驚呆了，一時竟無言以對。哈同夫人誤以為她答應了，笑吟吟地指著茂樹繁花簇擁下的西式洋房和中式亭榭說：「他是我最喜歡的一個兒子。將來你和他結了婚，就住在哈同花園裡。」林維中不願再待下去，藉口家裡有事就匆匆地走了。從此她遠遠地躲著哈同夫人。但哈同夫人卻是真心喜歡她，於是她讓人去林家下了訂婚聘禮。林維中得知後，便連夜逃婚到南洋。在南洋她過得很順心，學生們喜歡她，僑民們也喜歡她，很多有錢的富家子弟追求她，向她求婚，她都拒絕了。她想找一位有文化的丈夫，於是她給田漢寫了一封信，表示她的同情與慰問，還說願意照顧他的孩子和生活，幫助他「轟轟烈烈做一番事業」，且使他「無後顧之憂」。田漢收到信後，認為林維中是個大膽熱情的女子。他想：「只有男子向女子求婚，從沒見過女子向男子求婚，但不知道這位姑娘漂亮不漂亮？」於是很快回了信，並讓林維中寄一張照片來，他也寄去照片一張，兩人從此魚雁往返不斷。

一九二八年夏天，林維中利用暑假回上海與田漢見面。田漢親自去碼頭迎接，由於彼此從未見過面，於是雙方各拿著對方的照片。這次見面，彼此都對對方產生好感。當時，田漢正在貧困之中帶領學生創辦南國藝術學院。林維中聽說田漢辦學沒有錢，立即把積攢下的五百元交給田漢，表示支持他的事業。田母聽說了這件事，很高興。但她對田漢說：「現在很多女子都是喜歡玩，林維中能夠在事業上支持你，很了不起。不過不能用她的錢！」田漢尊重母親的意見，只花一百五十元搭了一個小舞台，然後他把剩下的錢仍退還給林維中。假期結束，林維中又去南洋教書。「臨別時雙方約定，待林結束在南洋的課程後，再回國結婚。」林維中一到南洋便給田漢寫來熱情洋溢的信，「……有人問我，『誰送你上船的』。我說：『我的小嫂和一個女朋友，還有……』在我說出你們幾位的名字的時候，我是多麼驕傲，多麼榮耀，就是問我的人也以為我是個什麼了不得的人物。啊！我何幸得你們這樣的厚待，我真感謝極了。」（見林維中〈從火山之傍〉一文）。田漢更勉勵她多讀書，他還經常把自己的著作和國內出版的好書寄給林維中，希望她在文學創作上得到好成績。每逢接到田漢寄來的書和信，林維中的「心已經醉了」。她寫信給田漢說，「有人罵我，或錯怪我，我必定要和他爭個是非才停。於您則不然，假如您說那張桌子是鐵打的，我必定跟著您說：『先生，是的，那張是鐵桌子呀。』」

對於田漢的鼓勵，她更是感激，「我想我不是朽木，將來終有可雕的一天。」

一九二九年新年剛過，田漢率領南國社去廣州公演，在繁忙中，一個月之內他給林維中寫了七封信，其熱戀之情可見一斑。然而在此期間，兩人也曾發生過很不愉快的事情。田漢說：「南國社成立，經我三弟手向她借了一點錢，後來我五弟到星洲工作又曾托她照顧，也許是他們之間有些衝突吧，她忽然來信說：『你們兄弟真是天下烏鴉一般黑。我於今只要你把我借給你的錢全部還給我，一絲一毫也不多要。』我看了非常不愉快，我們兄弟怎樣是一般黑的『烏鴉』呢？我平日不大喜歡談到錢，尤其詫異的在相愛的男女之間會如此計較到錢，而且一絲一毫也記得清楚？我對她開始幻滅。正當此時中國革命潮流高漲，我認識了安娥，我轉向了她。」

安娥，原名張式沅，又名張英，一九〇五年生，河北省獲鹿縣人。一九二五年秋，肄業於北京美術專門學校，同年十一月加入青年團（C・Y・）和中國共產黨，擔任北京團總支抄寫員。翌年被派往大連做宣傳工作並從事女工運動。一九二七年春到莫斯科中山大學學習。一九二九年秋回到上海，在上海中共中央特工部工作。有一天，南國社學生左明帶了一位陌生的年輕女子來見田漢。左明介紹說：「她叫張英，很仰慕先生寫的戲。」田漢見她清秀的眉目間頗有幾分英豪氣，很有些喜歡。張英落落大方地與田漢握手，說：「看了田先生寫的戲，就很想當面一見。田先生果然是戲如其人。」初次會面，兩人都留下了很好的印象。這以後張英便經常來找田漢，帶著她寫的一些署名安娥、蘇尼亞的作品，也帶來了她對田漢的滿腔愛慕之情。

1950年代的合影，左起：田漢、安娥、洪深。

面對她主動而又熱烈的愛情表白，田漢也激情難捱，而此時安娥雖只二十四歲，但卻有過兩次婚姻，第一個愛人鄧鶴皋，第二個愛人鄭家康，都是共產黨人。從第一次見面，他就對她隱隱地產生了一種特殊的感情，就像是他又回到了東京，又遇見了白薇、康景昭這樣美麗的女性。不，他覺得這回的感受好像還要強烈得多，絲毫不亞於林維中給他的溫柔多情。但他考慮到與林維中有約在先，況且林維中在他辦學最困難的時候幫助過他，他不能對不起她。他只得隱忍下自己的愛慕之情，但張英是個襟懷開放的女性，在她得知田漢已有婚約在先，心裡雖很失望，但卻能很快地把兒女之情暫放一邊，她只要求田漢不要拒絕和她的文藝交往。不久，田漢便將她署名蘇尼亞的小說〈莫斯科〉發表在

《南國月刊》上。

一九三〇年秋，南國社被查封，田漢被迫轉入地下，隱居在江灣路一帶，不能公開露面，於是安娥就成了他的聯絡人。當時，田漢已參加了「左聯」和「自由運動大同盟」等組織，思想上要求進步，安娥便動員他入黨，工作聯繫也較多，兩人遂產生了感情，並開始同居。而這時林維中從南洋回來，田漢又不能忘情於林維中，於是他就夾在兩個女人之中。田漢說林維中從南洋回來時，「在我親戚雷家與我流涕相見，我甚至要安娥替我租好房子與林女士結合。」而安娥照辦了，她的感情受到的傷害可想而知的，因為當時安娥已懷有田漢的孩子了。一九三一年初，田漢終於和林維中結婚了，地點在上海南京路福祿壽酒家。但婚後田漢仍不時到安娥那裡去，也因此引起家庭的紛爭。同年八月安娥生下兒子田大畏，但此時正值左翼戲劇運動高漲時期，安娥立即化名丁娜加入大道劇社，參加演出活動。而為支持大道劇社的工作，田漢也創作《姊姊》等劇本。不久，安娥因工作繁忙，帶著孩子行動不便，加上她忍受不了這三角戀愛的痛苦，尤其田漢的母親一直認為她是不正經的女人，於是她把孩子送回保定給母親撫養，她也直到一九三二年「一二八」時才返回上海。

而據唐槐秋夫人蘇之卉的回憶說：「當時，田漢與林維中、安娥發生三角戀愛，吵鬧不休。後來請陽翰笙、唐槐秋、任光進行調解。陽翰笙、唐槐秋做林維中的工作，任光做安娥的工作，才暫時平息下來。在此過程中，任光與安娥產生了感情。後來兩人結了婚。」安娥與音樂家任光結合後，創作出很多進步的、革命的歌曲，如〈漁光曲〉等。一九三五年田漢被關押在南京時，每天早晨，看守他們的部隊都唱〈漁光曲〉，田漢聽了別有一番感觸，他寫下〈獄中懷安娥〉的詩句：「昔年倉卒學逃亡，海上秋風客夢長。斗室幾勞明月訪，孤衾常帶素薇香。君應愛極翻成恨，我亦柔中頗有剛。欲待相忘怎忘得，聲聲新曲唱漁光。」據說林維中看到這首詩後，非常生氣。因為自田漢被捕後，一直是她在東奔西跑，帶著女兒瑪莉在送牢飯。而田漢在獄中生了背花瘡，林維中更是找到在南京中山大學教書的徐悲鴻，請他幫助出面找人保釋田漢出獄就醫。

一九三七年「八一三」淞滬戰爭爆發後，田漢從上海乘船向內地轉移，在船上與安娥不期而遇。安娥告訴田漢「孩子尚在（案：先前安娥騙田漢說孩子已經死了），而且也長得很高了。」這又一次激起了田漢的舊情。一九三八年田漢在武漢參加「三廳」工作時，安娥也在武漢組織了「中華婦女慰勞自衛抗戰將士總會戰時兒童保育會」，保育會的發起「宣言」即出自田漢之手。由此，田漢與安娥之間的感情「迅速復活」。但當時田漢還是理智的，他「執拗地不能忘情於林女士」，「寫信接她和兩個孩子來武漢」。而後來武漢危急，林維中才帶著孩子乘船到重慶；而田漢則與「三廳」一塊撤退到長沙，一九四〇年奉命去重慶，「與林女士及兒女們歡然會合，一時也過得頗好。」而在武漢撤退時，安娥作為戰地記者她赴五戰區老河口前方採訪，後從老河口經漢口接了兒子也到重慶，這遂使田漢與林維中的感情緊張起來。田漢面對三個兒女兩個家庭，他「難於斷然取捨」；而就在田漢「苦悶」之時，林維中卻「一鬧張家花園（文協所在地），再鬧兩路口車站」，使田漢「遭受社會非笑曾無所顧惜」，大大傷害了田漢的自尊心。而據劇作家趙清閣回憶，重慶大轟炸時安娥曾住在她家過，「這期間，一天晚上音樂作曲家任光來找安娥，據說他要去前方參軍，發現有人盯梢，好不容易扔掉了尾巴；為了翌日離開重慶，他要在我家過一夜。這天夜裡我們關了電燈摸黑談話，任光顯得很緊張，安娥很鎮靜；黎明時安娥護送任光悄悄地走了，永遠地走了！（大約一年後，聽說任光在西北戰場犧牲了）不久，我以工作關係，搬到北溫泉去，安娥仍住在兩路口。」

一九四一年一月發生「皖南事變」。三月，形勢變得十分險惡，田漢也被迫離開重慶，但他向周恩來表示不想去香港，打算回湖南照顧年邁的母親。但這一決定顯然並沒有得到林維中的贊同。田漢說：「重慶有什麼值得她這樣留戀的呢？很簡單，那兒政治部還有那一點薪水、津貼和平價米，全由她一人領取。」同年秋天，日軍攻占長沙，田漢帶著母親和三弟夫婦倉皇逃到桂林。不久，安娥從重慶來到桂林找田漢，這段期間，安娥除協助田漢工作外，主要精力放在收容難童工作和開辦兒童學校上，後來還創辦了一個四維兒童劇團，四處巡迴演了不少戲，一時聲名鵲起。

一九四一年冬，田漢創作了五幕話劇《秋聲賦》，該劇描寫革命文化人徐子羽在秋意蕭瑟的桂林堅持文化工作，其妻淑瑾不能理解他的工作而常與之口角。他的舊愛胡蓼紅為著愛情從重慶趕來桂林，她主動熱情的追求。使子羽處於情感矛盾和危機中。蓼紅愛子羽而兼及其女兒大純，她費心與大純培養感情，讓她叫自己媽媽，但遭大純的拒絕。蓼紅因此而重新從事收容難童的工作。與此同時，淑瑾一氣之下隨徐母一起回到長沙。傳記作家鄒平指出，從劇中人物的身分、人際關係、情感糾葛、性格衝突以及許多細節，不難看出是田漢自己的夫子自道。劇中子羽說：「她同我結婚以前，她允許竭力幫助我，讓我完全沒有後顧之憂，讓我轟轟烈烈做些事業。可是在她同我結婚之後，她懈怠起來了，她沒有能讓我完全解除後顧之憂，實際上她時常就是我後顧之憂。」也反映出田漢與林維中最終分手的原因。

而在湘桂大撤退時，田漢發現了一封林維中給兒子田海男（案：田漢與易漱瑜所生）的信，信中說她「後悔當初不嫁給哈同的兒子或那位印度先生淑斯特里，卻嫁給你爸爸這樣全無心肝的人。」田漢看後「不由得不冒火」。他認為林維中對他的人格「全無認識」，竟對兒子「寫這樣的信」！而林維中對田漢也是一肚子的氣，因為她自認是最愛田漢的，她嫉妒一切與田漢有交往的女性，她恨安娥，她也嫉妒曾在南國社走紅的俞珊，只因她們威脅到她的感情。而一九四五年二月，林維中的兒子田海雲感染腎炎住院，不久死於醫院。林維中告訴田漢這消息，田漢沒有回重慶，而是應瞿白音之邀去了昆明，這也引起林維中的強烈不滿。而田漢的解釋是他得到愛子去世的消息時，「徘徊貴水邊，仰天痛哭」，當即打電報安慰林維中，而因「丟不了工作」他還是應了瞿白音之邀。

抗戰勝利後，田漢與安娥同機回到重慶。安娥帶著兒子田大畏住在黃家埡口中蘇文協，而田漢則到九塊橋與老母、林維中及子女相見。田漢與林維中談及幾年闊別後的情形，對愛兒海雲之死不免再次痛悼。田漢說：「實在說我覺得人生的可憐，原想對『中年喪子』的林女士有所安慰的。」但他從田母那裡得知「林女士對此七十五歲老人侍奉不很周到，老母曾一度氣得由九塊橋含著老淚，爬山走到觀音岩中國製片廠宿舍李也非兄家。也得知雲兒之死半由林女士玩忽懈怠，雖則市立醫院近在咫尺，但等到送醫院已經不治了」。因此，在重慶的三個月，田漢在感情生活上實際上又重複著以前的痛苦。田漢發現，「幾年不見，林女士殆無甚進步。而無理取鬧的作風比前更甚。」安娥住在中蘇文協，「林女士幾乎每晚去侵擾，挖窗窺洞無所不至，而迄無所得。」一天，劇協在抗建堂請翦伯贊作報告，田漢適在安娥處，林維中忽偕其女友陳伊文女士；「撥水大鬧」。林維中的屢次大鬧，使得田漢「實無可容忍」。後來在陽翰笙家他們談到了離婚之事。田漢問林維中：「你要多少錢？」林說：「要五百萬。」田說：「何必學徐××太太？」林說：「徐太太要的是美金，而我只要的法幣。」田說：「我是個窮光蛋，出不起那麼些，只能籌三百萬，可由洪深、陽翰笙兩兄作保，一年交完。」後來兩人言語衝突，林罵田是「畜牲」。田氣憤地說：「既然如此什麼也不理你了。」然而，事情並未結束。第二天文協在中蘇文協開會，林維中又在場外牆壁上及安娥的門上大貼傳單，來開會的郭沫若和馮乃超先後各扯得一張交給田漢。當時，陽翰笙夫婦曾多方勸慰和責備林維中，但沒有什麼效果。

一九四六年五月四日田漢到上海。十日，林維中從陽翰笙手裡取走田漢從親友處湊來的一百萬元並親筆寫了收條。田漢說，他回到上海後，一直不忍「對林女士娘家及親友們」談及離婚之事。他「沒有想到林女士會真要這筆錢的」。不久，安娥與林維中相繼到了上海，林維中說她拿的是「生活費」，「你能把我怎樣？」田漢說：「似乎當時我老母以下節衣縮食湊足那筆錢專為的獎勵她的『撒潑』。」田漢說林維中除了在報上攻擊他和安娥外，就是打鬧、要錢。她毀壞田漢居室的紗窗，打碎玻璃，剪斷電線，往屋裡丟石頭，撕毀並拿走田漢五十歲生日時各方友人如柳亞子、梅蘭芳、臧克家等所贈聯幅及田漢所書條幅和一本《露和字典》。田漢屢屢遷居，她亦追蹤而至，「侵擾不下十次」。最後一次，林維中先一日到洪深處領得約兩百萬元，第二日便趁田漢去金山灣時，帶著菜刀、剪刀破壞田漢的書桌，檯燈抽屜，拋毀文稿，撕毀田漢所藏《近代劇全集》，並將陳悲兒先生所製的三十六個平劇臉譜一一砍碎，剪破胡馨庵送給田漢的台灣沙發。田漢說：「她要根本摧毀我做學問的工具。」據說，林維中打毀田漢的書室後也曾寫過一封悔過的信給田漢，但事後她又「重操舊業」。（參見劉平著《戲劇魂——田漢評傳》）

一九四七年十二月，泰山影片公司邀請田漢和安娥到台灣旅行，十二月二十日，田漢與安娥攜女兒瑪莉乘船赴台。林維中得知消息後，從洪深處領了田漢給她的一百五十萬元，立即追蹤而至，並於二十七日在《台灣新生報》發表了〈林維中致田漢的公開信〉，對田漢與安娥進行「迎頭痛擊」。信中說：「壽昌，我的喪盡良心的人呀！我們的女兒那麼大了，我們就算不是夫妻，也是數十年共患難的老朋友了，你竟然如此對我，我是個人，不是耶穌與甘地等之無抵抗主義者，我會一點沒有反感嗎！現在我也後悔：我不該早把你從牢裡救出，讓你在牢裡生搭背，死在牢裡，我頂多痛苦個一年半載，我不會痛苦到現在，痛苦到死啊！此來我雖然不僅是看你，作你們的眼中釘，一方面我也是來換點新鮮空氣，散散心的，所以請你不必神氣，你就是有天大的學問也不在我的心上。讀書人不講理等於沒有讀過書的人一樣。你無論躲到天涯或是地角我總找得著你，但我沒有那麼好的精神，不能學你的賤貨一樣跟東跟西……。」該信刊出後，有台灣大學的一群學生，投書《新生報》——〈致田漢夫人的一封信〉寫著：「……博學如田漢先生者，尚且如此，真令我們大惑不解。文學是人類的燈塔，而文人就是指引人類走向真理的領路人，如果這個領路人本身也犯著不可原諒的錯誤，這真是大眾的不幸。我們真為自己可憐。我們對那些聲譽昡耀的作品不能不發生懷疑。讀過您的信，我們對於人生越發模糊，什麼純情真誠……騙子罷了，連數十年共患難的夫妻，自己的女兒尚且如此，我們還有什麼可說的呢！因此我們對您與其說是同情與安慰，勿寧說是我們自己的憤慨吧！……」為此田漢在一九四八年一月十三日起陸續在《新生報》刊出近萬言的長文〈告白與自衛——並答林維中女士的公開信〉，開頭並引王爾德的名言：「吾人常以誤解而結婚，以理解而離婚。」他把自己的「全部感情生活的發展過程詳細告白」，「以正社會視聽」。而且他「也有理由防衛自己」。此文刊畢後不久，林維中則再發表長文——〈我的控訴——並覆田漢「告白與自衛」〉，其中對田漢指責她對田母「侍奉不很周到」，及對雲兒之死是「玩忽懈怠」所致，多所辯駁。她說：「當孩子病重的時候我寫給你的信和打給你的電報要錢和催你回來，孩子也希望能見你一面，而你在近在咫尺的貴陽非特分文不寄，反而回一電來氣我們說：『不來』。你的娘氣得手發抖，我是恨不得和孩子葬在一口棺材裡，可是孩子的病可以說我一個人，完全是我一個人想盡了種種方法，將這臥病三、四個月的孩子每隔二天有時送小便去，有時帶他同至附近的市民醫院去診察；西醫不好換中醫，中醫不好，再由郭沫若先生替他募得十幾萬塊錢的醫藥費後再住院，只有四天他就病歿於市民醫院裡。因此我對這孩子之死，於心毫無慚愧，就是有一點後悔。或許因我的憂鬱影響到他的病；或許沒有給他早住在醫院裡療養倒是真的。但是，唉！壽昌：我的先生，我的丈夫呀！你作父親的負了多大責任？……」林維中並指責田漢說：「你說你『從昆明回重慶勢必與林女士重合，這是安娥所不願意的。』屁話，安娥不願意，我為你犧牲盡了一生倒願意麼？我的氣憤也就在此，總之，我們的悲劇是你一手造成的，因為現在你有了人，什麼都是我的不是了，難道你另外弄了個女人便好說我犯了罪麼？我為什麼要寫悔過書？就是你的所謂我『市井婦女的惡劣行動』，也並不妨害你們的感情，反而增加了你們的所謂『愛』啊，我的所以鬧到張家花園、二路口、中蘇文協；鬧到上海的永樂坊、忠烈祠，以及鬧到現在的台灣，我想不用我多說，你是個文人，最懂得女人之心理的人，我問你：假如一個丈夫，他在外面另有了所愛，作妻子的不會用手段，是不是應該不聲不響的去服毒上吊或投江自殺？如果你說不應該的，我有那麼大一個女兒，做工作沒什麼有心緒，你說教我怎麼辦呢？……」「我們自從來到上海，你給的一百萬塊錢用剩四十幾萬了。（案：這筆錢田漢認為是「贍養費」，林維中認為是「生活費」）我同女兒二個人吃用穿衣，有時我們娘三個出去看戲吃點心付車錢，有時我看你身上沒有錢，還要一萬兩萬的，不是我就是叫瑪莉塞在你的口袋裡。」

一九四八年二月六日，田漢與安娥結束在台灣的訪問搭機返回上海，他與林維中的「風波」也告結束，但他在電影《麗人行》中對梁若英這個人物，多少寄託了一些對林維中的批評。他說梁若英「曾經是出走過的『娜拉』，可是這個社會只歡迎她去做花瓶、家庭的奴隸……我們還應該為此警惕，這是脂粉女子的悲劇……死纏著男人不放，總有一天被男人摔死！」。

一九四九年以後，田漢歷任中央人民政府政務院文化教育委員會委員、文化部戲曲改進局局長、藝術事業管理局局長、中國劇協主席和黨組書記、全國文聯副主席等職，創作了話劇《關漢卿》、《文成公主》、《十三陵水庫暢想曲》及整理戲曲《白蛇傳》、《謝瑤環》等。學者張中良指出，《關漢卿》雖是誕生於「大躍進」年代，但作者對關漢卿心儀已久，對這一題材玩味漸深，因而在創作中縱橫捭闔，遊刃有餘。這部劇作塑造了不媚上、不懼強、不怕死的錚錚鐵骨式的形象，藉此將個性解放與社會解放水乳交融地結合在一起。作者一如既往地把自己的主觀色彩灌注於劇本之中，將抒情性張揚到極致，使其創作個性有了一次最輝煌的展露。

一九六六年文化大革命開始，田漢就被戴上「叛徒」、「黑幫」、「文藝黑線祖師爺」、「反革命修正主義份子」等等罪名，受到批判圍攻。不久，田漢被關進「牛棚」，每天被揪鬥示眾。一九六八年十二月十日，田漢在經歷了兩年關押的折磨之後，在飽嚐了靈與肉的痛苦之後，在北京三〇一醫院去世了，死時醫院裡的人都不知道他叫田漢，因為他太有名了，迫害者不得不將他化名為「李伍」。他是暗暗的死，不僅暗其事，而且暗其名。魯迅曾說：「暗暗的死，在一個人是極其慘苦的事。」而田漢卻曾這樣經歷過。而更可痛的是，田漢死時，他的母親全然不知，仍然天天盼望著他的歸來。四年後，他母親以百餘歲的長壽溘然而逝，臨終之時還在喃喃地念叨著：「壽昌兒，快回來吧，媽媽想你！」又隔四年，他的夫人安娥，也在「政治審查」的迫害中，在地震後北京的混亂和她那艱難無助的孤苦生活中，淒慘地離開了人間。她一直苦苦地惦念著田漢，為自己的也為丈夫的冤情而悲憤不已，但至死也未能見上一面。

註：本文之寫就，參考劉平及鄒平的《田漢傳》，特此致謝。

自是愛比死更冷

——徐志摩對陸小曼的無悔之愛

徐志靡與陸小曼攝於蜜月。

任何一位作家，都富有創造性，但同樣又都是凡人，因此他們不可能只有超越自我的勝利時刻，也必然要面對軟弱卑怯的剎那。對於某些作家甚至有意地迴避作品文本，而置之於自看與被看中，是因他們在作品外活得更真實更明智更生動更本色，更能自然準確地體現出自身的文化特質，更可靠有力地成為自己或文學本體的「注腳」；而對於某些作家，作品形同生活本身，尤其是他們的日記、書信已道盡生活的點點滴滴，正如周作人所說的：「日記與尺牘是文學中特別有趣的東西，因此比別的文章更鮮明的表現出作者的個性。詩文小說戲曲是作給第三者看的，所以藝術雖然更加精煉，也就多有一點做作的痕跡。信札只是寫給第二個人；日記則是給自己看的（寫了日記預備將來石印出書的，算作例外），自然更真實更天然的了。」同樣作家孫犁曾說：「書信雖係小說，但在感情傳遞上，有其直接平易的優勢，非一般文學作品所能及。古今中外，重視書簡，不是沒有道理的。」而徐志摩更說：「日常的話都是穿上袍褂戴上大帽的話」，而只有他寫的那些「半瘋半夢」的話（案：指給凌叔華的信），「我相信倒是瘋話裡有『性情之真』」。徐志摩是個感情充沛的人，更難得的是他能誠實地坦露自己，因此他的日記、書信，就成為他感情的寄存與留影了。當人們對他的感情議論紛紛，或多所誤解時，一一去檢視他的情書，該是最能逼近他內心深處，而透透徹徹地瞭解他了。

一九二五月三月十日，志摩與小曼因熱戀而鬧得滿城風雨，不得不出國以避風頭。而在臨行前的三月四日，志摩給小曼的信中說：「我想要你寫信給我，不是平常的寫法，我要你當作日記寫。不僅記你起居等等，並且記你的思想情感——能寄給我當然最好，就是不寄也好，留著等我回來時一起看，先生再批分數。你如期能做到我這點意思，那我就高興而且放心了。」於是果然小曼不負所望地，從三月十一日到七月十七日的四個月零七天內，寫下二十篇日記，就是我們所稱的《小曼日記》，它也可以看成是二十封情書。而後來志摩返國了，同年八月九日到三十一日在北京，九月五日到十七日他在上海，在這一個多月裡，志摩也寫下了二十六篇的日記，稱之為《愛眉小札》，當然更是情書。而此時兩人尚未結婚，因此這些日記（情書）是屬於「婚前記」。而一九二六年八月至一九二七年四月，志摩在北京、上海、杭州等地，共寫下了十二篇的日記，稱之為《眉軒瑣語》，則是他們兩人的「婚後記」。另外陸小曼與志摩的學生趙家壁合編的《徐志摩全集》及《補編》（香港商務版，一九八三年）收有徐志摩給陸小曼的六十一封信，而筆者參考湖南文藝出版社之《徐志摩書信》一書，共得六十六封，該是截至目前為止最完整的數目了。當然志摩給小曼的信遠不只這些，趙家壁就說過：「至於被小曼丟掉的信為數更多，這可以從志摩致小曼信中得到證明。一九二六年二月廿五日志摩從國外來信說：『我的信都寄到，〈藍信〉英文的十封，中文的一封，此外非藍信不編號的不知有多少封。除了有一天沒有寫，總算天天給我眉（案：小曼）做報告的。』西俗男人相愛，互通情書，都用特製的一種淡藍信箋，故曰〈藍信〉（Blue Letter）。當年小曼把六十一封中文信交給我時，也曾給我一包志摩寫在藍色洋紙上的英文信，就是上述〈藍信〉的一部分，約有十幾封，每封都是厚厚的一大疊。那時我沒想到就用英文付排，我的同學也是志摩學生陸之上，時正在《良友書報》任英文翻譯，我曾請他譯成中文發表。他讀後說：『這些滿紙真情而英文又寫得這樣優美的情書，我這支笨筆如何敢動手編譯呢？』就這樣把原信還我。這些〈藍信〉我一直連同三、四〇年代其他作家的六、七百封書信保藏在一起。『文革』期間全部被抄，至今下落不明，實在可惜。一九三一年五月十二日志摩給小曼信中，志摩又憤憤不平地問她：『前一二年我去歐美印度時，那九十多封信都到哪裡去了？那是我周遊的唯一成績。』可見現在發表的僅是一小部分，更多的書簡都被小曼無心丟棄了。」

筆者就現已收集的六十六封情書，再加上《小曼日記》、《愛眉小札》、《眉軒瑣語》

天性聰穎、能文善畫的陸小曼。

放在一起，並按時間年月重新編輯並加上注解（對原本年月日不詳或前人有誤判的地方加以注解，另信中提到的人名常以別號，如「在君」、「顧少川」、「小蝶」、「李大頭」或英文字母，如P．C等，也盡量注出。另通行本有以「×××」代替挖掉的人名，今也考證出並恢復原狀，如陳潔如、蔣介石等等，當時或有顧忌。至於原信的錯別字也一併標明或更正，信中英文的部分也盡量譯出）。經過一番整理，時間起迄，將從一九二五年三月三日起至一九三一年十月廿九日止（那是距離志摩飛機撞山身亡的前二十天），如此一來，大致可以看出志摩與小曼的整個感情的歷程。（以同樣的手法，筆者也搜集到志摩給張幼儀的三封信、給林徽音的一封信及給凌叔華的七封信，雖不是全貌，但也是截至目前為止最完整的數目，從此都可以看出志摩愛情的殘影，因此該情書集，筆者名之為《最是那一低頭的溫柔——徐志摩與四個女人》，書名用的仍是志摩的詩句。）它將不同於以往所見的徐志摩的日記與情書的殘缺與斷裂，尤其是他死前一、二年給小曼的信，因常被論者所忽略，因此有些論斷的偏頗是可想而知的。

一九二六年八月十日，是陰曆的七夕情人節，志摩與小曼選在這天訂婚。而同年十月三日，是陰曆八月廿七日孔子誕辰日，他們在北京北海董事會舉行婚禮。一對歷經熱戀、苦戀的男女，終於得其所愛，本該如同童話故事所說的，「王子和公主結合了，從此過著幸福美滿的日子。」但事實上卻非如此，雖然新婚燕爾，他們也的確過了幾個月神仙般的生活。在《眉軒瑣語》中：徐志摩說，得到了陸小曼，是他從苦惱的人生中掙出了頭，比做一品官、發百萬財，乃至身後上天堂，都來得寶貴。南下途中，火車上，他竟然感到身邊坐著的陸小曼，竟是他這一輩子的成績、歸宿。然而這幸福是極其短暫的。正如學者梁錫華指出，當初徐志摩為自己的婚姻，設置了白朗寧夫婦的模式，他追求陸小曼，不僅僅是要和一個美麗聰戀的女子相結合，而且是要把她作為實現生命事業的一部分。但徐志摩是估計錯誤了，陸小曼與林徽音、凌叔華雖同屬於才女，這也是徐志摩所謂的「追尋靈魂上的伴侶」，但畢竟陸小曼又不同於林徽音與凌叔華，林、凌兩人更多想要建立「才女」之名，而陸小曼對於「才」字，似為看淡，放浪形骸而贏得世俗之名。其結果造就了林徽音在詩壇與建築界；凌叔華在畫壇與小說界的盛名。而陸小曼卻把浮名換了淺斟低唱，甚至被冠上「交際花」的名號，可說是其來有自、卻又不公的評價。其實就資料得知，小曼從小聰明活潑異常，十五、六歲就已能作英文論文及信札，能說一口流利的英法語言。她常參加外交部舉辦的舞會等活動，是跳舞的能手，又能唱一口嫻熟的京戲，長得亭亭玉立、端莊明麗，論美艷，一時無與倫比，中例賓客都為之傾倒，連女賓見了她，也會目眩神迷。當然這是與王賡結婚前之情形，而與徐志摩結婚後的情形也不遑多讓，當時她與唐瑛可說是滬上的「交際名花」。唐瑛是上海名醫威廉・唐的掌上明珠，宋子文機要祕書唐腴廬的舍妹。有一天徐志摩和徐新六在上海一品香看見了唐腴廬，徐新六即曾艷羨的告訴徐志摩說：他的妹妹是「上海社會之花」。然而這對徐志摩而言，他是無須艷羨的，因為眼前的陸小曼是體態小巧玲瓏，眉如翠羽，膚似白雪，又是朱唇皓齒、明眸善睞，她在神韻與含蓄上，有股讓人傾心的美。大畫家劉海粟，有次和陸小曼同船由天津到上海，他告訴朋友說：陸小曼在甲板上眺望海景他常常從旁窺探，覺得她的風度姿態，無一不合於美的尺度，當時如作寫生畫，全是可取的題材。由此可見小曼的魅力所在了。

兩人歷經千辛萬苦，婚總算結了。但志摩卻顯得神情悶悶悒悒，他說：「這一年來高山深谷，深谷高山，好不容易走上了平陽大道，但君子居安不忘危，我們的前路，難保不再有阻礙，這輩子日子長著哩。」而最大的阻礙之一，是徐申如夫婦看不慣陸小曼許多獨創一格的作風，因此在處處看不順眼、滿心氣惱的情形下，勉強和兒子媳婦同住了兩天，第三天後，他們乘坐火車到上海後，立即打了個電報給當時在北京的張幼儀。他們寧願和已離婚的媳婦及孫兒同住，也不願和小曼同住。堂上雙親都走了，志摩與小曼在硤石鄉間，住得了無情趣，乏味已極，因此他們也來到上海。

一到上海，陸小曼便發現有一個嶄新的、奇妙的世界等著她。她周旋於交際應酬場合，衣飾諸費，需要與日俱增，而她從小就出手闊綽，花慣了的，一擲千金，了無吝色。而偏他們失歡於徐父，因此徐申如早已斷絕對他們的任何經濟支援，甚至還告誡徐家親友，不得借錢給志摩，因此詩人此時面臨的是左支右絀、羅掘俱空了。因此當志摩的好友，泰戈爾的助手恩厚之聽到這個消息後，便匯了兩百五十鎊給他，但這筆錢當然又被小曼很快地花費殆盡，雖然志摩一再規勸小曼要改變生活習慣，但小曼卻從梳妝檯裡取出一疊請柬。有結婚、有辰誕、有小孩周歲、有餞行、有會友，各式各樣的酒宴、舞會的請帖都有。小曼無奈地對著志摩說：「你要不去嗎？就有閒話，說你架子大。」此時的小曼正身不由主地捲進了一個可怕的漩渦之中⋯⋯。

而由於陸小曼的喜好唱戲，而認識伶人翁瑞午，翁瑞午善推拿，能為小曼醫病，又讓小曼吸食鴉片，芙蓉軟榻，男女情生，終讓志摩戴上綠帽。志摩的好友陳定山就說：「實則志摩的愛小曼無所不至，只要小曼喜歡，他什麼都能犧牲。但是女子的心理，是很複雜很神祕的，小曼的確愛志摩，但她也愛瑞午。」這種情況，有人也歸結到志摩，他們認為志摩的確愛小曼，但又無法忘情於林徽音。名作家陳之藩就說：「徐志摩根本只愛林徽音，根本因失戀而補上陸小曼，陸小曼發現此情後，自然也不會愛他，悲劇鑄成矣。」我們從一九二五年三月十七日的《小曼日記》中可看出，徐志摩追求林徽音不遂一事，小曼在婚前早就知道的。她說：「我是一個沒有學問的很淺薄的女子，本來我同摩相交自知相去太遠，但是看他那樣的痴心相向，而又受到了初戀的痛苦，我便怎樣也不能再使他失望了。摩，你放心，我永不會教你失望就是，不管有多少荊棘的路，我一定走向前去找尋我們的幸福，你放心就是！」三月二十八日《小曼日記》中又說：「你還是去走那比較容易一點的舊路吧，那一條你本來已經開闢得快成形了，為什麼半路中斷去呢？前面又不是絕對沒有希望，你不妨再去走走看，也許可以得到圓滿的結果。我這邊還是滿地的荊棘，就是我二人合力的工作也不知幾時才可以達到目的地呢！其中的情形還要你自己再三想想才好。我很願意你能得著你最初的戀愛，我願意你快樂，因為你的快樂就和我的一樣。」陸小曼的個性是在柔弱和剛強的天平上時刻起落的，徐志摩與林徽音的這段「前情」，在小曼婚前是「同情」的成分，而到婚後他們爭吵時，卻成為翻舊帳的火苗。甚至她還藉著余上沅的一個女學生名叫俞珊的和志摩親近之事，來大肆吵鬧一番。陳定山的《春申舊聞》有記此事，「有俞珊者，健美大膽，話劇修養很高，是余上沅的學生，她崇拜志摩也崇拜小曼，她為演《卡門》，常住徐家，向志摩請教。她又要學《玉堂春》，向瑞午請教。志摩是無所謂的，小曼卻說她肉感，論俞珊卻有一種誘人的力量。因次，小曼常和志摩吵。志摩說：「你要我不接近俞珊很容易，但你也管著點俞珊呀！』小曼說『俞珊是隻茶杯，茶杯沒法兒拒絕人家不斟茶的。而你是牙刷，牙刷就只許一個人用，你聽見過有和人共用的牙刷嗎？』由次觀之，俞珊是有著「美的蠱惑」力量，這對於追求美的志摩，確是有吸引力，難怪小曼有這一番話，只為她將威脅到小曼，所以小曼趕快提出警告。而面對小曼的這些指責，志摩只有苦笑。因為眼前讓志摩更痛苦的是小曼墮落，志摩對小曼的期望，此刻已被撞得頭破血流、鼻

徐志摩才氣英發。

個方向吹〉的詩句。

青臉腫了。於是寫下了〈我不知道風，是在那一

其實就在距他們結婚只八個月的時光，志摩就這麼說過：「是春倦嗎？這幾天就沒有全醒過。總是睡昏昏的，早上先不能醒，夜間還不曾動手做事，瞌睡就來了，腦筋裡幾乎完全沒有活動。……想作詩吧，別說詩句，詩意都還沒有勁兒。想寫一篇短文吧。一樣的難，差些日記都不會寫了。」而在志摩婚後到他生命終止的五年間，他只寫了四十首詩，志摩曾坦率地說：「且不說詩比生活一類的理想，那是談何容易實現，就說平常在實際生活的壓迫中，偶然掙扎出八行十二行的詩句都是夠艱難的。尤其是最近幾年，有時候自己想著了都駭怕；日子悠悠的過去，內心竟可以一無消息，不透一點亮，不見絲紋的動。我常常疑心這一次是真的乾了完了的。」原先在英倫追求林徽音時，那種「什麼半成熟未成

熟的意念都在指顧間散作繽紛的花雨」的爆發力，已全然消失了。此時寫詩已變成了唐僧取經式的苦難，變成難產般的分娩。

一九二八年六月十六日，志摩再度出國，這是和小曼結婚後的出國，論者以為此次是志摩看不慣小曼沉迷於菸榻，或終日票戲，而想藉此散心。然此時志摩的經濟狀況是不容他有此餘力，因此銀行界的朋友王文伯的幫助成行，是大有可能的。他們經日本，前往美國。後來徐志摩又單獨轉往歐洲、印度，經新加坡、香港，返回上海。這次兩人分別有五個月之久，這期間徐志摩也寫了不少的信給小曼。而從信中我們得知，此行志摩還帶了許多古董（有些是翁瑞午提供的），要去賣給老外，以賺取一些價差，但似乎缺少一些成分的說明書，而且翁瑞午提供的也不是什麼稀世珍品，因此此行幾乎完全沒有成交。這和他生命最後的一次跋涉，從北京趕回上海，是為蔣百里先生的房子而當掮客，賺取佣金，但最後並未達成，他又要北返趕赴林徽音的演講會，終於搭上死亡飛機。同是為金錢在奔波，原是富家子弟的志摩、原是才華洋溢的新月詩人，最後卻為「一文錢逼死英雄漢」，能不令人為之唏噓不已。

一九三一年二月二十四日，志摩應胡適邀請至北平，佐理北大校務。與小曼南北分隔，志摩在信中說：「至於我這次走，我不早說了又說，本是一件無可奈何事。我實在害怕我自己真要陷入各種痛疾，那豈不是太不成話，因而毅然北來，今日崇慶也函說：母親因新年勞碌發病甚詳，我心裡何嘗不是說不出的難過，但願天保佑，春氣轉暖以後，她可以見好。你，我豈能捨得。但思量各方情形姑息因循大家沒有好處，果真到了無可自救的日子，那又何苦？所以忍痛把你丟在家裡，寧可出外過和尚生活。我來後情形，我函中都已說及，將來你可以問胡太太即可知道。我是怎樣一個乖孩子，學校上學我也頗為認真，希望自勵勵人，重新再打出一條光明路來。這固然是為我自己，但又何嘗不為你親眉，你豈不懂得？」而同封信中，志摩對於小曼前信中對他過分關懷林徽音的反語相識，也有所辯白，他說：「至於梁家，我確是夢想不到有此一著；況且此次相見與上回不相同，本亦因為外有浮言，格外謹慎，相見不過三次，絕無愉快可言。如今徽音偕母挈子，遠在香山，音信隔絕，至多等天好時與老金、奚若等去看她一次（她每日只有兩個鐘頭可見客）。我不會伺候病人，無此能幹，亦無此心思；你是知道的，何必再來說笑我。」有論者指出，小曼在婚後發覺志摩尚未能忘情於徽音，因此更加放浪形骸。而事實上志摩對婚後的徽音，是太過於「關心」了。一九三〇年秋，志摩曾到瀋陽特意去探望徽音，當時林徽音初為人母，加上繁重的教學工作，因此病倒。徐志摩看到瀋陽醫療條件太差，氣候也不適合，便勸她回北平治療一段時間，林徽音和梁思成聽從他的勸告，回到北平。為了照顧徽音的病情，志摩曾在她的家裡住了一段時間。這也是張幼儀回憶中所指出的，徐志摩還是一直關心著林徽音，「甚至她嫁給梁思成以後，都是這樣。」但對朋友一向熱情的志摩或許並不一定有此存心，因為在半個月前他給小曼的信，他是如此坦率地說：「我昨天下午見了他們夫婦倆（案：徽音和思成），瘦的竟像一對猴兒，看了真難過。你說是怎麼回事？他們不是和周太太（梁大小姐）思永夫婦同住東直門的嗎？一天徽音陪人到協和去，被她自己的大夫看見了，他一見就拉她進去檢驗：診斷的結果是病已深到危險地步，目前只有立即停止一切勞動，到山上去靜養。孩子、丈夫、朋友、書，一切都須隔絕，過了六個月再說話，那真是一個晴天裡霹靂。這幾天小夫妻兩就像熱鍋上的螞蟻直轉，房子在香山頂上有，但問題是教思成怎麼辦？徽音又捨不得孩子，大夫又絕對不讓。同時孩子也不強，日見黃白。你要是見了徽音，眉眉，你一定吃嚇。她簡直連臉上的骨頭都看出來了；同時脾氣更來得暴躁。思成也是可憐，主意東也不是，西也不是。凡是知道的朋友，不說我，沒有不替他們發愁的；真有些慘，又是愛莫能助，這豈不是人生到此，天道寧論？」而這些話，聽到小曼的耳裡，自是有些不舒服，因此才會有反唇相譏的信，但志摩並沒有動氣，他在同信中說：「我的知心除了你更有誰？你來信說幾句親熱話，我心裡不提有多麼安慰？已經南北隔離；你再要不高興我如何受得？所以大家看遠一些、忍耐一些，我的愛你，你最知道，豈容再說：『也許我現在的愛不如從前那般熱烈，但是，這些年來，我確是一直在更真摯的愛，也許這一次短暫的離別，能給雙方帶來另一次愛的狂潮。因此，我們都願意為對方作出犧牲。』（案：原信此段用英文寫。）

學者梁錫華說，志摩末期書信的特色，最教人感動，他雖然對愛侶的生活方式諸多不滿，但總是勸勉多，責備少，而又風趣不減，溫煦如昔。我們看一九二一年三月十六日，為勸小曼北上的信，這麼說著：「……你的困難，由我看來，絕不在尊長方面，而完全是在積習方面。積重難返，戀土情重是真的。（說起報載法界已開始搜煙，那不是玩！萬一鬧出笑話來，如何是好？這真是仔細打點的時機了。）我對你的愛，只有你自己最知道。前三年你初沾上習的時候，我心裡不知有幾百個早晚，像有蟹在橫爬，不提多麼難受。但因你身體太壞，竟連話都不能說。我又是好面子，要做西式紳士的。所以至多只是短時間繃長一個臉，一切都鬱在心裡。如果不是我身體茁壯，我一定早得神經衰弱。我決意去外國時是我最難受的表示。但那時萬一希翼是你能明白我的苦衷，提起勇氣作人。我那時寄回的一百封信，確是心血的結晶。也是漫遊的成績。但是我歸時，依然是照舊未改；並且招惹了不少浮言。我亦未嘗不私自難受，但實因愛你過深，不惜處處順應你從著你。也怪我自己意志不強，不能在不良環境中掙出獨立精神來。在這最近二年，多因循復因循，我可說是完全同化了。但這終究不是道理！因為我是我，不是洋場人物。於我固然有損，於你亦無是處。幸而還有幾個朋友肯關切你我的健康和榮譽，為你我另闢生路。固然事實上似乎有不少不便，但只要你這次能信從你愛摩的話，就算是你的犧牲，為我犧牲。就算你和一個地方要好，我想也不至於要好得連一天都分離不開。況且北京實在是好地方。你實在是過於執一不化，就算你這一次遷就，到北方來遊玩一趟；不合意時盡可回去。難道這點面子都沒有了嗎？我們這對夫妻，說來也真是特別；一方面說，你我彼此相互的受苦與犧牲，不能說是不大。很少夫婦有我們這樣的腳根。但另一方面說，既然如此相愛，何以又一再捨得相離？你是大方，固然不錯。但事情總也有個常理。前幾年，想起真可愛。我是個痴子，你素來知道的。你真的不知道我曾經怎樣渴望和你兩人併肩散一次步，或同出去吃一餐飯，或同看一次電影，也教別人看了羨慕。但說也奇怪，我守了幾年，竟然守不著一單個的機會，你沒有一天不engaged（案：有約）的，我們從沒有Privacy（案：獨處）過。到最近，我已然部分麻木，也不想望那種世俗幸福。即如我行前、我過生日，你也不知道。我本想和你吃一餐飯，玩玩。臨別前，又說了幾次，想要實行至少一次的約會，但結果我還是脫然遠走，一單次的約會都不能實現。你說可笑不？……」

為了陸小曼，志摩早已失歡於父母，尤其在他母親去世時，志摩更為小曼和父親起了嚴重的衝突，在父親與小曼之間，他選擇了後者。他給小曼的信中說：「……至於我們這次的受欺壓（你真不知道大殮那天，我一整天的絞腸得難受），我雖懦順，絕不能就此罷休。但我卻要你和我靠在一邊，我們要爭氣，也得兩人同心合力的來。我們非得出這口氣，小發作是無所謂的。別看我脾氣好，到了僵的時候，我也可以僵到底的。並且現在母親已不在。我這份家，我已經一無依戀。父親愛幼儀，自有她去孝順，再用不到我。這次拒絕你，便是間接拒絕我，我們非得出這口氣。所以第一你要明白，不可過分責怪我。自己保養身體，加倍用功。我們還有不少基本事情，得相互同心的商量，千萬不可過於懊惱，以致成病，千萬千萬！」為了小曼，志摩犧牲了親情，當然也因小曼。他的一些好友與他疏遠了，父母之愛、朋友之誼，在此都如春花一一萎謝。甚至還有朋友勸他再與小曼離異，但志摩卻覺得萬萬不可，只因小曼是他自選自求的對象，他只能默默地忍受。此時他正是「我不能怨、不能恨，更無從悔」。學者梁錫華更指出徐志摩當時的心境和他崇拜英國文豪哈代有關，他說學者卡爾韋伯在談到哈代和他太太的關係時，曾經這樣寫著：「他對太太並沒有報復的行動，他寧願慘痛而口中默默，微笑在人前，忍受在後。」該是徐志摩當時的最佳寫照。

如花一般的罪惡
——邵洵美的金屋與藏嬌

邵洵美，攝於1935年。

「京海對峙」這種南北大異其趣的文學現象，由來已久。然在以周作人為首的一部分京派文人，相繼遁入唯美的象牙塔、孜孜於高雅脫俗的精神享樂之際；同時在十里洋場的上海也漸漸聚集一批唯美——頹廢主義者。學者解志熙指出。不同於前者的是，他們不再追求那種高雅和優美，而是頹放恣肆地沉緬於「火與肉」的藝術徵逐中。前者所堅持的理性節制及殘存的道德禁忌，至此已蕩然無存，而坦露出的是頹放不羈、縱情盡情的「頹加蕩」（Decadent）的狂歡。

而這種唯美——頹廢的團體，是以獅吼社為基礎發展起來的《獅吼》——《金屋》作家群。

獅吼社最初醞釀於一九二三年的日本東京。當時滕固、章克標、方光燾、張水淇四人都在日本留學，都愛好文學，觀點又相同，因此經常聚在一起切磋討論。一九二四年三月，滕固和方光燾回國，他們和尚在日本的章克標、張水淇取得聯繫，在上海創辦了獅吼社；並於同年七月十五日主編發行《獅吼》半月刊。至於取名《獅吼》，是因為他們不滿於周遭的環境，他們要向社會發出警世的「獅吼」之聲。滕固是英國唯美派文學的愛好者和研究者。而章克標是日本唯美派作家谷崎潤一郎的崇拜者。一九二五年他的加盟雖然進一步推動獅吼社的發展，但卻未能把刊物從不景氣中拯救出來，早在一九二四年底出至十二期後便宣告停刊。一九二六年一月，他們兩人又主編發行《新紀元》半月刊，但也只出兩期就停刊了。同年八月他們又推出「獅吼社同人叢著」──《屠蘇》（光華書局出版），但也僅出一輯就難以為繼了。而恰在此時（一九二六年六月下旬），邵洵美滿懷著唯美──頹廢的熱情從歐洲遊學歸來，他看到獅吼社出版的刊物，十分讚賞他們的觀點，於是他找到滕固。加入獅吼社。邵洵美的加盟可說是真正為獅吼社的發展開創了一個「新紀元」。論者指出，因為邵洵美不但有足夠的熱情，而且具有充足的財力──一九二七年他和清末最富有的大官僚盛宣懷的孫女盛佩玉結婚，新婚的妻子給他帶來巨額資財的同時，也傾全力支持他的文學創作和出版活動。

邵洵美原名雲龍，後來因為見到盛佩玉，十分愛慕，於是將自己的名字改為「洵美」，取《詩經》〈鄭風〉中「佩玉鏘鏘，洵美且都」之意。他的筆名有郭明、忙蜂、逸名、閒大、荀枚、初奮、黃華、邵年、紹文、浩文、邵浩平等，一九〇六年六月二十七日生，浙江餘姚人。其祖父友濂，曾繼劉銘傳為台灣巡撫。父親邵恒（月如）娶盛宣懷（杏蓀，一八四四～一九一六）的第四個女兒為妻。邵洵美有五弟一妹，他是長子，因伯父邵頤中年早逝，因此過繼給他。伯父曾娶李鴻章的女兒為妻，後早故，又再娶史氏，而嗣母史氏對洵美視如己出。洵美七歲入讀私塾，自小喜歡作詩。中學畢業後，升讀上海南洋路礦學校（交通大學前身）。一九二三年夏畢業，請其母向盛家求婚，十月與表姊盛佩玉訂婚，佩玉長他一歲。冬，出國留學，先到義大利。留學前佩玉曾給邵洵美織了一件白毛絨背心以為紀念，邵寫詩〈白絨線馬甲〉回贈，並發表在《申報》上。以後洵美在國外每到一處，都購買當地的風景明信片寄給盛佩玉，以表思念和愛慕之情。一九二四年二月，邵洵美抵達英國，入劍橋大學，專攻英國文學，對史文朋、莎茀、喬治摩亞、雪萊等人的作品，愛不釋手。而由於當時流行於歐洲的「世紀末」頹廢風還沒有結束，唯美主義還引動著青年的激情，邵洵美耽讀了波特萊爾、魏爾倫以及王爾德等人的作品，因此也走上了唯美頹廢之路。之後他又去法國巴黎修習美術，一九二五年並在巴黎組「天狗會」，與謝壽康、徐悲鴻、張道藩義結金蘭。一九二六年六月下旬返國後，於次年十二月二日與盛佩玉在南京大光明舞廳舉行婚禮，擇「新舊」合璧的方式，賀客盈門，盛況空前。

一九二七年五月，邵洵美主編發行了《獅吼》月刊，他在第一期的〈再生的話及其他〉說：「我莫名其妙地回國了，莫名其妙地認識了若渠（案：滕固）、水淇，又莫名其妙地碰見了克標、光燾；大家聚在一起，把軼出人們記憶的《獲吼》改為月刊繼續出版。」但只出版兩期後即停刊。一九二八年邵洵美開辦了金屋書店，並在同年七月又主編復活《獅吼》半月刊，至年底共出版十二期。一九二九年一月，由邵洵美、章克標共同主編的《金屋月刊》創刊。據章克標說，「金屋」這個名字的取義，既不是出於「藏嬌」的典故，也不是緣於「書中自有黃金屋」的詩句，而是由於一個法文字眼即「La Maison d'or」翻譯來的。而又由於邵洵美喜好英國刊物「黃書」（Yellow Book），該刊封面作金黃色，因此亦沿用作為封画。金屋書店所出版的書籍「是最精緻、最講究、價錢也最高昂的」，其中有滕固的短篇小說集《平凡的死》、《外遇》；邵洵美的評論集《火與肉》、詩集《花一般的罪惡》、譯詩集《一朵朵的玫瑰》、翻譯《我的死了的生活的回憶》、編譯《琵亞詞侶詩畫集》；章克標的翻譯《愛欲》、長篇小說《銀蛇》、短篇小說集《戀愛四象》、《蜃樓》；杜衡的翻譯《道連格雷畫像》、陳白塵的長篇小說《漩渦》等等。一九三〇年九月《金屋月刊》出至第十二期後停刊，獅吼社也解散。但在獅吼社基礎上形成的這個唯美──頹廢主義作家群並未停止活動，仍以邵洵美、滕固和章克標為中心，依托金屋書店及其後身時代圖書公司為陣地，繼續從事唯美──頹廢主義的文藝運動，直到三〇年代中期以後才漸漸分散。

從邵洵美的評論集《火與肉》所收的〈莎藤〉、〈史文朋〉、〈日出前之歌〉、〈賊窟與聖廟之間的信徒〉、〈高諦藹〉、〈迦多羅斯的情詩〉六篇文章，我們即可明瞭邵洵美的風格取向了。他在書中的〈自記〉中說：「這六篇短短的論文是我對於五位天才的一點敬意的表示〈史文朋〉是我前年在劍橋寫的：〈高諦藹〉是我最近從西門司的論文集中譯出的；其餘四篇都是今年寫的。〈賊窟與聖廟之間的信徒〉是我讀了馬藹（案：喬治摩亞）的《我的死了的生活之回憶》，一時有所感而寫的。尚有〈艷特蕾爾〉一文還未脫稿，只得待有機會再版時加入了。」至於做為邵洵美第一本詩集——《花一般的罪惡》，從詩集的名稱，就知是從波特萊爾的《惡之華》脫胎而來。學者解志熙指出，整部詩集只有赤裸裸的感官慾望和生命本能的宣泄，呈獻給讀者的是由所謂女性的「紅唇」、「舌尖」、「乳壕」、「肚臍」、「蛇腰」，直至女性的「下體」，所組成的「視覺之盛宴」，而唯一的主題即是鼓勵人們在頹廢的人間苦中及時行樂。邵洵美說：「人生不過是極短時間的寄旅，來也匆匆，去也匆匆，絕不使你有一秒鐘的逗留，那麼眼前有的快樂，自當盡量去享受。與其做一枝蠟燭焚毀了自己的身體給人家利用；不如做一朵白雲變幻出十百千萬不同的神祕的象徵，雖然會散化消滅，但至少比蠟燭的生命要有意義的多。」因此當這本詩集一出，他的友人在《金屋月刊》第一卷第二期，就這樣介紹說：「是輕靈的、嬌媚的、濃膩的、妖艷的、香噴的，而又狂縱的、大膽的，——什麼都說得出來，人家所不能說不敢道的。簡直首首是香迷心竅的靈葩，充滿著春的氣息、肉的甜熱；包含著誘惑一切的偉大魔力。」

獅吼社的創作傾向，大致可以一九二七年為界，前期雖有唯美的色彩和藝術至上的傾向，但作品中的時代精神還是比較鮮明的，其中既有對軍閥混戰的不滿控訴，也有對人生問題的迷惑、探討，以及因婚戀失意而發的自白剖析等，對傳統道德規範的挑戰，鴛鴦蝴蝶文藝的藐視和注重內心情感的抒發。此外，由於滕固、方光燾等同時還參加了創造社，因此他們的作品，無論從內容或藝術表現上，都比較明顯地受到郁達夫等作家的影響，他們追求浪漫主義的風格，提倡寫出「身邊瑣事」，作品的感傷情調也較為濃郁。而到邵洵美主持社務後的《獅吼》——《金屋》期；由於他個人對唯美主義文學的追求，以及這種追求和同人間原就具有的唯美思想的吻合，因此，唯美主義逐漸成為後期刊物的重要傾向。一九二九年一月，《金屋月刊》時，甚至標榜「不屬於任何派，而又超過任何派」的所謂「純藝術」。然而到後來除了唯美主義，也汲取了新感覺主義及象徵主義乃至現實主義的表現手法。

一九三二年四月邵洵美任「新月書店」經理。章克標在回憶邵洵美的文章提到：「志摩因為新月書店經營不佳，周轉不靈，感到資金短缺，希望洵美為新月招點新股份，幫助把新月書店振作起來，洵美也樂於幫助他們。他們之間的交情，更重要的應是對於詩的看法有共同之點。兩人經常談文論詩，日趨莫逆，交誼十分深厚，情同管鮑。」「洵美可以說是為了志摩的緣故而去加入新月書店的。時為一九三一年四月。他當然無法實幹，於是委託了林微音（案：海派的男作家）去上班，代行管理日常事務。志摩和洵美兩人擬訂了改革《新月》的辦法，要改變《新月》月刊的搖擺不定。他們先是想使《新月》側重文學藝術方面，少談政治，不參加爭權奪利，以省卻遭到許多麻煩，或者從這方面去打開出路，求得營業上的發展。但是這個設想提出之後，就被羅隆基一口否定。當時羅在編《新月》。他是熱心於政治的，不同意這種改變。」「新月書店改革的事情，因此議而不決，只能照舊拖延下去。洵美的設想，也因此落了空。不久徐志摩去北京所搭乘的飛機在山東濟南附近黨家莊的開山失事，志摩升天，洵美陷入於更加孤立的情勢，更加有力無用處，只好知難而退了。後來新月書店由胡適之同商務印書館談妥，歸商務接收，由商務出一筆錢，代新月清償債務，新月書店存貨全歸商務接收，新月書店出版的書冊可以由商務印書館繼續出版。這樣就結束了新月書店。」而在《新月》月刊刊行期間，徐志摩、邵洵美、陳夢家、方瑋德、方令孺等人於一九三一年一月二十日還在上海辦了一個《詩刊》。這個《詩刊》是季刊，開始由徐志摩主編，後由邵洵美接編，經新月書店發行。《詩刊》繼承《晨報副刊》的詩歌作風，在刊行過程中，曾培養出了陳夢家、方瑋德、卞之琳等有影響力的青年詩人。徐志摩死後，《詩刊》失去了領導人物，在一九三二年七月便宣告終刊，只出了四期。

做為一個出版家，邵洵美可說是興致勃勃的，他幫助徐志摩的新月書店，後來他也接辦張光宇、正宇兄弟及葉淺予的《時代畫報》。而也因此而成立「時代印刷廠」及「時代書局」。章克標這麼回憶的：「《時代畫報》那時用銅版印刷為主，封面及裡面的彩色插頁用三色版，製版和印刷都較麻煩，而且價貴。對於用紙的要求也高，因之成本就高。如改用影寫版來印，製版可以簡單些，用紙的要求也不那樣苛刻，可以減低成本。要同《良友》競爭，這是一條路，洵美下決心要辦一個影寫版的印刷廠，一方面是為印刷自家《時代畫報》，再是引進先進技術來推進中國的印刷事業。洵美果然變賣了一點房地產，向德國洋行訂購了影寫版的比較新式的印刷機。開辦了時代印刷廠。同《時代畫報》出版機構合起來名叫時代圖書印刷發行公司，即包括時代書局及時代印刷廠兩個部分。」一九三二年九月十六日邵洵美與林語堂合辦

《論語》半月刊，由林語堂主編，出版發行和一切雜務瑣事都由時代書店包攬，雜誌的盈虧全部由書店承擔。《論語》問世後，銷路意外地好。暢銷刊物編務繁忙。於是林語堂先請陶亢德來幫忙，後來又把他的三哥林憾廬也安排到編輯部。同時，林語堂又提出把自己的編輯費從每月一百元（案：前九期都沒有編輯費）增加到二百元。在林語堂看來，《論語》使時代書店發了點小財，書店給編輯多一點，也是順理成章的。而林語堂知道自己的要求在總經理章克標那裡肯定會碰壁，因此他越過總經理，直接向老闆邵洵美反應，邵洵美大方地允諾了。章克標當然不好公開反對，但日子一久，林、章之間的矛盾逐漸加深。正巧此時良友圖書公司準備辦刊物，林語堂便以承包方式為良友辦《人間世》，於是在二十八期後林語堂辭去編輯工作，改由陶亢德接編。而廣為流傳的說法都認為是林語堂和邵洵美發生了矛盾，學者施建偉指出。最主要是林語堂和章克標產生不快。除《論語》半月刊外，他們還出版《十日談》旬刊、《時代漫畫》月刊、《時代電影》、《時代文學》、《萬象》、《人言》周刊等。

魯迅曾罵邵洵美為「盛家贅婿」，並對邵洵美諸多攻擊。然而若就其身世而觀之，邵洵美的父親娶盛宣懷的四女兒為妻，邵洵美的伯父邵頤的元配夫人是李鴻章之女，邵洵美可說是生於官宦之家，而盛佩玉是盛宣懷長子的女兒，與邵洵美是表姐弟。邵、盛兩家原本都是有錢人，並不存在邵洵美高攀的問題。魯迅不厭其煩地提到富家女婿，並似乎認為因此而一切均無足觀，是不免淪為情緒上的「嘲笑」與「漫罵」了。盛佩玉在〈憶邵洵美〉一文說：「洵美婚前常去跑馬廳市政府，觀看外國音樂會的節目，也就認識了一些樂隊裡的外國人，由派栖介紹

年輕時的項美麗。

認識一位徐娘半老的交際家、外國婦女弗麗茨，再由她介紹認識英美菸草公司經理、英國人潑來斯和美國人斯密司，還有中國經理陳心惠。他們和洵美極為要好，每次請客必有他。有一次宴請梅蘭芳，席間表演，由洵美翻譯，特別講解了梅的表演的手指姿勢，使得賓主興高彩烈。美國女作家項美麗，經弗麗茨介紹，來過我家。她要寫作，但不懂中國的一切，全靠洵美翻譯。她要寫本《宋氏三姊妹》。洵美便陪她訪問宋慶齡。宋慶齡果然拿出了不少資料和照片。這些中文資料全靠洵美翻譯給她聽。這位女作家的英文名字是Emily Hahn，也是由洵美為她譯成中文，叫項美麗。項美麗的英文本《宋氏三姊妹》出版後，洵美請顧蒼生協助項美麗譯成中文本出版。項美麗的書很厚，她寫了感謝邵洵美幫助的話。我家保存的這本書在文化大革命時遺失了。我想，宋慶齡同志家裡可能會保存這本書。」（案：《The

Soong Sisters》一書，後來又有新譯者，為一九八五年由李豫生、靳建國、王秋海譯，新華社出版社，書名改為《宋氏家族——父女、婚姻、家庭》。另章克標說：「盛家同宋家，向來有交情，宋靄齡年輕時，曾為盛家家庭教師，教過洵美的幾個姑母英文，宋子文也常去盛家……因之，項美麗有別人所難以得到的珍貴材料。」）

項美麗生於一九〇五年的美國中西部的聖路易城，畢業於威斯康辛大學，獲採礦工程學學位。一九二八年任教於紐約亨特女子學院，並開始寫作，因投稿《紐約客》周刊而被聘為特約撰稿人，而且終其一生。根據巴宇特的〈項美麗——上海——邵洵美〉一文，談到項美麗到上海後，成熟了許多，也更加喜歡冒險。她有過很多情人，沙遜、邵洵美只是知名的幾個。項美麗有一點像美國畫家John Singer Sargen筆下的Madame X，Madame X本來是美國人，嫁到歐洲，炫耀起自己的魅力比歐洲人還要賣力。中國不是歐洲，項美麗比Madame X要平易近人得多，但她的欲望也有一種咄咄逼人之勢，並不在乎有沒有固定的對象。項美麗喜歡去有身分的女人不敢單獨去的地方，比如舞廳和舊貨市場。有一次，她突發奇想邀了一個女友一起去一個叫Frisco的舞廳體驗舞女的生活，當時伴舞的女郎叫Taxi dancer。項美麗從走進舞廳的那一刻就意識到她和女伴的裝束和氣質與其他的舞女迥然有別。真正的舞女的腋下、胸前都浸滿了汗跡酒漬，而舞場內的水兵與軍人們也一眼看出她們是冒充的。不過，項美麗還是堅持跳了一晚上，把賺來的舞票分發給被她們搶了生意的舞女們了事。她更離奇的經歷是結識一位妓女Jean。Jean會講日語，與專門做日本人生意的娼家關係很好。通過Jean，項美麗假裝成被中國丈夫拋棄了的王太太結交了Louise，本來只想了解一下妓女的生活，沒想Louise堅持要給項美麗介紹生意，而且窮追不捨，險些無法脫身。另外在南京危急之時，項美麗和女伴帶著舞衣和舞鞋，冒生命危險，穿過火線，進入圍城去跳舞、狂歡。項美麗和邵洵美一樣，有著好奇的性格。項美麗染上鴉片後，邵洵美喜歡拉起她那薰黑的手指向客人炫耀：「看，外國女人的手上也有菸漬。」從一九三五年到三七年，項美麗住在上海江西路。那房子連屋頂一起漆成了綠色，三面牆上另覆蓋一層金屬編成的網罩，花案呈竹葉狀，從剝落的油漆可以看出以前是銀色的。這個與邵洵美共築的「愛巢」，因離市中心近，邵洵美便經常在這裡會見客人，接待朋友和處理生意。項美麗住在這裡的幾年裡，大部分時間是在社交和寫作。她曾擔任North-China Daily News的編輯，替《紐約客》、《天下》寫稿，並在美國出版了一部題為《婚外戀》的小說，還有一段時間裡在大學教英文，收入頗豐，足以維持她日常開支和奢侈的鴉片消費。她在這裡結交了不少文人，有溫源寧、葉秋原、全增嘏、郁達夫等。一九三五年九月一日，邵洵美創刊了一份中英合璧、圖文並茂的畫報——《聲色畫報》，他請項美麗擔任主編，後來改名為《聲色周報》，它與《時代畫報》、《論語》半月刊同於一九三七年的「八・一三事變」後停刊。

項美麗和邵洵美的感情發展得很快，也造成很多衝突和波折。據巴宇特的文章說，一九三七年，項美麗在一封家信中說，邵洵美「變得不能自持，甚至於談到離婚」，要和項美麗結婚。項美麗表示躊躇，在同一封信中寫道：「我實在很愛這個傻小子，但（結婚）無異於用水銀打彈子（意指太不穩定了）。」可見，一向務實的項美麗對於兩人的差異有比較明確的認識，再加上這時項美麗對於穩定的婚姻生活並沒有思想準備。是戰爭成全了這對情人。一九三七年底日軍兵臨城下，有錢的外僑紛紛逃離上海，項美麗也惶惶不能終日。這時邵洵美夫婦共同商量把她娶進門來，如此她將可名正言順成為邵家一員，提供了她的安全保障。而項美麗也協助過邵洵美的，據章克標說：「八一三戰爭已發生之後，項美麗為洵美設法，通過租界工部局關係，才能去把時代印刷廠的設備、器材和印刷機都拆卸了下來，運到了徐家匯租房子作棧房保存起來。八・一三滬戰膠著了幾個月，洵美也像在一・二八時那樣出了臨時性的報刊，由項美麗出面作發行人。並且還出了《自由譚》及英文本的Candid Comment《公正評論》。這些宣傳抗日的報刊，都由她出面作發行人，因為當時租界情況特殊，中國人不能出刊物。」而一九三九年項美麗在拿到美國道倫出版公司，預付給她的《宋氏三姊妹》的稿費後，她和邵洵美雙雙到了香港，他們採訪宋藹齡後，擬赴重慶採訪宋慶齡及宋美齡。奈何因盛佩玉來信頻催，邵洵美也因出門既久思念上海，兩人只得在香港話別，而相處四年的異國伴侶就此分手了。

而據章克標的說法，是這期間邵洵美還有一個情人叫陳英梅的。而在抗日戰爭爆發前，他們就同居了。一九四九年解放後，她看到邵洵美生活困難，她回到她老家去做農民，並得到她母親和哥哥們的幫助，在農村扎了根，並養活幾個孩子。然而當她聽到邵洵美身體不好，而夫人盛佩玉又非到南京不可，於是她獨自一人回到上海照顧邵洵美，而等農忙時她再回鄉下。

而據林淇的文章說，項美麗到達重慶，搜集好《宋氏三姊妹》的材料後，於一九四一年重回香港，然後她愛上一個已婚的英國軍官鮑克瑟少校，兩人由相愛而同居。在香港淪陷後，兩人都被關進「敵僑集中營」，達兩年之久，直到一九四三年十二月美、日交換僑民時，才被遣返美國，定居紐約。一九四六年初夏，邵洵美受國民黨CC派領袖陳果夫之託，以赴美考察電影特使名義，去美國購買電影器材。他逗留美國半年，遍訪中外親朋好友，在紐約，他與項美麗久別重逢。分離七年的一對舊情人自有說不盡的離情別緒。鮑克瑟此時也被邀參加他們的剪燭夜談，鮑克瑟還似假還真地指著項美麗對邵洵美道：「邵先生，您這位太太我代為保管了幾年，現在應當奉還了。」邵洵美笑答說：「我還沒有安排好，還得請您再保管下去。」一番對話聽得項美麗前俯後仰狂笑不止。但邵、項兩人自此次會面後，終其一生再沒有見過面，因為兩年多後，中國大陸解放了。

一九五四年，邵洵美因秦鶴皋之介，為上海出版公司翻譯馬克吐溫之《湯姆・莎耶偵探案》。一九五七年八月他翻譯出版雪萊的詩劇《解放了的普羅密修斯》，繼而翻譯印度泰戈爾的《家庭與世界》、《兩姊妹》、《四章書》，後因中、印關係惡化而未能出版。一九六三年，費時三年譯成拜倫之諷刺詩《青銅時代》、雪萊之《麥布女王》。二稿譯畢後尚未出版（歿後由譯文出版社印行），即著手翻譯英國艾米莉・勃朗特的《咆哮山莊》，然僅譯出一半，即遇到文化大革命，被迫停止，譯書一停，生活即陷入困境，引致哮喘病加劇，一度休克，經檢查結果，發現患有肺原性心臟病。於一九六八年五月五日因病去世，得年六十三歲。

而項美麗於一九四六年底與邵洵美分別後，五十年來，一直都在寫作，《紐約客》提供她一間寫作間，她幾乎每天來這裡伏筆疾書，七十年的寫作生涯，她寫了八十多部書，包括小說、傳記、兒童讀物等等。在著作等身中，她沒有忘懷邵洵美，因為其中就有一本名為《MY Chinese Husband》（我的中國丈夫），寫她和邵洵美的一段異國情緣的。項美麗在一九九八年逝世，享年九十三歲。

浪跡一生只為愛
——蕭乾的感情世界

在中國現代文學中，蕭乾無疑的是個多面手，他編副刊，他當記者，他寫小說，他搞書評，他弄翻譯，樣樣都做得有聲有色。尤其在晚年他自覺「五七反右」、「十年文革」剝奪了他手中的筆，讓他耗費數十年的大好時光，他要用他生命僅餘的光陰，「跑好人生最後一圈」。因此他不顧老邁而有病的身體，他馬不停蹄地奮筆直書，他出版了他的人生回憶錄、文學回憶錄、文集，甚至還和老伴文潔若翻譯了被視為「天書」的《尤利西斯》。然而不幸的是，一九九九年二月十一日這位現代文學的巨匠，卻病逝於北京醫院，享年九十歲。

在蕭乾的回憶錄和回憶的文章中，我們大體可以瞭解到他一生所扮演的各種角色及在各階段的成就，但唯獨在感情生活方面，回憶錄總有些語焉不詳，蕭老是有意無意的避開一些話題，而在幾次的拜訪中，在輕鬆閒聊之餘，蕭老話到嘴邊，但終究還是一語帶過，因此本文除就回憶錄中所提及者，還參考傳記作家李輝的《蕭乾傳》及追隨蕭老多年的青年學者傅光明先生所聽聞的一些資料，草成此文，庶幾可以明瞭蕭老一生的感情世界。

話說一九二八年的冬天，還有半年就可以高中畢業的蕭乾，卻被崇實中學以「鬧學潮」為

蕭乾與問潔若1954年攝於作協宿舍。

名將之開除，又加上得知上了市黨部的黑名單，於是他跟隨潮州籍越南僑生趙澄倉皇離開北平南下，經上海前往廣東汕頭，化名為蕭若萍，並假冒燕京大學國文專修班的學歷，在角石鎮角光中學謀得到國語教員的職位，每天上課六小時，從初一教到高三。若萍為在學生們中間推廣國語，成立了「天籟團」的組織，上演契訶夫的獨幕劇《求婚》，請了鄰近師範學校長著一對秀麗如水的眼睛的蕭曙雯姑娘擔任女主角。化好妝，穿上楚楚衣服的雯，簡直是天底下最漂亮的女人，白皙紅潤的臉上滿是母性的笑容，連憤怒時也變得美麗，低開胸的上衣使少女的胸脯微露出一牙瑩白，苗條的身段顯得那麼飄逸娉婷，這分明是茱麗葉的化身了。演出獲得成功，若萍為雯出色的表演所傾倒，三天以後，在一片寧靜的芭蕉林裡，「天籟團」開了個慶功的茶會。若萍一曲清涼的北京民謠「小白菜」，竟唱得隱在芭蕉葉下的雯嗚咽起來，它勾起了雯的傷心往事。原來雯的爺爺是北京旗人，光緒年間來到嶺南，娶了一個當地女子，便在這裡安家立戶了。雯的父親是一個荒唐而狠毒的人，常常毒打她的母親。母親忍受不了，撇下她，自殺身亡。沒多久，父親娶了後娘，後娘更加歹毒。雯小學一畢業，後娘就要將她賣掉，於是雯只好靠一位四十多歲的當地富商接濟上學，這個富商財大氣粗，是船運公司的老闆，還是黨部的委員、角光中學的校董。相同的命運、飄零的身世，使兩個懷春的少男少女一見鍾情，心心相印。

次年六月，蕭乾因怕假學歷會被人戳穿，決定離粵北上，報考燕京大學國文專修班，「圓了這個謊」。臨行，他和雯來到刻著他們名字的那棵苦奈樹下，信誓旦旦，握手相約：等掙夠錢，還清劉校董的債務，他們將一道遠走南洋。蕭乾剛離開不久，那面善心惡的劉校董就開始逼雯為妾。為把雯從火坑中救出，蕭乾借了點錢先寄去，但結果卻被原件退回。於是蕭乾再度踏上感傷的行旅，千里迢迢趕到汕頭，費盡艱辛才在一所偏僻的學校找到雯。而本來雯答應和他一起出逃，但是，就在動身的那天，她改變了主意，留下一封信，再也沒和蕭乾見画。信是這麼寫著：「我無法同你走，原諒我，我有種種走不得的原因。見此信，你務必乘原船即刻離埠，我擔心你的安全。如你心上還有我時，答應我這回。最後的一回了，一個女人不值一條命。」面對這突如其來的改變，令這個二十歲的青年幾乎要發瘋。他哪裡知道，就在動身的前一天，劉校董找到雯，威脅她要把蕭乾抓起來。她知道在汕頭這個偏僻的地方，到處都是劉校董的勢力，隨時都可能將他倆置於死地。於是她強忍著痛苦，寫下這封飽含深情和哀怨的信，一大清早，她噙著淚花，離開正在夢中品嚐未來幸福的蕭乾。而後來在一九三八年蕭乾出版了長篇小說《夢之谷》，即是根據這段痛苦經歷寫成，他還把雯「描繪成一個沒有靈魂、無情無義的女人」，直到一九八六年蕭乾才得知真相，錯怪好人。原來雯還活著，當年她沒有同劉校董結婚，而是和一位貧苦人成了家。之後，生活窮困潦倒，一直當小學教員直到退休。她住在汕頭一間與公共廁所相鄰的窄小而晦暗潮濕的房子裡，文潔若（蕭乾的現任夫人）以北京編輯記者的身分去採訪《夢之谷》的女主角，蕭乾沒有去，儘管他下榻處與雯的家近在咫尺。但他說：他更願意在記憶中保留雯年輕時的美好印象。衰老也許會改變一切。而雯也是《夢之谷》的讀者，她沒有忘記蕭乾，她還清晰地記得那短暫而美好的日子。回到北京後，蕭乾和文潔若他們請汕頭有關部門改善雯的住房問題，雯搬進了新居，或許她不知道那是蕭乾暗中的幫助！這是後話了。

一九二九年秋，蕭乾考入燕京大學國文專修班。次年他結識了燕京大學的高君純，也就是沈從文給蕭乾的信中所稱的「高小姐」。很快他們兩人就相愛了。君純的哥哥是位畫家，曾和徐悲鴻一同在法國學習繪畫。那時蕭乾經常就睡在她哥哥的畫室。蕭乾後來發表在天津《大公報》副刊的小說處女作〈蠶〉裡的女主人公梅，就是以君純為原型寫的。但君純是個性很強的女孩，每當蕭乾帶了發表作品的喜悅想要和她分享時，她總是冷冷地挑出各種的毛病和不足，她似乎看不上一切的新文藝。而面對她類乎超凡超俗的聖者哲學，蕭乾常感到她不是自己的戀人，而是一位嚴師甚或是督察。比起君純的完美，蕭乾似乎更愛好粗陋的生活，他愛擠在臭味噪鬧的人群中逛廟會，他愛泡在茶館裡吃著熱騰騰賽栗子的鍋焦，聽那放蕩不羈的笑聲，甚至偷偷學幾句弄不順嘴的粗話。但這些都不是君純所能接受的，於是兩人因個性不合而分手了，那是蕭乾的第二次失戀。

一九三五年秋，蕭乾和畫家趙望雲採訪完魯西的水災，返回天津《大公報》報館。經趙望雲的介紹，蕭乾和「小樹葉」由相識到相知，很快相親相愛了。「小樹葉」原名王樹藏，她剛出生母親就病故，從小一直和奶媽生活在一起。後來等她長到十六、七歲，父親娶了個和她年齡不相上下的繼母。她和父親間的關係漸漸淡漠、疏遠、隔閡。她一個人離開令她窒息的家庭，從保定來到北平，在一所女子中學讀書。蕭乾與「小樹葉」漫步在北海的湖堤。他們之間沒有詩人筆下的浪漫和纏綿，一切平靜順利的發展，像風中的落葉無一例外地飄向大地。他們終於結合在一起了，簡樸的婚姻在南京由「小樹葉」的叔父主持的。蕭乾感受到一種久別了的輕鬆和幸福。外界的紛亂、時局的動蕩、文壇上喋喋不休的爭辯、報館裡緊張的採訪編稿，他都努力忘掉它們。在遠離喧囂的中山陵的濃蔭下，他們相互依偎在一起，於幽靜中感受只屬於他倆的甜蜜。

蜜月剛剛結束，蕭乾還陶醉在愛的溫馨中，他的「小樹葉」卻遠渡重洋，到日本留學去了。「小樹葉」是個求知慾很強的姑娘。婚前她就提出到日本學習的願望。婚後的蕭乾雖然不願過那種孤寂冷清的生活，但為了達成「小樹葉」的願望，還是主動幫她聯繫了去日本學習。當時蕭乾已被派往上海籌備《大公報》上海版。那天，他到上海碼頭去送「小樹葉」，兩人依依難捨，揮淚而別。這期間由於蕭乾的建議，《大公報》舉辦文藝獎金評選，選出蘆焚的《谷》、曹禺的《日出》、何其芳的《畫夢錄》，分獲小說、戲劇、散文大獎，成為開報紙設立全國文藝獎之先河。另外這期間，蕭乾也完成他的長篇小說《夢之谷》。不久，蘆溝橋的槍炮聲打破了蕭乾寧靜的創作生活。他奔赴戰地採訪，在硝煙繚繞的田野上，他看到了中華民族不屈的靈魂在升騰。「八一三」淞滬戰爭爆發後，他又以戰地記者的身分出現在淞滬前線。使蕭乾感到驚喜的是，正當他為中日開戰而擔心遠在日本的「小樹葉」時，她竟突然地又一次降臨到他面前。蕭乾急切地把分別一年的她擁進自己的懷抱……。然而民族的悲劇仍在牽動著蕭乾的心，他不能陶醉在卿卿我我之中。安頓好「小樹葉」，他又一如既往地跑前線、寫通訊。然而這時，一個無情的現實向他襲來。由於上海《大公報》面臨困難，報社決定裁員，蕭乾亦名列其中，終於他以沉重的心情離開他曾全心投入的工作。

為了生計，蕭乾不得不攜「小樹葉」顛沛流離。南京、漢口、昆明，彷彿一個個長途跋涉的驛站。失去正式職業的蕭乾只有靠微薄的稿費支撐兩口之家。一九三八年八月，胡霖突然從香港發來電報，一為去年在上海遣散同仁深表歉意，二是要他立即赴港，共籌香港《大公報》。胡老闆的電報驅散了蕭乾陰暗的心情，他決定立刻奔赴香港。在得知蕭乾的決定之後，「小樹葉」既為蕭乾的事業而高興，又為彼此的分別而傷感。她好像有種預感，丈夫的此次千里之行，不僅是拉開他們的時空距離，而且還產生了一種使她難以言狀的憂慮和不安。

當蕭乾從昆明抵達香港之後，很快就進入了香港《大公報》緊張的籌備創刊工作，由於先前豐富的工作經驗，報紙很快就與讀者見面了。而當報紙工作進入正常運轉之後，蕭乾經人介紹到一位瑞士教授家教漢語，自己同時也向他學法語。就在教授家，蕭乾認識了教授的乾女兒、四川籍姑娘雪妮。雪妮出生於富裕的家庭，優裕的生活條件和環境形成了她活潑樂觀的性格。每當蕭乾在教授家授課時，她總是坐在一旁，瞪著黑汪汪的大眼睛，目不轉睛地盯著他看。毫無顧忌的眼神既有敬慕又有愛意的成分。她酷愛音樂，客廳中的一架斯特勞斯鋼琴，是她每天必須演奏的。從她手指中流淌出來的旋律總是那樣沁人和悅耳，她還有一副清脆甜潤的嗓子，與之所至，她往往自彈自唱，陷入一種自我陶醉之中。伶俐乖巧、活潑可愛、琴聲、歌聲……，這一切有股巨大的吸引力，深深吸引著蕭乾。

蕭乾意識到一個令他興奮又令他恐懼的實事，那就是他愛上她了。而雪妮也愛上了蕭乾，他的才氣、他的博學，他的熱情，甚至他講課時的神態，無不令她心動。蕭乾從雪妮那裡獲得了一種從未體驗過的興奮，一個與含情脈脈的「小樹葉」性格迥異的女性，讓他產生不可遏抑的衝動。但當他意識到眼前這種感情的危險時，他又想冷靜下來，擺脫它，但往往又無力自制，他陷入矛盾痛苦中。終於有一天，雪妮以一個女孩子少有的主動向他提出結婚的要求。他一下子從混沌般的狀態下清醒過來。面對雪妮含情脈脈的眼光，他負疚地搖了搖頭，他不管雪妮的驚詫，突然奔回報館。蕭乾決定回避她，忘掉她，儘管這是痛苦的。然而當雪妮趕到報館時，蕭乾一觸到她的目光。他的一切決心，都化為煙消，這時他才發現，在他心中。雪妮已占著比「小樹葉」更重要的份量。他只有一種選擇，與「小樹葉」離婚。儘管他自己也非常震驚這樣的選擇，但他更清楚，唯有此才能解決問題，於是他對雪妮說明了自己的想法，並讓她等著他。

不久，蕭乾受報社委派赴內地採訪滇緬公路，他希望藉此行和在昆明的「小樹葉」解除婚約。他懷著忐忑不安的心情踏上了行程。在昆明，蕭乾與「小樹葉」重逢。他詳細地講述了雪妮的情況，她的熱情、活潑；她的琴聲、歌聲；她的……。「小樹葉」慢慢明白了蕭乾的最終目的。她極力抑制內心的傷痛，強作鎮靜地對蕭乾說：「你不要管我，只要你幸福你就去做。」話未說完，淚水已奪眶而出。她怕自己失態，扭頭就奔出室外，往學校方向跑去。蕭乾本能地衝出室外，緊追幾步，但又突然而止。他久久佇立在夜色中，像一座沒有生命和感情的雕像。蕭乾向善良、忠厚的「小樹葉」攤牌了，他為此遭到諸多好友的譴責。楊振聲和沈從文對他發了火。巴金更是不留情地訓斥他，甚至到了晚年，有時還在信裡責備他與「小樹葉」的分手。在蕭乾奔赴滇緬公路採訪的行前，他又匆匆與「小樹葉」見了面，約定等返回香港後，請「小樹葉」也到香港去，在那兒商定離婚事宜。

一個多月後蕭乾完成採訪任務，回到香港，他帶回「小樹葉」同意離婚的消息，使在焦慮、急切中度日如年的雪妮，沉浸在即將獲得幸福的那種喜悅之中。而有一天，蕭乾接到「小樹葉」從昆明的來信，告知他一星期後將抵達香港。結束這場感情的最後時刻就要到了，蕭乾不免有些緊張和悲愴。一陣輕輕的風，把「小樹葉」吹到香港。蕭乾非常客氣地接待她，他們之間有著彬彬有禮的距離感。「小樹葉」表現得從容、平靜和大度，沒有一點悲傷的痕跡，或許她已調整好一度失衡的心境。蕭乾執筆給「小樹葉」的父親寫了一封信，然後讓她和自己共同簽名。信中蕭乾寫道：婚後和睦、從無口角、只是相互不親……。她平靜地簽上名字，像平時給蕭乾寫信的簽名一樣認真，只是昔日娟秀的字體，而今略顯潦草。隨後蕭乾又與她商量，在香港報刊刊登離婚啟事，這是當時通常的離婚方式。「小樹葉」亦無異議。只是當晚蕭乾突感「小樹葉」面臨如此巨變，卻異乎尋常的平靜，是否是種萬念俱灰的表現呢？為免發生不測，蕭乾隔天一早告知「小樹葉」取消刊登離婚啟事的決定，改由她回昆明後拍封同意離婚的電報來，以後再登。然後不敢讓「小樹葉」單身回去，免得她在船上跳海，幾天後他找到一位回昆明的朋友，護送她回去。輪船啟動了，「小樹葉」依偎在船舷上，依依不捨地注視著蕭乾，此去一別，她將永遠失去了他。

「小樹葉」回昆明了。電報來了，卻不是蕭乾期待的內容，而是令他惱怒的四個字：堅決不離。他沒想到平靜地答應一切的「小樹葉」，會突然發生這麼大的變化。難道她過去的表現全是假的，難道什麼人阻撓了她？他像一頭困獸，無目的地在房間轉來轉去，他恨不得一下子飛到「小樹葉」面前，找她問個究竟。而雪妮則在一旁哭泣，她痛苦地看到自己作的美夢，被碰得粉碎，滿懷的希望頓時化為碎片飄落。而這時蕭乾收到英國倫敦大學東方學院的邀請信，請他前往那裡擔任中文系的講師。這一邀請，得到了胡霖的支持。胡霖敏感到歐洲即將動盪的局勢，需要一名得力的人為《大公報》撰稿，他答應為蕭乾付路費，條件是他得為報社撰寫通訊。蕭乾安慰一旁啜泣的雪妮說，他先到英國後，再與「小樹葉」聯繫，等把這事辦妥了，就接她到英國去。雪妮不置可否。此刻她亦理解蕭乾的心情亦體諒他的難處，但她卻很難接受眼前的事實。蕭乾的建議雖不理想，但眼下也只能如此，她用一種幽怨的眼神看著蕭乾，想說什麼，但什麼也說不出。離婚不成，又不能同雪妮結婚，這種處境令蕭乾十分難堪，而擺脫這種窘境的唯一辦法，就是到一個遙遠的國度去尋找暫時的安寧。也就是說「小樹葉」的電報，逼得蕭乾盡快離開香港，離開了雪妮。就在蕭乾離港的這一天，德國軍隊突擊波蘭，第二次世界大戰全面爆發。而這一切，蕭乾並不知曉。輪船以加快的速度，載著蕭乾向戰火中的歐洲駛去……。蕭乾作為《大公報》特派記者，前往英倫，一待就是遙遙七載。後來雪妮去了瑞士，從此音信全無。當蕭乾一九四四年在英國準備隨盟軍馳騁西線的時候，他聽說已經改嫁的「小樹葉」已是幾個孩子的母親，而雪妮也已經當了媽媽的時候，那種空虛和悵惘，幾乎使他痛不欲生。

一九四五年八月十日，倫敦艦隊街，《大公報》駐英辦事處。蕭乾聽著廣播：日本投降了！他興奮得捲起手中漫不經心翻看的報紙，從椅子上蹦了起來，爬到房頂，掛上了中國國旗，和平的一天終於到來了。謝格溫手捧一束鮮花走進辦事處，向蕭乾祝賀中國抗日的勝利。這位在上海出生、倫敦長大、父親是中國人、母親是英國人的漂亮女孩，剛從牛津大學畢業不久，最近成了這裡的常客。雖然她不會說一句中國話，卻對中國的一切感到神祕，感到興趣。她嚮往雄偉富麗的紫禁城；氣勢雄渾，綿延萬里的長城；美若仙界的杭州西湖……蕭乾在她心裡勾畫出一個詩意而浪漫的祖國。格溫，漸漸喜歡上蕭乾，愛上了蕭乾，愛上了中國。又變得孑然一身的蕭乾很快接受了格溫的愛。他們常在入夜的燈火輝煌時分，親密地挽著臂彎，悠然漫步在泰晤士河畔，任河水把溫柔的戀情流向遠方。

蕭乾是在一九四六年回到上海後和格溫結的婚，婚後雙雙應聘在復旦大學教書，過了一段寧靜的日子。漸漸地，格溫發現這裡不是她想像中古樸、恬靜的中國，國民黨的特務無端地搜查，常令她感到恐懼，有時擁著被子一夜睡不著覺。她已好幾次鬧著要和丈夫離開上海，返回英國定居。而蕭乾在《回憶錄》書中提到「一個歹人輕而易舉地就破壞了我這個風雨飄搖的家」，那是在格溫生鐵柱（蕭馳，蕭乾的長子）時的事。當時接生的是位年近半百的王醫生。他一下子就被格溫的美貌吸引了，於是故意誇大難產的危險，似乎只有他的神醫妙手才能保住格溫的命。格溫自然把他當成了救命恩人。他起初一直以「乾爹」的方式愛著格溫。生產後，他堅持把她留在家裡，說如回復旦，隨時會有生命危險。而此時復旦已開學，粗心的蕭乾只好把太太留在另一個男人家裡。孩子尚未滿兩個月，最壞的事情發生了。這對蕭乾而言猶如晴天霹靂，因為他實在深愛格溫。蕭乾克制著，冷靜地答應，只要王醫生放了格溫，讓她回到他的身邊，他將不追究這件事。蕭乾也與格溫談了一夜，讓她考慮再三。但是在往後的三個星期裡，幾乎每天都是王醫生把她接去「考慮」。最後是王醫生的太太死活不同意離婚，才使他未能如願和格溫結合。當時還有份小報諷刺蕭乾「賠了夫人又折兵」。蕭乾忍受被戴綠帽的痛楚，為了孩子他曾極力勸說格溫，希望挽救婚姻，但「一九四八年春（案：當為一九四七年十一月），格溫和我離婚後隻身返回倫敦，留給我一個七個月的娃娃。」蕭乾並把在英國出書的版稅大部分給格溫。解放以後，蕭乾還一度每隔三個月給格溫寄一次孩子的照片。

一九四八年初，以中饋猶虛，「蕭乾很快又一次安家」。蕭乾的第三個妻子叫梅韜。還在蕭乾與格溫結婚不久的一九四六年，經友人介紹，梅韜找到曾任復旦教授的蕭乾，打聽有關去英國的事兒。蕭乾是個懼怕孤獨的人，和格溫分手時已年近不惑，更難以忍受情感的真空。不過，蕭選擇梅韜，還因為她做過子宮手術，不能生育。他以為這樣，婚後她會對鐵柱以更多的母愛。而事實上鐵柱和這位繼母的關係還不錯。蕭乾對梅韜也是從外貌愛上的，他們婚姻是速成的，沒有很牢靠的感情基礎。蕭乾當時只惦著有個家，而梅韜當時大概是把蕭乾日後的地位估計得過高。她指望蕭乾往後飛黃騰達，她也可以做起舒舒服服的官太太。可惜解放以來，蕭乾只是一般的文化幹部，而且尚是被懷疑的對象。因此到了一九五〇年，梅韜突然對蕭乾變得冷淡粗暴起來，以前的溫柔繾綣全飛到九霄雲外。土改期間，蕭乾外出採訪，曾在昏暗的油燈下給她寫過萬言的長信，希望別再離婚（梅是蕭乾的第三任妻子，蕭是梅的第四任丈夫）。梅韜不回信。那時，她已愛上一個日本華僑。一次，梅韜給蕭乾一張戲票，要他去看梅蘭芳的京劇。蕭乾到了劇場才發現梅韜正和那日本華僑坐在前五排的座位上喁喁私語。蕭乾氣憤地沒等梅蘭芳出場，就離開了劇場。使蕭乾最不能容忍，並終於下決心離婚，是在鬧離婚的那天晚上，梅韜說她從來就沒愛過蕭乾，現在不會，以後也不會。這是蕭乾接連被第二個女人所遺棄。

一九五四年五月一日蕭乾與文潔若在北京結婚。文潔若，貴州貴陽人，一九二七年生，一九五〇年畢業於清華大學外語系，一九五一年任北京人民文學出版社編輯。在出版社為校

1954年5月1日，蕭乾與文潔若結婚。

對譯稿，她結識了蕭乾，並經常向他請教翻譯上的問題。天真、單純、還沒有交過男朋友的少女，一下子被漂泊闖蕩了半世的「江湖客」吸引了。已屆中年的蕭乾又一次陶醉在愛的溫馨與憧憬中。婚禮再簡單不過了，一輛三輪車從東四八條蹬出，上邊坐著文潔若，還是當天上班時那套藍列寧裝。兩條小辮紮著藍毛線，腳下是半新不舊的小皮箱，看樣子好像要去出差。蕭乾騎著自行車帶路，他們一起來到東總布胡同的宿舍，除了那雙人床是用過多年的，寫字檯和椅子都是向公家借的，此外再也沒有什麼了。只添了杏黃和水綠色的兩床棉被，和寫字檯擺著老友嚴文井送來的一盆菊花，顯示出新房的喜氣。新婚之夜，文潔若還在燈下看著等著送到印刷廠的譯稿校樣。婚後，兩人照常上班，沒請一天婚假，一切都是那麼平靜、美好。

一九五七年，蕭乾被打成右派。文潔若非但不像許多「右派」夫人那樣，同丈夫劃清界限，甚至離婚；而是用愛的奉獻支撐起在風雨中沉淪飄搖的家。她曾鎮定異常地對蕭乾說：「天塌了，地頂著！」表現出常人難有的勇氣與毅力。所有蕭乾的批鬥會，她被規定必須到場。她總是陪著丈夫一同進入批鬥現場，面對各種誣告、栽贓，她自有她的一番看法：倘若你幹了小偷小摸的行為，或者幹了叛黨叛國的事，我絕不手軟，一定親手把你綁到法院去。如今，你是寫了不合時宜的文章，吐出了肺腑之言，你有錯，但不是罪，更不是敵人。一九五八年四月，蕭乾下放農場，文潔若日夜兼程從山海關趕回北京，面對領導「十年八年或許才能回來」的警告，文潔若毫不猶豫地對丈夫說：「你安心下去，甭說十年，一輩子我也等你！」。一九六一年元旦前夕，文潔若接到蕭乾的來信，說近來身體不適。這使文潔若心中很不安──三年都過去了，已經風聞上邊要抽調蕭乾回北京搞翻譯，怎能在這時生病呢？她當即決定，放棄元旦帶孩子出去玩的計畫，改去農場。火車到唐山時，已是下午四、五點鐘了。文潔若背著一袋慰問品，趕到汽車站。平時有長途汽車通往柏各莊農場，可是除夕和元旦停開了。眼看太陽西斜，朔風凜冽，她心急如焚，幸虧遇到一位熱心的司機，願意載她一程。大車顛簸著衝向暮色的前方，文潔若瑟縮地蜷身在寒風中，兩手很快就凍僵了。到達柏各莊已是漆黑的深夜，文潔若下車後，背起行囊，打聽好農場的方向就要走，還是好心的老鄉勸阻了她。第二天一早，文潔若步行了兩個小時，來到農場。當她突然出現在蕭乾的屋子裡時，一下子爆出了驚異的呼聲，蕭乾的內心流淚了。

調回北京之後，蕭乾和文潔若過了一段相對安穩的日子。可是好景不長，文革的風暴一來，蕭乾又徹底絕望了。他不忍目睹家人為他受盡批判、辱罵，不甘蒙受肉體的痛苦和精神的折磨，終於有了以死亡撞擊命運的念頭。一九六六年九月四日凌晨，他坐在家裡，呆呆地出著神：「就這麼去了？孩子和潔若怎麼辦？她本是那麼柔弱，結婚十二年來，跟自己沒過幾年好日子。她當時正當豆蔻年華，而自己已是離過三次婚的男人，政治前途一點也不光明，這樣一個靦腆、年輕又聰慧的女孩子，居然不顧眾人的勸告，執意嫁給自己。這真是命運的安排嗎？」「這幾年，家庭的重擔幾乎全壓在了潔若一人身上，她奔波於自己和孩子們之間，像隻老母親似地盡可能使家庭中每一個成員都過得像個樣子。她為自己受了那麼多牽累，自己卻是束手無策。」「如今，這個在風雨飄搖中慘淡經營的家再度陷入動盪。家已被砸得稀巴爛，多年辛苦搜集的歐洲版畫也被撕得粉碎。胡同的垃圾堆上已出現了六具屍體，據說有的還沒斷氣，就被拉到了火葬場。孩子學校的老師被鬥死了，造反派逼著校長抱起屍體跳舞，校長跳了樓。」蕭乾不敢指望以後的日子會有什麼轉機，更不敢奢望在這種背景下家能安然存在下去。在文潔若被戴上高帽挨鬥的那個下午，他就想從出版社的五樓頂上跳去，用一具血肉模的的屍體來抗議造反派對妻子施加的暴行。但當時走廊已布了崗，他沒法上樓去。現在，沒人攔他了。他要以死亡來擺脫一切的凌辱和折磨。此時，他只覺得把三個孩子都丟給潔若，自己先走，太自私了。但他馬上又反問自己：即便苟延殘喘地活下來，對孩子和這個家又有什麼用呢？還不是給他們添拖累。天就要亮了，但蕭乾就要與那片陽光告別了。於是，他淒涼地寫下絕命書：「潔若，新社會固然美好，可是我擠不進去，我先走一步，孩子都託付給你了。」一大把安眠藥混著半瓶白乾咕嘟咕嘟吞了下去，沒走幾步，他跌倒在走廊，不醒人事。

當蕭乾在隆福醫院的急救室裡醒來的時候，文潔若已含淚守在床邊。她邊抽咽，邊責怪丈夫：「你想一死就算了，我和孩子們怎麼辦？別那麼便宜他們，要堅強地活著，到底看看他們的下場，我們必須比他們都活得長。咱們的家永遠是溫暖的，我永遠不會離開你。」蕭乾覺得，為了這個女人，他被重新挽回的生命再也沒有理由毀滅。而當文潔若被指為特務時，蕭乾說：「如果她真是特務，我們睡在一張床上，我能不是？」他拒絕了造反派要他離婚的「忠告」。一九六九年，夫婦雙雙下放湖北咸寧的「五七幹校」，這一次，他們無需分離，總算是那段災難歲月裡的唯一幸事。但繁重的體力勞動，仍使六十歲的老人身體吃不消。一紙「冠心病」的診斷書，對蕭乾而言幾近死亡通知。而文潔若發誓好歹都要丈夫活著回去，於是她白天下地幹活，晚上還替蕭乾值夜班。終於他們挨過了苦難的日子。

經過了將近三十年的坎坷日子，蕭乾和文潔若有機會出國訪問了，自一九七九年蕭乾首度訪問美國後，他們伉儷一起出訪六次，分別是新加坡、香港、美國、英國、挪威、西德和馬來西亞等地。蕭乾把這稱之為「蜜月旅行」。蕭乾故地重遊，百感交集。而文潔若則懷著新奇興奮的心情踏訪異國山水，尋找丈夫當年的足跡。十幾年來蕭乾的創作生命旺盛，他先後出版了《未帶地圖的旅人——蕭乾回憶錄》、《蕭乾文學回憶錄》等十幾本書。另外他還和文潔若以四年的時間，「兩個老人，一個車間」，將喬埃思的天書《尤利西斯》，譯成中文，作為他們結婚四十週年慶的禮物。對於年已耄耋的蕭乾而言，一生中的傑作該是得到文潔若這樣一位人生伴侶，四十餘年的文字姻緣，將友誼、愛情、痛苦、歡樂、理想、追求，化為一股激越的力量，給生命留下五彩繽紛的篇章。「浪跡一生只為愛」，蕭乾終於找到他感情的最後歸宿了。

何須惆悵近黃昏

——朱自清的感情生活

書生本色的朱自清。

學者陳國球在一篇文章中，指出朱自清散文的基調是陰柔（feminine）的，他說：〈背影〉固然是滿紙的淚光；〈荷塘月色〉中的荷葉「像亭亭的舞女的裙」，荷花「有裊娜地開著，有羞澀地打著朵兒的；正如粒粒的明珠，又如碧天裡的星星，又如剛出浴的美人」；〈月朦朧，鳥朦朧，簾捲海棠紅〉中的圓月「柔軟與和平，如一張睡美人的臉」，海棠花枝「欹斜而騰挪，如少女的一隻臂膊」；這些軟綿綿的話兒，如果不是「宮體」，起碼是「花間」。是的，朱自清前期的散文，確是柔情似水、萬般纏綿——篇中經常流露出「意戀」的情緒，尤其是當他在獨處的時候，或是面對「月色」、「綠水」、「花朵」、「春色」時，他總是不自覺地把這些景物擬人化，而且是用美女來比喻的。像「舞女的裙」、「出浴的美人」、「少婦拖著的裙幅」、「初戀的處女的心」、「凝妝的少婦」等等，不一而足，而在〈綠〉這篇文章中，就有一段對「綠」的狂戀的描寫：「我捨不得你；我怎捨得你呢？我用手拍著你、撫摩著你，如同一個十二、三歲的小姑娘。我又掬你入口，便是吻著她了。我送你一個名字，我從此叫你『女兒綠』好麼？」是赤裸裸地表現他的「意戀」情結。而這情結使得朱自清在女性面前不能坦蕩蕩，有時甚至不能自制，這在他的〈槳聲燈影的秦淮河〉一文中，即可明顯地看出；朱自清畢竟不同於俞平伯，尤其當他們面對秦淮歌妓的時候。學者范培松指出，朱自清有強烈的性渴望，但在傳統的束縛下，尤其是自己家庭破敗原因直接和女人有關，因此傳統道德所製造的框框和他本人設置的種種障礙，又小心翼翼地把這種性渴望封閉在自我天地之中，形成「意戀」，成為他心中的一個「鬼」，從而常常要跳出來作祟的。

朱自清從小受到傳統士大夫的教育，家道中落部分原因是由於父親討姨太太，因之朱自清常以此要求自己，並告誡弟弟，除妻子外，不要親近其他女性，更不可娶妾。而他的婚姻亦由母親一手包辦，訂婚時朱自清才十四歲。經過五載，朱自清遵父母命回鄉和武鍾謙完婚。武鍾謙原籍杭州，自幼在揚州長大，雖目不識丁，但溫婉柔順。新婚燕爾，年輕的妻子還偷偷地告訴丈夫，當初相親時自己躲開的祕密（媒人看到的是另一位姑娘）。結婚滿月後又過二十天，朱自清在北京大學預科的假期已盡，於是他連元宵節也沒法在家過，匆忙地告別新婚妻子，懷著戀戀不捨的心情，乘車北上了。

一九二九年十一月二十六日，武鍾謙因肺病逝於揚州家中，年僅三十二歲，留下了從十餘歲到不滿周歲的三子三女。三年後，朱自清寫了〈給亡婦〉一文，雖然當時他已續絃了，但字裡行間對亡妻卻依然充滿無限的深情與懷念。悼亡之作自古有之，但寫得如此令人動容的卻不多見。他追憶她的慈愛：四個孩子她都自己餵奶，孩子生病時，她「成天兒忙著，渴呀，藥呀，冷呀，暖呀，連覺也沒有好好兒睡過。」「只拚命的愛去」，「有多少力量用多少，一直到自己毀滅為止」：他懷念她的賢慧；覺得世界上只有她一個人真關心他，真同情他，她換了金鐲資助丈夫求學，她操持家務「什麼都得幹一兩手」。逃難時，不但帶著老人和一群孩子，還不忘丈夫的那一箱箱「撈什子書」；他憶起她的溫順：忍受著婆家和娘家的氣，丈夫遷怒於她，「往往抽噎著流眼淚，從不回嘴，也不號啕」；他憶起她的克己：「常生病，卻總不開口」，「肺已爛了一個大窟窿」還「丟不下孩子，又捨不得錢」，「也丟不下那份家務」，直到去世。朱自清在文中不厭其詳地歷數亡妻生前的種種美德，來表達自己對她的徹骨思念。

妻子的去世，六個孩子要照顧，他又不能北平、揚州兩頭跑，重新組織家庭，給孩子們再找一個媽媽？北平的朋友會為此熱心張羅，但當時朱自清尚未從喪妻的的打擊中恢復過來，根本無心於此，因此他曾寫了一首詩回答顧頡剛的熱心，說：「此生應寂寞，隨分弄丹鉛」。

一九三一年四月的某一天，由清華大學外文系教授葉公超的介紹，朱自清認識比自己小五歲的陳竹隱。陳竹隱原籍廣東，但祖上早已遷居四川成都。她家本為世代書香門第，不過到她父親這一輩，家道早已敗落，僅靠父親教些散館及在估衣舖工作的菲薄收入維持全家的生計，日子過得相當艱難。陳竹隱生於一九〇三年五月，是十二個兄弟姐妹中的老么。幼時讀過私塾，但困窘的家境不允許她繼續上學，只能從哥哥姐姐那裡學點東西。好在她聰明伶俐，青少年時光倒也沒有荒廢。十六歲那年，百日之內，父母雙雙離開人世，這對她是個沉重打擊，也使她意識到，今後的路必須靠自己去走。於是她離家考入四川省立第一女子師範，開始了獨立生活。從女師畢業，她和同學廖書筠等考入青島電話局當接線生。工作了一年多，她又想繼續讀書，於是又和廖書筠等相偕來到北平，考入北平藝術學院（北平藝術專門學校的前身），受教於藝術大師齊白石、蕭子泉、壽石工等人，專攻工筆畫，同時兼學崑曲。從藝術學院畢業後，陳竹隱在北平第二救濟院謀了份工作，但她無法忍受救濟院長剋扣孤兒口糧的卑劣行徑，又憤而辭職。此後，她一邊當家庭教師教人作畫，一逞隨浦熙元學習崑曲。

陳竹隱在〈追憶朱自清〉一文中說：「我與佩弦（案：朱自清字佩弦）的相識是在一九三一年。那時，因為我常到浦熙元老師那兒去參加『曲會』。老師看到我一天天長大了，北京也沒親人，便很關心我的婚事。他就與當時清華大學中文系導師葉公超談起我，並請他幫忙。這一年四月的一天，浦老師帶我們幾個女同學到一個館子去吃飯，安排了我與佩弦的見面。陪坐的還有兩位清華大學教授。那天佩弦穿一件米黃色的綢大褂，他身材不高，白白的臉上戴著一副眼鏡，顯得挺文雅正派，但腳上卻穿著一雙老式的『雙梁鞋』，又顯得有些土氣。席間我們很少講話。回到宿舍，我的同學廖書筠就笑著說：『哎呀，穿一雙「雙梁鞋」，土氣得很，要我才不要呢！』當時我卻不以為然。我認為在那紛亂的舊社會，一個女子要想保持住自己的人格尊嚴，建立一個和睦幸福的家庭並不容易，我不仰慕俊美的外表、華麗的服飾，更不追求金錢及生活的享受，我要找一個樸實、正派、可靠的人。為這我曾堅決拒絕了一個氣味不投而家中很有錢的人的追求。佩弦是個做學問的人，他寫的文章我讀過一些，我很喜歡。他的詩歌與散文所表現的深沉細膩的感情，所描繪的一幅幅恬靜、色彩柔和的畫面，以及那甜美的語言，都使我很受感動，我很敬佩他，以後他給我來信，我也回信，於是我們便交往了。」「那時我正住在中南海，佩弦常常進城來看我，我們共同遊覽瀛台、居仁堂、懷仁堂；有時共同漫步在波光瀲灩的中南海邊，有時清晨去釣魚。一次我居然釣到一條半尺長的魚，還請佩弦喝了魚湯。佩弦是個不苟言笑，做文章非常認真的人，他常常把他的文章讀給我聽，有時為了一個字仔細推敲，徵求我的意見。我逐漸體味到他寫文章真是嚴謹認真呀！一次佩弦拿了一篇清華學生考試的詞句古奧的文章讓我讀，我還真讀準了句讀呢。我心裡很得意，佩弦也很高興。我們的戀愛生活沒有卿卿我我的纏綿，但都是傾心相待。佩弦話雖不多，卻使我感到誠懇，實實在在地關心我。」「當我知道佩弦在揚州老家還有六個孩子的時候，心裡也有過矛盾和鬥爭。我那時才二十四歲；一下子要成為六個孩子的媽媽，真不可想像！一時我很苦惱。要好的朋友勸我說：『佩弦是個正派人，文章又寫得好，就是交個朋友也是有益的。』是的，我與他的感情已經很深了。像他這樣一個專心做學問又很有才華的人，應該有個人幫助他，和他在一起會和睦與幸福的。而六個孩子又怎麼辦呢？想到六個失去母愛的孩子多麼不幸而又可憐！誰來照顧他們呢？我怎能嫌棄這無辜的孩子們呢？於是我覺得作些犧牲是值得的。一九三一年我便與佩弦訂婚了。」「一九三二年七月，佩弦由威尼斯回國，我到上海去接他。那時的北京人結

朱自清與陳竹隱1931年於北京合影。

婚流行坐花車，穿披紗禮服，禮節很多，而上海比較開明，於是我們就決定在上海結婚。我們用當時上海最新式的簡便方法舉行了結婚典禮；事先發個結婚帖子。八月四日那天，請了文藝界的一些人士，我記得有茅盾、葉聖陶、豐子愷等人，在一個廣東飯館聚了一次。飯罷，我與佩弦便回到了旅館。我們沒有那羅曼蒂克的浪漫史，我們就是這樣樸素而又真誠地相愛並結婚了。」

婚後，也許陳竹隱與前妻武鍾謙的個性差異太大，也許朱自清在潛意識中用前妻的標準去衡量陳竹隱，因而對陳竹隱經常進城找朋友玩，不以他為念，不耐煩清華的寂寞生活頗為不滿。我們看一九三三年一月二十八日的〈朱自清日記〉這麼記載：「早已過午刻，隱仍欲留，不得已許之，然實痛苦。隱好動與余異，又其待金宅五女兒大娃娃等太嚴厲，亦令余悚息。余實愛隱，不欲相離；隱似亦相當地愛我，但不以相離為苦。兩兩相比，隱實視余為摩登。然摩登之男女，實不宜於不摩登之婚姻。我是計較的人，當時與隱結婚，盼其能為終身不離之伴侶；因我既要女人，而又不能浪漫及新寫實，故取此舊路；若隱興味不能集中，老實說，我何苦來？結婚以來，隱對清華孤寂之生活終覺不習，口雖不言，心實如此；甚至同是飯菜，亦覺人多同吃時有味多多。如此情形而仍勉力維持，她亦煞費苦心，但為長久計，便頗不妙；現在辦法，只有想法使她在清華園也能有些快樂；天氣漸暖，動的機會也許多些。但我們皆是三十左右的人，各人性情改變不易；暫時隱忍，若能彼此遷就，自然好極，萬一不能，結果也許是悲劇。自問平素對事尚冷靜，但隱不知如何耳。說起來隱的情形，我一向似乎並未看清楚，可是不覺得如此，現在卻覺得瞭解太少；一向總以自己打比方來想像她的反應，現在漸覺不然，此或許是四川人與江浙人不同處。……每遇隱有欲離我之意，余即作種種夢，夢到將來種種惡果，到平以來，連此已第三次或第四次。此種幻想，足以擾亂神經，予心中感情，可以gloomy一字表之。出洋前時有此感，出洋後漸好；結婚後亦無此感，至最近萌孽復生，彷彿亡妻病篤時或妊娠時光景。嗟！我近來極反對『生的悶篤兒』，但因隱事，『生的悶篤兒』的厲害；我沒有全告訴隱，我不能全告訴她，——也許還未到時候？——但我自己因此更受苦。處此情形，我總覺得要哭出來。但真哭出來，是補寫今天日記的時候。就是寫上一段末句的時候。今日上車時，看見別人皆一對一對的，人都問我太太，心中非常gloomy，此層當令隱知之。」

儘管如此，朱自清並沒有一味責怪陳竹隱，他在日記上又說：「隱的好處不少，如知甘苦，能節儉等，非常令人感念。又非常大方，說話亦有條理。她唱戲的身段也非常美妙靈活，畫雖非上上，工力也還可觀。」因此朱自清極力地調整兩人的生活習性，他盡量地抽出時間，陪陳竹隱看書展、參加崑曲票友的活動；而陳竹隱也照顧到朱自清的情緒，盡量不在城裡多作耽擱，而這常令朱自清感動不已。於是兩人的互諒互讓，化解他們原先的一些矛盾與分歧，「相濡以沫，患難與共」，終其一生，他們可說是伉儷情深。

一九四八年，八月六日晨四時，朱自清突然胃部劇痛，十時送北大醫院，下午二時動手術。八月十日併發腎炎，病情嚴重。但危急中仍諄諄囑咐陳竹隱：「有件事要記往：我是在拒絕美援麵粉宣言上簽過名的，我們家以後不買國民黨配給的美國麵粉！」十二日八時昏迷，十一時四十分，在貧病交迫下與世長辭了。陳竹隱悲痛欲絕，她摟著丈夫的頭哭道：「佩弦呀！佩弦呀！你就這樣去了！天沒有眼睛，我們都是好人哪！」淒愴的聲音，讓每一個在場的人潸然淚下。結婚十七年，雖然在年輕時，彷彿嫌生活太平淡似地，兩人總免不了嘔兩天氣，再重歸於好。但慢慢地，他們感覺到，從從容容、平平淡淡才是真，而經過八年的離亂，只為家貧成聚散，雖是如此，但他們的夫妻之情，是老而彌堅。不必再三叮嚀，只需一個眼神，一絲微笑，那種相濡以沫、相敬如賓的感覺，已達人生最高境界。但天卻不假年，硬教他們分離，真是情何以堪！陳竹隱在輓聯上寫著：「十七年患難夫妻，何期中道崩頽，撒手人寰成永訣；八九歲可憐兒女，豈意髫齡失恃，傷心此日恨長流。」可謂道盡夫妻生死永別的傷痛。

平平淡淡見真情
——聞一多的舊式婚姻

有人說聞一多的人生道路，可分為三個階段：詩人、學者及民主鬥士。是的，綜觀聞一多一生，他的性格是複雜多變、絢麗多彩的。或謂他終其一生都在追求一種藝術的境界和風度。他少年時代，就長於古文及舊詩詞，工棋琴書畫，「暇則歌嘯或奏簫笛自娛」（《辛酉鏡》），然後從落拓不羈、奇思異想的藝術家派頭，到灑脫儒雅、不修邊幅的名士風度，他孜孜以求的是藝術化的學者風範。留美期間，聞一多戴著銀邊眼鏡，打黑領結，著沾滿顏色的畫室罩衫，頭髮如一叢鬆鬆的灌木。返北平以後，他的房間裝飾在北平文人中極富盛名。詩人徐志摩有一段很生動的描寫：「一多那三間畫室，布置的意味先就怪。他把牆塗成一體墨黑，狹狹的給鑲上金邊，像一個裸體的非洲女子手臂上腳踝上套著細金圈似的情調。有一間屋子朝外壁上挖出一個方形的神龕，供著的，不消說，當然是米魯薇納絲一類的雕像。她的那個也夠尺外高，石色黃澄澄的像蒸熟的糯米，襯著一體黑背景，別饒一種澹遠的夢趣，看了教人想起一片倦陽中的荒原，有幾條牛尾幾個羊頭在草叢中掉動。這是他的客室。那邊一間是他做工的屋子，基角上支著畫架，壁上掛著幾幅油色不曾乾的畫。屋子極小，但你在屋裡覺不出你的身

抗戰勝利後剃去長髯的聞一多。

子，帶金圈的黑公主有些殺伐氣，但她不至於嚇瘋你的靈性；裸奔的女神免不了幾分引誘性，但她絕不容許你踰份的妄想。白天有太陽進來，黑壁上也沾著光，晚間黑影進來，屋子裡彷彿有梅斐士滔佛利士的蹤跡；夜間黑影與燈光交鬥，幻出種種不成形的怪象。」（一九二六年四月一日北平《晨報》）。

而一九二八年秋聞一多至武漢大學任教，自此人生又一大轉折，他由詩人變為學者，由藝術家而漸呈名士氣度。三〇年代初在青島大學時。他不修邊幅，對於上銜購物視為畏途；自己的鞋穿破後，就借廚師的，整天濃茶烈菸，喜歡手執竹杖，漫步海邊，有時在沙灘月光下給學生上課，還三日一小飲，五日一大宴，樂於豪飲。一九三二年秋，他返清華大學當教授。這時他披散一頭長髮，穿古銅色的長袍，紮著褲角。他的學生馮夷有一段回憶：「記得是初夏的黃昏，……

七點鐘，電燈已經亮了，聞先生高梳著他那濃厚的黑髮，架著銀邊的眼鏡，穿著黑色的長衫，抱著他那數年來鑽研所得的大疊大疊的手抄稿本，像一位道士樣昂然走進教室裡來。當學生們亂七八糟地起立致敬又復坐下之後，他也坐下了；但並不即刻開講，卻慢條斯理地掏出自己的紙菸匣，打開來，對著學生露出他那潔白的牙齒作藹然地一笑，問道：『哪位吸？』學生們笑了，自然並沒有誰坦直地接受這gentlman風味的禮讓。於是，聞先生自己擦火吸了一枝，使一陣煙霧在電燈下更澆重了他道士般神祕的面容。於是，像念『坐場詩』一樣，他搭著極其迂緩的腔調，念道：『痛——飲——酒——熟——讀——離——騷——方得為真——名——士！』這樣地，他便開講起來。顯然，他像中國的許多舊名士一樣，在夜間比在上午講得精彩，這也就是他為什麼不憚煩向註冊課交涉把上午的功課移到黃昏以後的理由。有時，講到興致盎然時，他會把時間延長下去，直到『月出皎兮』的時候，這纔在『涼露霏霏沾衣』中回他的新南院住宅。」而在長沙和昆明時期的聞一多，則顯得更簡樸古雅，歸樸返真了，在氣質上更多中國傳統學人，但在底蘊裡仍顯出現代西方文化的深刻薰陶；放浪形骸而又溫文爾雅，古典而又現代。

聞一多，一八九九年十一月廿四日生於湖北省浠水縣巴河鎮的鄉下。祖父子淦公極好搜羅群書，建書屋「綿葛軒」，請名師教孫輩。父親聞固臣，晚清秀才，受梁啟超思想影響，贊同變法維新。聞一多七歲時，父親請了王梅甫來家課讀，王老師出身於師範學堂，採用新式教材，如國文、歷史、博物、修身等課本，這是聞一多接觸新思潮的開始。一九〇九年，他到武昌，入兩湖師範附屬高等小學，三年後轉入民國學校和實修學校，同年秋天入清華學校。而就在他即將畢業赴美留學的前夕——一九二二年寒假，聞一多奉命回浠水老家，與姨妹高孝貞（後改名高真）完婚。本來學校是不鼓勵學生結婚的，同是清華的學弟梁實秋說：「清華沒有不許學生結婚的明文規定，但是事實上正規入學的學生只有十四歲，八年住校，畢業遊美，結婚是不可能的事。」（案：聞一多頭一年功課不及格，後來因參加學生運動，再留一年，前後共十年。）但因聞一多的家庭是舊式的，典型的農村中的大家庭。父親的想法是：孩子結了婚，出國念書就安心了。父母之命不可違，接到家書要他寒假期間返家完婚的聞一多，宛如晴天霹靂一般打在頭上。他曾向父親表明不願在這時候結婚，因為他要集中精力完成學業，但最終還是拗不過父親的意思。最後只能提出三個條件：一、不拜天地祖宗，二、不向長輩磕頭，三、不坐床；做為交換籌碼。

結婚當天，爆竹齊放，鼓樂和鳴，賓客盈門。新房裡、客廳裡貼著大紅的「喜」字。按照慣例，新郎應該出來迎接客人，並且周旋於賓客之間。聞一多卻不願意搞應酬，一直等到新娘的花轎到了，才在兄弟們的催促下，走進大廳。婚禮上的聞一多，穿著長袍和黑色馬褂；戴著黑色的瓜皮帽，也是當時一般人戴的帽子，並沒有特別的地方。唯一引人注意的是戴著一副近視眼鏡，顯示出彬彬有禮的讀書人的氣質。婚禮是別致的，新郎和新娘互相三鞠躬，代替了傳統那套跪拜的繁瑣禮節。這個改革，很快傳遍了整個下巴河鎮。聞一多對這個改革也很滿意。結婚後，他馬上告訴高孝貞：結婚行鞠躬禮，是他提出的條件。

梁實秋對於聞一多的婚姻這麼回憶著：「高女士也是舊式大家庭出身，雖所受教育不多，但粗識文字，一直生活在家鄉的那個小環境裡。婚後一個多月，一多立即返回清華園裡過他的詩人的生活。一多對他的婚姻不願多談，但是朋友們都知道那是怎樣的一般經驗。舊式的男女關係是先結婚後戀愛，新式的是先戀愛後結婚。一多處於新時代發軔之初，他的命運使他享受舊時代的待遇。而且舊時代的待遇他也沒能全盤享受，結婚後匆匆返回校內，過了半年又匆匆出國，結婚後的戀愛好像也一時無法進行。」是的，對於一個現代知識分子、一個長期沐浴於中西文化、一個即將走向世界，赴美留學的詩人，他被迫接受這種包辦的婚姻，是何等的痛楚！因此在留美期間，他之所以沉浸在對藝術與文學的忘我追索中，很大程度上是因為他對理想婚姻的幻滅，是因為他自覺對浪漫愛情可望而不可及。於是，藝術最後成了他至上至神的上帝。他躲避在理智與審美的世界裡，以忘卻人生的痛苦經驗，療治心靈的創口。儘管如此，但聞一多在愛情操守上仍是傳統的，他曾勸一位已婚而又移情別戀的朋友說：「你何必如此呢？你愛她，你是愛她的美貌，你為什麼不把她當作一幅畫像、一座雕像那樣去看待她呢？」因此在美國、在美麗寧靜的青島，他一次次戰戰兢兢去愛戀他人，又一次次地毅然將這萌芽的愛情掐死，逃得遠遠的，他不同於徐志摩、郁達夫輩的拋棄舊式的婚姻，競逐自己理想的愛情。在留美期間他曾給梁實秋寫信說：「……浪漫『性』我誠有的，浪漫『力』卻不是我有的。……情的生活已經完了，不用提了。……我以後要在藝術中消磨我的生活……我唯一的光明的希望是退守到唐宋時代。……只有這樣，或者我可以勉強撐住過了這一生。」這是何等的隱痛啊！

三年的留美生涯結束後，他和妻子高孝貞相聚定居北京後，隨著他由詩人變成學者，他的舊式婚姻儘管少有光彩，卻平添了新式婚姻少有的那份安坦。女主人似乎並不懂米開朗基羅，也不懂英詩格律，但善於操持家務，把小生命一個一個地送到人世間。而對聞一多而言，他始終堅持著孝子的立場，並且將之發展到「為人夫，為人父」的倫理立場。他明白自己無法擺脫自己的妻子，因為他從實際生活的教訓中，體驗到高孝貞對他的全部意義和價值。這離愛就不遠了。我們看一九三七年七月，高孝貞攜長子立鶴、次子立雕到武漢省親。不久，蘆溝橋事變爆發，北平一片混亂，聞一多給妻子寫的信：「親愛的妻：這時他們都出去了，我一人在屋裡，靜極了，靜極了，我在想你，我親愛的妻。我不曉得我是這樣無用的人，你一去了，我就如同落了魂一樣。我什麼也不能做。前回我罵一個學生為戀愛問題讀書不努力，今天才知道我自己也一樣。這幾天憂國憂家，然而最不快的，是你不在我身邊。親愛的，我不怕死，只要我倆死在一起。我的心肝，我親愛的妹妹，你在那裡？從此我再不放你離開我一天，我的肉，我的心肝！你一哥在想你，想得要死！親愛的：午睡醒來，我又在想你。時局確乎要平靜下來，我現在一心一意盼望你回來，我的心這時安靜了好多。」關於這封信，三十年後梁實秋在〈談聞一多〉的長文中，有過一番慨嘆：「顯然的這不像是一位詩人寫的信，這是一個平凡的男子寫給他的平凡的妻子的信，很平庸但也很真摯。理想的婚姻是少有的，文人而有理想的婚姻在中外古今的歷史上都不多見，偶然一見便要被稱為佳話。但是圓滿成功的婚姻則比比皆是。我們看了上面的這封信，可以憬然於一多的婚姻的真相。」

另外一九三七年十一月廿七日聞一多給高孝貞的信說：「貞：絲棉襖已收到，但送來時，包袱上破一窟窿，衣服也破一塊，不知是老鼠嚙的，還是被什麼東西戳破的。叫人打一補綻，花了我五分錢。上星期寄來的十塊錢，想已收到。這裡薪水還未領到。據說本月底金城銀行要來設辦事處。本來即令薪水領到，沒有銀行，還是無法兌現的。你腳痛現在好了沒有？孩子們都好否？你前次來信提到為大舅謀事，這事本來常常在我心上，到長沙後我也留心過，但現在尚無機會。為目前計，孝仁既已有事，又減輕一份負擔，他們月費不夠，你可以斟酌增加一點。只要清華薪水能繼續發七成，就仍然給他們二十元，亦無不可。校中有一星期的寒假，將來我定再請假一星期回來看你們。多　二十七日。剛把信封好，你廿一日的快信送到了。絲棉襖很暖，皮衣我想可以不要。萬一太冷，穿大衣就行了。國民政府遷重慶，我就想到武昌不是很安全的地方，省寓或要遷回鄉去。如果他們都搬，你當然也搬。不過目下我想還不要緊，回鄉過年，或是一個辦法。我胃病有好久未發，這兩天又差一點，恐係坐得太夜的緣故。鶴兒上次一信寫得甚好，我給（這）裡的朋友看，都誇獎。稿子是否有人改過。叫他多寫信來。快信太貴，以後可用平信或平快。　又及。」一信的內容很平實，都是日常家事，它和郁達夫、徐志摩艷麗動人的情書明顯不同。當然高孝貞亦非王映霞、陸小曼之流，她只是個粗通文墨、安分守己、盡心家事，感情樸實內向的家庭婦女。因此在聞一多的書信裡，我們看不到流金溢彩的華麗詞藻，也沒有優美的詩情畫意，更聽不到浪漫的愛情之歌，一切是那麼的質樸、平淡。他關心和講述的是每日發生和必須應付的平常事，表現的僅僅是尋常百姓的普通情感，或者說是司空見慣的兒女情長。但是，如果細細體味，我們不能不被字裡行間所不知不覺流露和蘊含的深厚濃郁的溫情所打動。

長期相濡以沫、風雨同舟的夫妻生活，漸漸淡化並進而洗淨了聞一多心底的隱痛與失落感，一種不可言傳的深深眷戀之情將他和高孝貞溶化為一體，彼此心心相印。在生命的最後階段，他曾對學生說：「對我的家庭，我很滿意。」（康促〈憶聞一多先生〉）是的，我們不管是讀聞一多早年的詩，還是聽他晚年的演講，我們總能真切地感受到他內心熾如烈焰的赤誠情懷。在他對高孝貞的愛情裡，它變得更加濃郁醇厚。最終淨化成為深深的依戀，常常是看似平淡和凡俗，實則藏著火；又常常看似怨氣重重，內裡卻透出千迴百轉的愛意。高孝貞曾回憶昆明時期的聞一多：「他還是老毛病，回家來要是見不到我，就沒著落的，總要把我找到，心裡才踏實。就是工作時，也總喜歡我在旁邊坐著。」（〈聞一多犧牲前後紀實〉）這一時期，高孝貞體弱多病，聞一多對她的關心無微不至。一九四六年七月十五日下午一時三十分，聞一多前往府甬道十四號民主周刊社出席記者招待會。臨行前，他慈祥地溫撫兒女們的頭，輕聲叮嚀：「讓媽媽靜靜躺著，不要鬧呵！」五時散會後，聞一多慘遭殺害。

綜觀聞一多的愛情生活雖不是浪漫、理想的，但無疑是圓滿的、幸福的。在平平淡淡、細碎煩瑣之中蘊含與表現出複雜細膩的情感。無論是新式婚姻，還是舊式婚姻，只要是成功的，都歸於或包含令人淚湧的淡和之情，一種無跡可尋的依戀。聞一多婚姻中的獨特之處，那就是其中還貫注了一種至熱至烈、至誠至深的動人詩情。

五十年來千斛淚
——顧頡剛的感情世界

歷經磨難的顧頡剛。

二〇〇七年《顧頡剛日記》出版了，史學大師余英時先生通讀所有日記，寫出〈未盡的才情——從《顧頡剛日記》看顧頡剛的內心世界〉，其中有個意外的發現是，大家過去都認為顧頡剛是一位謹厚寧靜的恂恂君子，但從日記觀之，在謹厚寧靜的背後，卻有著激盪以致浪漫的情感。余先生指出他對譚慕愚女士「纏綿悱惻」的愛情，前後綿延了半個世紀以上，委實動人。也因此本文根據顧頡剛先生的日記、書信，及顧潮女士的《歷劫終教志不灰——我的父親顧頡剛》等資料，重新來審視顧頡剛先生的婚姻生活與感情世界。

談到顧頡剛，很多人馬上就會想到《古史辨》。是的，顧頡剛是因《古史辨》而暴享盛名的。但當我們讀他那篇長長的自序（或可說是學術自傳），我們感受到的是他誠懇為學、不假捷徑的如一態度。即如大膽立說，發人所未發，也是其來有自，一是以案頭的勤搜資料為基礎（他的讀書筆記有二百餘冊）；一是有學術探討的淵源，上接劉知幾、鄭樵、章學誠、姚際恆、崔東壁的遺緒，而有所發展。可以說，這與盲目地反傳統不一樣，他的學術活動一直是處在傳統中，並對傳統有所扣問和檢討。如今八十多年過了，顧先生那篇海闊天空的長序，還能讀出新鮮感，並不是熬來熬去只待傾去的藥渣。這使人想到，在「激進」與「保守」對立的思想史、文化史格局中，可能還有人走著另外的路。正如顧頡剛的「疑古辨偽」同樣體現於求真求實的樸素情懷中。

顧頡剛一八九三年五月八日生於江蘇省蘇州市。因顧家數代單傳，長輩們要他早婚，因此在顧頡剛十三歲時，有一次父親帶他去茶館吃茶，與鄰桌的客人寒暄了幾句，並喚他過來拜見。顧頡剛原以為這是父輩一般熟人相遇，那知是女方家長前來相親。就這樣他與城內吳氏定婚，他雖不滿這包辦婚姻，但又不敢抗拒。一九一一年一月二十七日，他與吳徵蘭女士結婚了，那時他尚不滿十八周歲。而新娘則大他四歲，是個純粹舊式女子，兩人本無感情基礎，更無共同語言。但顧頡剛感其柔弱無辜，既然木已成舟，則「男女之情捨吾婦外，不應有第二人耳！」婚後他刻意培養夫妻感情，甚至還教她認字，寫自己的名字。

一九一二年夏，顧頡剛自蘇州公立第一中學堂畢業，次年四月入北京大學預科。這時他的長女自朋剛出生兩個月。顧頡剛因專心於課業，每年僅在寒暑假回家探望。而吳徵蘭體質素弱，一九一七年二月生次女自珍後不久，街上有大出殯者，熱鬧非凡，她不顧月子裡的羸弱，出門觀看，受了春寒，回家即患乾咳。這時顧頡剛已入北京大學哲學門學習，在暑假返家，看到吳徵蘭夜夜咳嗽並且發熱，知道是結核病，建議送她到西醫處就診。奈何家中長輩認為是平常小疾，不予理會。翌年寒假顧頡剛返家，又再催請入院治療，仍遭家中長者拒絕。最後吳徵蘭只得去求仙方、服香灰，而顧頡剛在北京得知吳徵蘭病重後，終日心神不定，憂慮交加，終於在一九一八年六月中旬，因失眠日劇，無法應付學校功課，不得不提前請假回家。回家後，他看見吳徵蘭消瘦不堪，終日昏臥，知道她將不久於人世，乃極力主張將其送入醫院，但亦被長輩斥為多此一舉，於是顧頡剛日夜陪伴吳徵蘭五十天後，吳徵蘭終於在一九一八年八月初撒手人間。

吳徵蘭入殮次日，顧頡剛的父親便和他商議續婚之事，但他因心情不好，推說等大學畢業再議。但因料理喪事，失眠症又發，加上祖母年近八十、幼女尚在襁褓之中，繼母又隨父親從宦在杭州，家中無人照料。於是顧頡剛只得休學一年，居家侍奉祖母，兼養病體。他體察現實情況，實在需要一位少婦主持家事，否則自己亦無法回京復學；加上失眠症久治不癒，醫生勸他覓一如意夫人，可陶冶性靈以癒病。而那時顧頡剛的好友王伯祥、葉聖陶都在蘇州東南的吳縣第五高等小學任教，為了幫顧頡剛從喪妻的悲痛中解脫出來，於是他們邀顧頡剛前往遊覽。九月間，顧頡剛去住了一星期。王伯祥向他談及本校畢業生殷履安，並推崇其才德；後來葉聖陶也有同樣的褒獎，說她好學不倦。兩位摯友的推薦，使得顧頡剛產生敬慕之心，雖未謀面，卻對她不能忘懷。十月底，他向祖母說起殷氏，得到祖母應允，於是便派人去求親。為了這門親事，顧頡剛煞費苦心，因為長輩篤信算命，除在生辰八字上做文章外，又費盡唇舌，終才底定。一九一九年五月二十一日，顧頡剛與殷履安結婚了。

婚後，兩人相親、相知、相愛。按照當時的習俗，沒有所謂的「新婚蜜月」，但顧頡剛以給自己醫病為由，帶著殷履安將蘇州園林逐一遊玩，一個多月後又一同到杭州為父親做壽，在西湖的青山綠水間盡情倘佯。家中長者對此頗多非議，但顧頡剛卻不以為意。從杭州返蘇不久，夫妻同到殷家行「雙歸禮」，顧頡剛乘便要殷履安拿小學的課作一看，見其許多成績均佳，更增加了幾分敬重。他覺得以前所羡慕的「以伉儷而兼朋友」的樂趣，現在竟如願以償，真是感到前所未有的快樂。而殷履安素來好學，得嫁一位學人妻，自是深感幸運，處處總要顧頡剛教她。她在家中臨摹歐陽詢《九成宮》碑帖，便寄去給顧頡剛看；她想看小說，也寫信給顧頡剛要，而顧頡剛總是有求必應，或寄去、或請乘船人帶去，而且對這些書籍做概要的介紹，便於殷履安閱讀。

除此之外，在信中顧頡剛一直勸殷履安不要迷信教師，他說：「非自修必不足以成學問」，「一個人自修得來的學問，是真學問；是永久不忘的學問；是能夠應用的學問。若是秉承師教來的，便是『口耳之學』，不真切的。……同鸚鵡、留聲機器有什麼分別呢？」對於老師，「只當他是引導、是顧問。」「老師所說的，還要自己考慮一番」，「考慮不出的，我們還得存疑。」顧頡剛並提醒殷履安，在自修時「對待書籍亦要留心，千萬不要上古人的當，被作者瞞過；須要自己放出眼光來，敢想、敢疑」，因為有了疑惑才會有推測、實驗、判斷，得知事物的真相，才能改良革新，「所以世界的進步，根本在人類有疑惑的天性。一個人的進步，根本在這個人有疑惑的性情。」而後來顧頡剛的《古史辨》，正是發揮這種「敢疑」的精神。

一九一九年九月，顧頡剛回北大復學，殷履安在家中代他盡孝道，操持家務。他們兩人相思良苦，魚雁頻繁，互訴雙方的生活和情感。顧頡剛慶幸自己能娶到如此賢慧的妻子，儘管結婚時間不長，然而彼此瞭解，對別人不說的話，唯獨他們倆能相互說個暢快；尤其是在如何對待舊家庭、處理各種矛盾方面，他們相互體諒、相互安慰、相互幫助，同舟共濟。顧頡剛感到他們之間已由男女之愛、夫婦之愛而達到朋友之愛。他說，每想到履安時，自己「心裡的肅殺之氣，都變成融融春意了。」而顧頡剛在學業忙碌中，為抑制失眠，常偷閒出門遊覽，雖有好友相伴，但他總遺憾殷履安不能相隨。於是他便把殷履安的照片帶在身上，彷彿也讓殷履安分享美麗的景色。然而有一次在溪山上走得匆忙，竟將照片遺失了，顧頡剛相當懊惱，因為這是妻子剛剛寄來的近照，只親密了四天多。後來他在信中說：「履安，我把你留在遠遠的青黑的西山了！你再多洗幾張照片寄來吧！我要在『書裡夾著，箱裡藏著，袋裡帽裡依舊插著，讓我處處看見你，彷彿你真在這兒一般』，以慰思念之苦！」。

一九二四年四月十三日《顧頡剛日記》提到他和潘家洵（介泉）等人和北大女生黃孝徵、彭道真、劉尊一、譚慕愚等人遊頤和園等地，這是顧頡剛初識譚慕愚之始。譚慕愚，一九〇二年生，湖南長沙人。出身書香門第，父譚雍，「係日本留學生，清末從事革命，到四川、廣東等運動起義。光復後，感黨人之不義，杜門不出。」譚慕愚從小聰明好學，初小畢業後，家境困窘，失學在家。後自學高小課程，考取公費的湖南省立第一女子師範學校，開始接受進步思想。「五四」運動在北京爆發後，長沙積極響應，譚慕愚作為女師「樂群會」的代表，參加湖南學生聯合會的成立大會，並被推選為該會負責人之一。她勇敢地投入抵制日貨和驅張（敬堯）的愛國運動中。她以學聯提出的「張毒一日不出湘，學生一日不返校」的誓詞為信念，四處奔走，多方聯絡，組織罷課，發動遊行，成為「駐省驅張團」的健將。驅張運動終於取得了勝利，而譚慕愚也贏得同學們的敬佩，成為湖南學生界的風雲人物。一九二三年譚慕愚報考南京東南大學、天津南開大學及北京大學，先後被三校錄取，後來她選擇進入北大。她晚年回憶說：「我在預科時，顧先生（案：顧頡剛）叫我學歷史。我在歷史科，讀了半年，後來還是轉到法科去了。」

譚慕愚給顧頡剛的印象是：「予於同遊諸人中，最敬愛譚女士，以其落落寡合，矯矯不群，有如幽壑絕澗中一樹寒梅，使人眼目清爽。」（一九二四年四月二十九日《日記》）顧頡剛對其可說是一見鍾情，在同年五月六日他給好友俞平伯的信說得更明白：「我告你一件奇事，我近年來專是過理智和意志的生活，一意奮鬥，把感情竟忘卻了。一、二月來，介泉、緝熙常和他們的女學生同遊，我也從興。我對於女子向來不感什麼趣味，但這次竟給我看到一個非常合意的女子。她性情極冷，極傲，極勇，極用功，極富於情感。她到了山中，一個人跑到很遠的澗壑裡，大家都嫌她落落寡合。但她不是真淡漠，她見了花的喜悅，會得不自禁的手舞足蹈起來。我一見了她，就起了很強的愛敬之心，不覺精神恍惚了。這很奇怪，我並不想和她成姻眷，我也不願和她發生較深的關係，只是覺得她可愛，只是覺得我愛她的情事無法處置。我也不希望她知道我愛她，更不願意得到她的愛。我曾同介泉、緝熙夫婦討論這事，他們都說我的性情像她。但單是性情相近當不致如此顛倒，我也深信一定夾了性的色彩在內。然我又敢說我並沒有性慾的要求，我看性慾是最可厭的一件事。因此想，在性情相感之上，性慾之下，中間有一個很美麗的境地，我正是在這境地中陶醉了。我想着這事就自己失笑，覺得我是一向用自己的意志去支配事物的，現在竟給外界的力量把我的精神支配了。我的理智對我說：『你若不去理他，你的生活就乾燥得像沙漠了，太不美了，你就不可算作人了；至於事業學問，本來是桎梏性靈的東西，管它怎的。』平伯，我的理智同感情分了家，叫我如何是好？……以上的話，請你不要告人。我願意盡言的，有介泉、聖陶和你。聖陶在滬，人多口雜，我不願意給他們稱引在口頭，做閒談的資料，所以不告他了。」

而五月十五日顧頡剛在回覆俞平伯的信中又說：「……一個月來，我的心境不辨酸甜，不別悲歡，如睡在楊花作成的衾裯中，溫柔到極度，又如被擲在一個無底的幽洞裡，淒愴到極度。惜我無創作的天才，不能寫將出來。但只此低徊無奈之情，已夠我一世的回想，已夠我生活於美麗世界的驕傲。本星期日，又要和她們遊三家店去了。遊畢以後，當不知給我以怎樣的惆悵，我所至的境界當益發淒麗了。惜兄不在，不能共享此樂，共分此愁。」當天晚上他在日記上寫道：「寫平伯書，詳述我的愛美不求對方明瞭之故。雖胸膈一暢，但愈淒麗了。我苦情多，奈何奈何！」。

六月五日又有信給俞平伯，此處就不再多引了。六月二十一日給俞平伯的信中說：「……我的怯弱的心靈時時想道，『從今以後不要去見她罷，只當沒有這個人罷』，但情感哪裡肯答應！你告我既澄『三十不娶，不應更娶』的話，我也想道，『我的交女友不在於十幾歲時，又不在於二十幾歲時，乃在出了三十之後，實在不應該了。』但既經交了，要劃絕情緣可是做到了。說也可笑，我以前三十年竟不曾懂得什麼叫做閒愁，而不期這人生的秘密竟於今年闖進去了。這真使我手足無措，不知怎樣才好。我自知，我是決不會做出鹵莽的事情，為有歸宿的情愛的，但長此悵惘淒迷，流連哀惋下去，不知要把我的性格變到怎樣？這一段無奈之情，現在似乎已到了最高度，將來日子延長下去，要不要再伸張開來，把我的情感如吹小汽球一般的爆裂了？大約從前人所說的『腸斷』，即是感情的爆裂。如果我終不免到此境界的，那末，我還是死心塌地的『安排腸斷』罷。……匆匆把胸中一吐，乞兄秘之。」當天日記上他寫道：「寫平伯信。予與介泉言，如予者無資格入情場，而此心終不能自已，纏綿悱惻，殆不可堪，思之良愧！自遊頤和園至今日，才六十九日耳，乃覺有半年之久，時間之主觀如此。」

七月二日顧頡剛又給俞平伯一信，這裡也不再多引了。總之，這五封信大都是和感情有關，而且比較私密的。據顧頡剛的弟子王煦華教授說，一九二四年顧頡剛曾抄存這五封信，釘成一冊，題為《與平伯書》。其中五月十五日的那封信，後來（一九二五年）俞平伯曾把它發表在《我們的六月》一書上，但有刪節。（顧頡剛在一九二五年七月二十二日的日記中說：「平伯以去年五月中所寄書在《我們》上發表，此甚非我意。萬一給慕愚知道了，豈不難堪。」）其餘的俞平伯就遵照顧頡剛的意思而「秘之」了，直到六十六年後，王熙華教授才將這五封信發表於一九九〇年的《新文學史料》第四期上。但因當時《顧頡剛日記》尚未出版，一般研究者無從得知譚慕愚的名字，及此戀情日後五十年的發展，因此這段情事也就被輕輕地放過了。

顧頡剛與譚慕愚的交往情形，他是寫信告知遠在蘇州的殷履安的。我們看同年八月九日的日記云：「今日寫履安信，將數月來對於譚女士愛好之情盡量寫出。予自問此心甚坦白，且亦無所謂得失，履安為我最親之人，不應不直言，故索性暢快一吐，使胸中一爽。如履安覽信後不感痛苦，則更大慰矣。」九月十八日，顧頡剛把殷履安接到北京，結束了五年兩地相思之苦。這時他在北大研究所國學門任職，又兼孔德學校教員，薪水剛剛夠養家。然而學校常常欠薪，加上顧頡剛又喜買書，致使用度吃緊，生活相當清苦。幸有殷履安勤儉持家，顧頡剛不再為家務分心，工作又有了好幫手。殷履安替他抄寫、整理書稿；又為防他失眠，每夜必替他捶背摩腿，直至顧頡剛入睡。殷履安因患盆腔結核，無法生育，顧頡剛一點都不怨她，反認為免受養育幼童之累，豈不是好事？殷履安則將顧頡剛前妻之二女，視如己出，母女間慈孝之情超越了尋常家庭。錢穆在《師友雜憶》這樣描述道：「其家如市，來謁者不絕。余初見其夫人及其二女，長女幼年得病而啞，其夫人乃續娶未育，有賢德。賓客紛至，頡剛長於文，而拙於口語，下筆千言，汩汩不休，對賓客訥訥如不能吐一辭。……然待人情厚，賓至如歸。常留客與家人同餐。其夫人奉茶煙，奉酒肴，若有其人，若可無其人。然苟無其人，則絕不可有此場面。蓋在大場面中，其德謙和乃至若無其人也。余見之前後十餘年，率如此。」也因為殷履安以賢德著稱，所以雖缺乏才情，但顧頡剛不能有負於她。這也是他給俞平伯信中所說的，對於新歡他「並不想和她成姻眷」，「也不願和她發生較深的關係」的原因。

同年十月二十六日，《顧頡剛日記》說：「今日猶得集頤和園遊侶於一堂，此樂幾疑非真矣。自四月中與諸女士相識，至於六月，往還頻繁，若一家人。自六月至今，四個月許，蹤跡漸疏，譚、黃、謝諸女士均有不來之兆。每追思良會，輒憮然不樂。予嘗謂介泉及履安曰，『天下無不散的筵席，這是事實。天下的好筵席不要散，這是我的願望。事實與願望必相違，我生其終陷於悲恨中矣。』」

一九二五年四月十九日，日記云：「五點半起身，七點出門，到緝熙處，則同遊諸人已盡在矣。譚女士亦在，尤出望外。七點三刻上電車，到西直門。雇車，十二點到黑龍潭。在池邊進食，看西洋人洗浴。一點一刻出，二點一刻到溫泉。洗浴。四點上車歸，至八點抵西直門，乘電車歸。進夜餐後即眠。今日午前驕陽如焚，午後輕陰細雨，大有秋意，頗足蓋景色之平庸。歸途屢逢大雨，黑暗中在海淀道中走，尤別饒趣味。不見譚女士已近三月，今日相見，喜出望外。予負水壺，承其好意，為予代負。乃歸途於青龍橋畔因皮帶鬆脫而撲碎。彼必欲賠償，使予心甚為不安。」而這次同遊諸人中，還有殷履安。

同年在上海發生的「五卅」慘案，消息迅速傳遍全國，各大、中城市紛紛罷工、罷課。此時的譚慕愚同北京大學、中國大學、中法大學等校學生組織救國十人團，到東交民巷向英國使館示威，並鼓動英使館工人罷工。顧頡剛在六月七日的日記上說：「《晨報》載三日遊行隊至東交民巷時，前隊（北大）遲至不進，有女士二人徑前奪旗，曰，『時已至此，還怕死嗎！』大隊遂隨之而進。至柵門，門緊閉，乃高呼而返。彭女士言譚女士當遊行至東交民巷時極激昂，《晨報》所言，或即是她。十一日，譚女士來，詢之，謂即彼一人。」

而一九二六年「三・一八」慘案，在北京段祺瑞政府鎮壓愛國學生的暴行中，我們也赫然見到譚慕愚的身影。當劉和珍、楊德群、張靜淑等人中彈倒於血泊時，譚慕愚救出負傷流血的張靜淑，並送到醫院。她在魯迅稱之為「不但在禽獸中未見，便在人類中也極少有的」慘案中，表現出大無畏的勇猛精神。而這也是顧頡剛對她極為傾倒之處。

同年六月十二日，日記上說：「慕愚來，謂不久將到四川重慶任女子師範課，即在那邊整理黨務，須作一年別。」六月十八日又云：「慕愚來書，謂此別不知何時相見，此語甚使我悵惘。因作函勉慰之。然自心之傷悲亦已甚矣。」自此譚慕愚離開北京大學，踏入社會工作，顧、譚兩人長南北相隔，兩地相思。

一九二七年六月十三日，日記上說：「重慶人民因英艦砲擊南京開會，漆樹芬為主席，為軍閥所槍斃，女學生慘死者甚眾。未知摹愚已離川否？如未離川，不知加入此次開會否？如加入此次開會，不知性命無危險否？道阻且長，我勞如何！耿耿此心，如何可已？悲哉愁哉！不知此後尚有見面之一日否？倘彼萬一不幸，我生尚有何樂趣！言念及此，心酸涕下矣。」關懷之情，溢於言表。

一九二八年六月二十日，顧頡剛在日記上說：「今日下午十一時，慕愚為南京公安局所捕，以她在女子第一中學中立迫社，提倡國家主義，詆毀國民黨，為市黨部政治訓育部檢舉，交公安局逮捕，並謂無論何人不得保出，將以反革命治罪。」日記後來又補記：「七月二日，見此新聞於《中央日報》，意甚憐之。嗟乎，慕愚一腔熱血，不幸為曾琦所用，作此無病呻吟，致陷刑獄，有野心之人以他人為犧牲，真可恨也！」。之後，顧頡剛則展開一連串的營救行動，我們看他在日記上說：「予在廣州，暑假中得高君珊女士信，悉健常（案：譚慕愚）在大學院做科員，不幸以黨案被捕入獄，囑予營救，予因致長信與蔡孑民、戴季陶先生，並發電，請其營救。與健常一函，託君珊轉交，彼得此大哭，來書有「最知我者惟先生」之語。出獄後，東渡日本，學於東京高等女子師範。（是年未見面）」。

而一九二九年八月十六日，顧、譚兩人在蘇州偶然見面，那是三年前北京一別的再度重逢，顧頡剛在日記上這麼寫著：「譚女士之獄，去年以江蘇特別法庭取消，未了結。今移歸江蘇高等法院辦理，傳其到庭，遂由日本歸國。患胃病，在上海醫院割治，尚未痊，今日扶病到蘇。欲訪我地址，不得。適與適之先生同寓蘇州飯站，遂相晤見。三年渴思，忽於今日無意中遇之，真使我喜而不寐矣。渠今頗有意研究滿蒙問題，欲在日本搜集材料，到北平研究之。以彼之才性學力，由政治生涯轉向學術之途，必可有大成就，惟祝其身體強健耳。」

一年半後，也就是一九三一年，譚慕愚已回到南京的內政部工作，並已改名為譚惕吾。一月九日顧頡剛到南京訪譚惕吾，久別重逢，他寫下如下的詩句：「一天風雪冷難支，為約伊人不改期。我願見時便慟絕，勝留餘命更生離。」而在第二天兩人見面了，顧頡剛有如下的描述：「不見慕愚，一年半矣。情思鬱結，日益以深。今日相見，自惴將不止隕涕，直當暈絕。乃覿面之下，塵心盡滌，惟留敬念。其丰儀嚴整，消人鄙吝可知。今日天寒，南方詫為數十年所未有。彼為我買炭，手撥爐灰，竟六小時，我二人在一室中未曾移席。嗚呼，發乎情，止乎禮，如我二人者殆造其極矣。」一月二十四日，日記又寫道：「予與慕愚一段情懷，從未道破，近日頗有在弦上，不得不發之勢。今晨醒來，天尚未明，思欲作書致之，以極簡單之詞約之曰，『我二人相逢已晚，無可奈何。然此世俗之常情，萬流所共趨。以吾輩個性之強，自當超出恆蹊，別求慰藉。』終慮攪亂其心，不敢書也。」

愛慕之情，不敢明說，於是顧頡剛換了個方式。我們看他在二月四日的日記上寫道：「久欲寫慕愚信，今日忍不住了。信中勸其向世界史及中國國民生活兩方面著力，將來好與我共作一部中國通史，我任上古至清，她任鴉片戰爭以後至現在。要是這個工作真能作成，我二人精神之結合將歷千古而長存，不勝於百年之伉儷乎！只要她能答應，我的不安靜的心就可安靜了。」於是他給譚惕吾寫了一封二千餘言的長信，很快地他收到對方善意的回音，顧頡剛在二月十七日的日記上說：「得慕愚書，承受我的要求，自接信日起，每日抽出三、四小時讀書，並作筆記，先從滿蒙新疆西藏等問題做起。俟見解成熟，再作論文以鍛鍊發表能力。為之大慰。只要她的學問有成就，我的生命也就有意義了。」

而一九三三年秋，譚惕吾更隨內政部長黃紹竑親赴綏遠考察，回來後寫成《內蒙之今昔》一書。黃紹竑在該書的序言上說：「（譚惕吾）近年服務內政部尤喜研究邊政。去歲隨同入蒙，任文書及搜集調查之責，以其平日蘊蓄之富，故於所得各種資料，類能運用歷史及科學方法，分析整理，大有助於問題之認識與解決。歸而著此《內蒙之今昔》一書，都十餘萬言，於蒙古之歷史地理及此次內蒙自治運動之經過，莫不加以委曲詳盡之敘述，不僅可供政府處理蒙事之採擇，抑且可備國人邊事之參考。」而譚惕吾將之歸功於「同學夏濤聲之襄助，及吾師顧頡剛、楊秩彝兩先生之校訂。」誠然，就《顧頡剛日記》觀之，譚、夏、顧三人當時為此書同在杭州西湖工作一個月，也留下了不少西湖唱和的詩句。顧頡剛有詩曰：「製就長篇十萬言，要從筆底固邊藩。幾回寫到傷心處，彷彿遙聞啼峽猿。」即是詠此事的。譚惕吾對邊疆問題的興趣，甚至影響到顧頡剛的研究方向，他自己就說過受到譚惕吾的感動，「遂有研究邊疆問題之志」。

當然譚惕吾對顧頡剛的影響還不僅此，余英時先生就說：「為了代譚慕愚取得證明書，他不惜改變初衷，進入北大這塊『是非之場』。胡適和傅斯年大概萬萬想不到，他最後答應來北大歷史系兼任是出於這樣的動機吧。」是什麼動機？請看他一九三一年五月九日的日記：「張西山君轉到健常信，悉健常已到內政部逾半年，例須由銓敘部審查資格，而渠已改名，恐北大預科畢業證書無效，囑我向蔣、胡二先生言之。然我以耽遊覽，來濟（南）已逾期，審查期亦已過，悵甚。即寫夢麐先生信，答應下學年在北大兼課事，請其即速證明健常資格。」以非其本願地到北大兼課，來換取開立譚惕吾的學歷證明，顧頡剛真是為「愛」犧牲了。

一九三六年顧、譚兩人同在南京工作，顧頡剛要找譚惕吾當其副手協助他做研究，當他徵求殷履安的意見，殷卻不贊成。七月八日日記寫著：「中央工作，予欲健常助予為之，以其人有才幹，有宗旨，且熱心，在予友中無第二人也。告之履安，渠不贊成。在其立場上想自當如此，但我敢作誓言於此，予決不負履安，否則十三年之苦痛，忍住了有什麼結果。但若因此而加重健常之苦痛，則將怎麼辦？噫，異性交情，其難如此！」八月八日顧頡剛有感而發，寫了一首詩給譚惕吾，詩曰：「白門重聚首，悲喜俱難量。試看一腔血，頓成兩鬢霜。此心但有託，便老亦何傷。敢以身為炬，與君共耀光。」

一九三八年春，譚惕吾跟隨內政部遷到重慶，九月，顧頡剛也到重慶，兩人時常見面。顧頡剛說：「中秋日宴予於其家。其妹婚後，擬同遊北碚而未果。十月，予至滇，渠至航空站送別。」一九四〇年秋，「健常到成都視察，予訪之於四川旅行社，彼亦訪予於邊疆服務部。宴之於大三元，適逢敵機轟炸，進食已下午三時矣。晚，看齊大學生作羌民歌舞。」一九四一年夏天，顧頡剛到重慶，在青木關開會完畢，就去陳家橋見譚惕吾。是年秋天，顧頡剛再到重慶，譚惕吾則到「三民主義叢書編纂會」見他。

一九四三年五月三十日，顧頡剛在日記寫道：「二時半，履安氣漸促，至二時五十分去世。……履安與予結褵整二十四年，今日永隔幽冥，忍之痛絕。」其實早在四年前，殷履安將顧頡剛父親的喪事料理完後，由蘇州抵成都時，身體已大大受損。顧頡剛說：「渠夙有胃疾，茲於短期中兩涉長途，舟風浪摧傷其臟腑，憔悴至無人形，下站時幾不相識。」（《西北考察日記》）以後雖有所恢復，但元氣已傷。又患惡性瘧疾，高燒與吐瀉並作，終告不治。殷履安之逝，顧頡剛自是痛不欲生，他在七月二十七日的日記這麼寫著：「徵蘭之歿，予僅哭兩次，一氣絕，一入殮耳。獨至履安，則一思念輒淚下，今日又哭出。她對我實在太忠心了，教我如何不想她！今日與伯稼談履安事，又出涕，看《浮生六記》中記逝一章，又泣不可抑。噫，我心真碎矣。」八月一日日記又說：「心緒既壞，身體又劣，生不如死！自珍（案：顧頡剛之次女）謂從未見予如此頹廢。憶祖母死後雖有家庭之變，而有履安相輔，精神上尚不大難堪。今履安死，則『臣無以為質矣』。有生以來，從未有如此之傷心者也。」

而對於殷履安，顧頡剛更有著一份感佩之情，那是在一九三二年三月二十九日給殷履安的信中說：「我最感激你的，是你沒有虛榮心，不教我入政界。前數年，國民革命初成時，我的師友們何等得意，那時我要得一官容易得很。假使你存此勢利之見，要你的夫婿登上政治舞台以為自己的光寵，朝晚在閨房中強聒，我也未必不會心頭一軟，滑到了那邊去。可是你始終無一言及此，使得我還能獨善其身，專心學問。這件事看似平常，其實正不容易。我們兩人，至少在這『淡泊』上面是有共鳴的心弦了！因此，使我感到，我將來的學問事業如能成功，由於我的努力者一半，而由於你的輔助者亦一半。」

由於殷履安的逝世，使得顧頡剛求婚於譚惕吾。而因為譚惕吾將有遠行，使得顧頡剛在新喪不久，就有「再婚」之舉。六月十五日他開始寫長信給譚惕吾，這封信共十頁，約九千四百字，寫了六天。顧頡剛說：「予與健常鍾情二十載，徒以履安在，自謹於禮義，此心之苦非他人所喻。今履安歿矣，此一幅心腸自可揭曉，因作長函寄之，不知被覽我書，將有若何表示也。（此事本當少遲，以彼將有遠行，不得不速。）」二十六日他收到譚惕吾的回信，十分意外，他在日記上說：「今日上午十時得健常信，態度甚冷，使我幾暈。彼如何如此忍心？無意耶？弄狡獪耶？在柏溪時，折紙作兩鬮，一書譚，一書他姓，置於掌，祝而搖之，三次皆得譚。今夜復作兩鬮，一書成，一書不成，則三次皆得成。果爾，則健常此函特試我耳。」二十年的感情，得此結果，終教他難以相信。於是二十七日日記又說：「晨三時半醒，想健常事，意不能自遏，天明即起寫信。看今明兩書達到後，彼將作何答覆。」到了三十日他們兩人終於見面了，日記上這麼說：「健常來，同到金剛吃茶、飯。談一小時。午間健常之來出予意外，渠云，為我想，須有子。為彼想，彼是一活動之人，不能管理家務。把她心中問題直接說出，反使予放心。予必設法，使彼此間相成而不相妨。」但還是拒絕了顧頡剛的求婚。後來王熙華教授在文章中亦說「抗戰中，顧頡剛的妻子殷履安病逝後，他曾向她求過婚，她以自己已不能生育而拒絕了。顧頡剛只得另行續娶，但他畢生愛著這位女子，至死不渝。」作家葉永烈在《反右派始末》書中談到譚惕吾說：「一九三三年黃紹竑赴內蒙古巡視時，調她做為隨員，從此她與黃紹竑有了密切的關係，以至成為黃紹竑的『感情的俘虜』。」譚惕吾前後追隨黃紹竑二十年，葉永烈還認為譚惕吾之於黃紹竑，就如同浦熙修之於羅隆基，因此譚的拒絕顧的求婚，或許與此有關。

同年十月十三日顧頡剛接受友人蕭一山、羅根澤的介紹，開始和張靜秋女士交遊了。張靜秋，江蘇銅山人。一九三三年自北平師範大學外語系畢業後，即與三位志同道合的同鄉女友，回徐州創辦立達女中。「七七事變」後學校停辦，她隨家人逃難至廣西桂林，任桂林女中教員，一九四〇年轉至重慶等地教書，是時任職於中央大學柏溪分校：張靜秋篤信教育救國，一心在工作上，因此年屆三十五歲尚未結婚。一九四四年四月四日，顧頡剛與張靜秋訂婚，同年七月一日在北碚結婚。因考慮當時公務人員生活太苦，因此不舉行婚禮、不發請帖，亦不印謝柬，只招待一些極熟的朋友，在蓉香飯店請了客。這是顧頡剛的第三次婚姻。

據葉永烈書中說，一九四五年，譚惕吾加入了中國民主革命同盟，站到中共的統一戰線的旗幟之下。一九四九年一月，黃紹竑出任國民黨政府和平談判代表團團員。當國民黨政府拒絕在國內和平協定上簽字之後，黃紹竑出走香港，公開發表聲明，脫離國民黨政府。當黃紹竑在香港時，譚惕吾幫助中共華南局和黃紹竑暗中接頭，後來促使黃紹竑從香港前往北平，出席中國人民政治協商會議第一次全體會議，使黃紹竑成為中國共產黨的戰友。

一九五四年以後，顧、譚雖仍有見面，但一屬於「民主促進會」，一屬於「中國國民黨革新委員會」（民革）兩人開會時分別在政協與人大。一九五五年一月一日，顧頡剛在日記上說：「到惕吾處，長談，留飯。今午同席：曾萍、王偉、黃鏡吾、譚家昆及其子女（以上客）。譚惕吾及其子利民、女靜（以上主）。惕吾之母已於去年在京逝世。其子女二人則所撫孤兒也。」譚惕吾終身未結婚，其子女乃是撫養的。

一九五七年「反右」運動發生後，顧頡剛在六月二十九日的日記上說：「報載人民大學法律系四年級女生林希翎（亦名程海果）大發反社會主義謬論，渠曾住譚惕吾家，與黃紹竑亦有往還。予前覽報，覺民盟章伯鈞、羅隆基、儲安平等有組織，有陰謀，而民革若龍雲、黃紹竑、陳銘樞、譚惕吾等不過說話隨便，似不當同等看待。今觀人大揭發，殆不其然。論世知人，戛戛乎難哉！」

在「反右」運動中，譚惕吾和黃紹竑均為民革成員，但在民革同受批判。民革副主席熊克武，曾以〈譚惕吾是右派向黨進攻的急先鋒〉為題，於一九五七年十二月十四日在民革中央舉行的「揭露批判右派分子譚惕吾反動言行大會」上發言，進行批判，其中說道：「譚惕吾與右派分子黃紹竑，一項在政治上緊密勾結，在這次向黨向社會主義進攻中，更是狼狽為奸，此唱彼合。關於這方面的事實，譚惕吾迄今還未徹底交代。譚惕吾與大右派學生林希翎，早在今年三月間就勾結在一起，攻擊人民司法，鳴放期間，譚惕吾還勾結章羅聯盟的骨幹分子范樸齋，社會主義學院右派分子唐現之等人，企圖互相策應向黨進攻。由於人民群眾及時展開反右鬥爭，其陰謀詭計始未得逞。」民革中央常委朱蘊山接著批判了譚惕吾的「頑固態度」，他說：「可是直到今天，右派分子譚惕吾還是不肯交代自己嚴重的政治罪行，更沒有真誠悔過自新的表示。」另外楚溪春、錢昌照、陸天的聯合發言，更歷數譚惕吾「爭名爭利的醜行」。批判之聲，撲天蓋地而來，民革中央整風辦公室在一九五八年一月，甚至還編印有《揭露批判右派分子譚惕吾反動言行大會發言彙輯》的冊子。

一九五八年四月底的《顧頡剛日記》云：「本月十八日到社會主義學院參觀大字報，諸大右派分子章伯鈞、羅隆基、陳銘樞、李健生、黃紹竑、儲安平、費孝通、錢端升、浦熙修、陳銘德、鄧季惺、葉恭綽咸有，獨不見龍雲、章乃器、譚惕吾三人，蓋彼輩不肯學習也。與伯昕談，我輩要否去勸一勸。渠云不必，統戰部曾召極右派分子開會勸導，譚惕吾發言仍強硬不服罪，毛主席說，讓他們待著看罷。聞之殊為憂慮，今日何日，乃猶作死硬派耶！龍雲年老不必說，章乃器、譚惕吾年均五十餘，在社會主義建設時期大可作為，乃將以死硬派終耶？」對於這段描述，余英時先生不無感慨地說：「顧先生想去勸她，可見關懷之情不減往昔。但是他們兩人此時的思想距離，相去已甚遠。譚負隅頑抗之際正值顧『向黨交心』之時。」確實顧頡剛在一九五八年四月十六日的日記上說：「今日予向同人挑戰，不但比數量，而且比深比透，成一積極分子矣。歸後為靜秋言之，渠喜而不寐。」

一九七一年八月三日，當時還在「文革」其間，《顧頡剛日記》這麼記載：「予打電話與健常，未通，豈真有憾於我耶，抑他遷耶，今生尚得相見耶?思之悵然。」一九七八年九月六日，已經八十五歲高齡的顧頡剛，重翻五十四年前的日記，當他看到一九二四年他和譚慕愚初相識並大夥同遊頤和園的情景時，往事歷歷，如在眼前。他「不覺悲懷之突發也。因題詩於上，以志一生之痛。」詩曰：「無端相遇碧湖湄，柳拂長廊疑夢迷。五十年來千斛淚，可憐隔巷即天涯。」因為當時譚的「右派」帽子未摘，兩人雖同住北京，但卻咫尺天涯，終不得相見。儘管如此，顧頡剛對譚惕吾依然關心著，我們看一九七九年二月二十四日日記說：「今日報載人大常委會中設立法制委員會，費孝通、譚惕吾皆在，知一九五七年之冤獄一洗而空矣。為之喜慰。」而在一年多後，一九八〇年十二月二十一日，顧頡剛走完了人生的最後一程。享年八十七歲。

王熙華教授在文章上說，顧先生畢生愛著這位女子，「此事，他續娶的夫人知道，他的子女也知道，並和她有著友好的往來關係。因為，她尚健在，這裡就暫隱其姓名了。」而在顧頡剛百歲誕辰時，當時已九十一高齡的譚惕吾也趕來參加紀念會，還做了〈顧先生的驚人記憶力〉的簡短發言，她說：「顧先生是我的老師。顧先生搞歷史研究，他的記憶力也是驚人的。有一次我同顧先生一起去看胡適之先生，胡先生問他一個歷史事件，是在《二十四史》哪一冊裡面？他就走到胡先生的書櫃前，從《二十四史》中拿出一本，不僅翻出頁數並且指出行數給胡先生看。我一看，覺得顧先生了不起，一部《二十四史》中，一個歷史事件在其中何卷、何頁、何行都可以找出來，這是很罕見的。顧先生研究歷史，不是迷信歷史，還要考證，辨別真偽，就是古史辨嘛，是很了不起的，也是研究歷史者所難能可貴的。我對顧先生十分欽佩，今天是顧先生百年誕辰，特趕來紀念。」

再四年，一九九七年譚惕吾故去，享年九十五歲。

（本文顧頡剛先生的圖片採自顧潮女士的《歷劫終教志不灰——我的父親顧頡剛》，謹致謝忱）

他生未必更情深
——張恨水的三次婚姻

他是中國小說史上罕見的「奇才」，是寫通俗小說的代表人物。畢生創作了一百多部中長篇小說，字數總計超過兩千萬字。他的作品被改編成電影、話劇、地方劇，以及評彈曲藝等等，得到廣大觀眾的讚賞。他的小說雅俗共賞，不僅市井小民愛看，連學者教授也愛看，如史學大師陳寅恪、著名學者夏濟安、最負盛名的女作家張愛玲都是他的忠實讀者，他就是張恨水。

張恨水，本名張心遠。祖籍安徽潛山，一八九五年五月十八日生於江西。七歲在蒙學讀「四書五經」。開始對古書產生興趣，聰穎好學，深受先生喜愛，並被鄉人譽為「神童」，從此與書結下不解之緣。十三歲寫了一篇武俠小說，並自繪插圖，為其第一次進行小說創作。一九一〇年七月，考入甲種農業學校（中等專科學校），初次接觸數、理、化學課程，困難甚多，忙於應付功課。然假期仍醉心於文學，從《儒林外史》學得諷刺，從林紓所譯小說中瞭解西洋小說的心理描寫，對章回小說《花月痕》中的詩詞小品及精彩工整的回目極為喜愛。十八歲時，偶見《小說月報》徵文，寫就短篇小說〈舊新娘〉（文言）和〈梅花劫〉（白話），第一次投稿，獲該刊主編惲鐵樵回函及鼓勵。

而就在這年，母親決定為他早日成婚（因父親在他十七歲時抱病去世），於是便託媒人說了一門親。女方家庭較張家富裕，姑娘也賢淑，母親聽了很滿意，便與媒人約好親自去相親。但卻不是正式見面，而是約好在一次看戲時偷偷看了一下，媒人指著遠處看戲的姑娘說：「喏，就是那姑娘！」母親抬眼望去，果然有個很俊美的姑娘。於是親事就說定了，接著就下了聘禮。張恨水雖反對這種包辦婚姻，但他又是個「孝子」，何況母親又一再告訴他，那姑娘是如何的賢淑美麗，不由得使讀過不少濃詞艷章和才子佳人小說的他，產生了對美好婚姻的幻想。不料新人迎進門，揭開了蓋頭，幻想就破滅了。說實在的，這位姑娘是長得有點醜。事後得知，那天相親，姑娘和表姐妹們一同看戲，不知是媒人使了「調包計」，還是母親一廂情願地把一位最美的姑娘當作未來的兒媳婦。總之，娶回來的是最醜的。於是在新婚之夜，演出新郎倌不見的事，全家慌成一團，最後總算在村外峽嘴子西邊的一座小山上找到了。母親流著淚對他說：「我對不起你，這事是我做錯了。可是人已經娶回來了，不能退呀！就算是替我娶的吧。將來有中意的，你再另娶一個。」聽到母親這一番話，再看看那無辜的新娘，是啊，退婚豈不是把她送上死路！於是他就這樣違心地接受了這樁婚姻。

這第一位夫人叫徐文淑，沒有文化，又拙於言詞，張恨水與她終日無話。因此他滿腹苦悶，關在老書房裡讀書寫作，完成第一部章回體長篇白話小說《青衫淚》。而一年後，張恨水更帶著滿腹的惆悵離開家鄉，從此開始浪跡江湖的筆墨生涯。首先他前往漢口，投奔當編輯的叔叔，每日為小報補白，開始用「恨水」的筆名。而後又隨「文明進化團」至湖南常德，初次登台，參加了《落花夢》的演出。一九一九年被任命為《皖江報》總編輯，正式開始記者生涯，其時尚未滿二十四歲。這年春，他早期寫的中篇小說《紫玉成煙》在《皖江報》發表，又撰白話長篇言情小說《南國相思譜》，在報上連載。不久，其諷刺小說《真假寶玉》和《小說迷魂遊地府記》在上海《民國日報》刊出。「五四」運動，張恨水「受到很大刺激」，在《皖江報》上辦起了介紹五四運動的周刊，宣傳新文化運動的觀點。這年秋天，他辭去《皖江報》總編輯職務，隻身來到北京，準備報考北京大學。也許是過了報考時間，也許是自己改變了主意，總之，張恨水沒有到北大去做旁聽生。而是任天津《益世報》、蕪湖《工商日報》的駐京記者，後來又擔任世界通訊社總編輯、兼任北京《今報》編輯。一九二四年四月，應成舍我之邀創辦《世界晚報》，主編其副刊「夜光」，並撰寫長篇小說《春明外史》於該副刊連載，約百萬字，是張恨水第一部有影響力的作品。

而就在這段期間，他兼著幾個報館的工作，還要寫小說，孤身一人，工作勞累，心境寂寞，很自然地想有個溫馨的家。大約在一九二三年至一九二四年之間，有個朋友向他介紹了救濟院一位姓馬的姑娘。那時救濟院裡收養的無依無靠的女孩子，如被人看中，只要雙方同意，便可按規定辦手續領娶。那馬姑娘人很靈秀，也有點文化。見面後雙方都有意，不料當他向院方提出申請時，竟遭拒絕，原來馬姑娘已被別人看中，只是她不同意。那人就疏通院方，對她施加壓力。馬姑娘無奈之下，便把救濟院裡的另一位姑娘胡秋霞介紹給張恨水。胡秋霞四川人，出身貧苦，自幼被拐賣到北京當丫頭，因不堪虐待，進了救濟院。她性格豪爽，與柔弱文

張恨水作品書影。

靜的馬姑娘互相照顧，情同姐妹。張恨水聽了她的身世，十分同情，也因為馬姑娘的介紹，不由得產生了「愛屋及烏」的想法。於是在一九二四年秋天，他娶回了胡秋霞，把對愛情的渴求和對不幸弱女子的深切同情，全部傾注在她身上。秋霞意外地得到這樣一位丈夫，一個舒適的家，當然對張恨水充滿感激之情。雖然秋霞沒有文化，卻能繪聲繪影地講述她往昔的不幸生活遭遇。幾年後，張恨水的長篇小說《落霞孤鶩》中，那留養院的生活描述，自然得力於秋霞，而書中的人物落霞也是秋霞的原型。婚後兩個人各有所得，生活還是幸福的。可是好景不長，由於文化的懸殊和生活中各種複雜的因素，使得兩人之間終於產生裂痕。

一九二六年張恨水已成為名噪大江南北的小說家了，收入也漸豐，於是他把母親和一家人都接來北京，徐文淑也隨同前來，她與張恨水的婚姻雖名存實亡，但她依舊侍奉著婆婆，盡媳婦的孝道。而這時胡秋霞已經有了第一個女兒慰兒。親人團聚，添人進口，都不乏歡樂。但此時的張恨水卻得日夜工作，白天在家寫小說，有時同時寫幾部小說在幾家報紙上連載；夜晚還要到報館去編報。秋霞感到自己受冷落了，常常獨自一人借酒澆愁。一個需要的是丈夫的溫存與憐愛，一個需要的是妻子與他共負生活的重擔，分享創作的喜悅。可是，兩個人都不可得。秋霞本是性格直率外向的人，喝醉了酒更無所顧忌地摔東西、罵人。他們就生活在這無奈之中。

一九二七年張恨水的長篇小說《金粉世家》開始在《世界日報》副刊連載，歷時五年，風行一時，又為他在小說創作界奠定了地位。一九三〇年三月十七日，他的長篇小說《啼笑因緣》開始在上海《新聞報》副刊〈快活林〉連載，同年十一月三十日載畢。該作品在社會上引起很大迴響，其後被多次改編為電影、戲劇等。曾有兩家公司為取得電影攝製權大打官司。

而就在一九三一年，張恨水有了第三次婚姻，據張恨水的好友張友鸞的女兒張鈺的文章，我們得知那是春明女中的學生周淑雲。由於張恨水的大妹張其範是春明女中的教師，在師生來往中，他與周淑雲相識了。（案：據張恨水與胡秋霞之女兒張正的文章說並非由張其範作媒或穿針引線的）周淑雲愛讀張恨水的小說，愛唱京戲；偏巧張恨水也是個京劇迷。雖然兩人相差近二十歲，但在一起談小說，談京戲，卻有談不完的話。以至張恨水竟將她引為紅粉知己，而周淑雲對他則由仰慕進而產生了愛戀之情。兩情相好，議及婚嫁，張恨水向周淑雲如實說明了自己的婚姻狀況及無奈的心情，她卻表示，只要和他終生相伴，並不計較他已有家室。張恨水喜出望外，他覺得自己真正地找到了愛情，他將開始人生新的篇章。於是他聯想到《詩經・國風》第一章〈周南〉，他為周淑雲改名為周南。他認為和周南的結合，是他們由相互愛慕而產生的真正的婚姻，他必須按老規矩「明媒正娶」。於是，他租房子、置家具，託人說媒，行聘迎娶，一切如儀。而後又雙雙南遊蘇、杭、滬，度過一個「新派」的蜜月。這次婚姻給張恨水帶來全新的生活感受。南遊歸來，他又全力投入寫作。過去他曾說自己是「文字的機器」、「新聞工作的苦力」，而現在辛勤的筆耕成為愉快的享受。工作時，一個伏案揮毫，一個鋪紙研墨；休息時，或夫妻對弈，或一人操琴，一人引吭，來一段清唱。這是張恨水生活上最幸福的時期，也是他創作上的豐收時期。他在完成《金粉世家》的同時，又開始創作《錦繡前程》、《水滸別傳》等幾部小說。而「九一八事變」，他為鼓吹抗日，僅用二十六天，寫了三篇小說：《九月十八》、《一月二十八》、《仇敵夫妻》；一個劇本：《熱血之花》；一組筆記和二組詩：《健兒詩七首》、《詠史詩四首》。

張恨水與周南另組家庭後，對秋霞則仍盡他作丈夫的義務，周南體諒他，並不干預。秋霞卻不能接受這個現實，心情更加不好，越發沉溺於杯中之物。但由於分開生活，倒也相安無事。這樣一直到一九三六年，張恨水和張友鸞在南京合辦《南京人報》，才把家小從北京接到南京。秋霞的兩個女兒都在一九三二年死於猩紅熱，此時她身邊的兒子曉水已經八歲了；周南也有了兩個兒子，二水和張全。一九三七年抗戰爆發，張恨水把家眷送到安徽老家，獨自留在南京。南京淪陷前，他到重慶參加《新民報》的工作。而在安徽的周南惦記著遠方的張恨水，

張恨水1945年攝於重慶。

她決心不顧關山險阻、千里尋夫。她把六歲的二水託付給她母親，自己懷抱著未滿周歲的張伍，領著三歲的張全上路了。在那戰火紛飛的日子，一個二十多歲的柔弱女子，帶著兩個幼小的孩子，從安徽跑到四川，一路艱辛自不必說，光是她的那股勇氣，也確實令人驚嘆。

從此張恨水與周南在重慶海棠溪的茅屋裡，共同度過了風雨飄搖的八年。這八年間，他們又有了兩個女兒，明明和蓉蓉。他們的生活是清苦的，感情生活卻是豐富的。在張明明的《回憶我的父親張恨水》一書中，〈養豬〉、〈吃『平價米』〉、〈『山窗小品』和我的童年〉等篇，對他們當時苦中有樂的生活，作了極有情趣的描述。而當年周南曾以「南女士」署名，在《新民報》上發表過〈早市雜詩〉，從詩中「嫁得相如已十年，良辰小祝購葷鮮，一籃紅翠休嫌薄，此是文章萬字錢。」「朝霞沾鞋半染衣，街頭濃霧比人低，曉涼敢說儂辛苦，昨夜陶潛負米婦。」可以看出他們同甘共苦的生活，也可以看出她對張恨水的體貼、摯愛之情。抗戰勝利後，張恨水帶著周南和兩對兒女到安慶探望久別的老母，而後為北平《新民報》的創刊，獨自去了北平。他在北平北溝沿購置了一所大房子，於一九四七年底將周南、秋霞和孩子們都接了來，大家一起生活。但八年的分離，使秋霞和張恨水的思想差距越來越遠，她並沒有感受到重聚的喜悅，雖然一九四八年她又有一個女兒——張正，但她心情一直不好，而且酗酒成為習慣，動輒吵鬧。沒有辦法，張恨水只得在大茶葉胡同另置一處房子，安頓她和她的兩個孩子。他每個月去探望一次，送去生活費。從此他們再也沒有在一起。

一九四八年秋，張恨水辭去《新民報》的工作，專事寫作。不料一九四九年六月，他突患腦溢血，送醫院搶救，醒來時已是半身不遂。周南侍奉湯藥，日夜守護，還要應付一家人的生活。為了支付昂貴的醫療費用，她賣掉僅有的一點首飾。這一年她的小兒子張同出世，家中六個小孩嗷嗷待哺；老家徐文淑那裡，每月需要寄贍養費；秋霞和一雙兒女要生活。不得已，一九五〇年他們賣掉了住了三年的大宅院（那是張恨水為周南置的唯一的不動產），換了一個小院落。經過一段時期的療養，張恨水的病情逐漸好轉，一九五三年他恢復寫作了。但就在他獲得生命的第二個春天時，周南卻病倒了。她原本身子就單薄，再加孩子多，長期過度操勞。一九五六年，她被發現患了癌症，自知凶多吉少，常常背地裡暗自飲泣，但在張恨水的面前，她又要強作歡顏。雖經兩次手術，到一九五九年終於臥床不起，在她四十四歲時離開人世。周南的病逝，對張恨水的打擊實在太大了，他在床頭掛滿了周南的照片，他寫了一首又一首的悼亡詩詞。其中如「不學莊周賦鼓盆，無情事鑵有情根，柳枝細想移蓮步，畫像雙瞳出淚痕。花果一盤供素影，心香三炷吊芳魂，書聲斷續何人理？小院窗閒畫掩門。」可看出他對周南的無盡思念。另外在他的書桌裡還有未完成的封筆之作，是他逝世前年年寫的三闋詞，字跡難以辨認，但可以看出，他是以顫抖的手和顫抖的心，在呼喚著周南。周南去世後，秋霞曾表示願意陪伴他度過晚年，但卻被他謝絕了。他不願承認周南已經離開人間，他要保留他和周南共同生活的一切，守著周南的照片和遺物，直到他離開這個人世。

而一九六七年農曆正月初七，張恨水因腦溢血發作而去世，終年七十二歲。在張正的文章中提到「一九六七年正月爸爸去世了。在此之前，他曾與樸野三叔見過一面，老人痛苦地嘆惜：唯願暮年有秋霞為伴，可是不能……。一九八二年媽媽也去世了。」

徒教靈雨灑空山
——許地山的幸與不幸

許地山，人稱「許真人」。

一九九五年為了拍攝作家紀錄片，我們來到香港，在香港學者小思（盧瑋鑾）的帶領之下，在薄扶林道的中華基督教墳場，尋找作家許地山的最後歸骨之所。在密密麻麻的墳墓中，「甲段、十一段A三穴之二六一五」，這個奇怪而難記的編號，幫我們找到一塊青石碑，上面刻著「香港大學教授許公地山之墓」，但這個墳地，卻沒有一朵花、一柱香，寂寂地在那裡躺了五十多年了。小思不無感慨地表示，裡面埋著一個為香港做過許多事的有用人、一個著名作家，但許多香港人不知道！是的，許地山自一九三五年應香港大學之邀，任港大文學院教授，至一九四一年病逝，期間他無時無刻不在為香港的學術文化盡心盡力！

許地山，筆名落花生，台灣台南人。一八九三年生，三歲時因馬關條約台灣割讓給日本，台灣的愛國志士不甘當亡國奴，在丘逢甲領導下謀立共和國。日軍入侵，台灣軍民奮起抵抗。許地山的父親許南英臨危受命，出任台灣籌防局團練局統領，隨劉永福扼守台南，終因勢孤力單而敗。在日軍追趕下，率全家乘竹筏到安平，再搭輪船抵汕頭。由於清廷不准他們保留台灣籍，只得落籍福建龍溪（漳州）。而許南英自返回大陸後，一直在廣東各地作小官，先後赴廣州、徐聞、欽州、陽江、三水等地就職。許地山每每隨家遷徙，在顛沛動蕩中受完了初、中級教育。辛亥革命後不久，由於父親去職賦閑，家道中落，年方十九歲的許地山即開始自謀生路。先在漳州福建省立第二師範任教，一九一三年赴緬甸仰光華僑辦的中華學校任教，一九一五年底回國，在漳州華英中學任教，加入基督教閩南倫敦會，一九一七年又回福建二師任教，兼附小主事。是年秋由教會津貼入燕京大學文學院學習，開始了新的人生旅程。

許地山初入燕京大學時，被同學視為怪人。六十多年後許地山的續弦夫人周俟松這麼回憶著：「他初入燕京大學時被同學們視作怪人，看作傻子。有人說許地山是個怪人，其怪有三：天天練習寫鐘鼎文（其實是寫梵文），此其一怪；每日總是穿著下緣毛邊的灰布大褂，不理髮，頭髮留得很長，二怪也；三怪是吃窩頭不吃菜而蘸糖。這樣的一位怪模怪樣的學生，又長著一副紫膛面孔，嘴巴老像是開口笑著，豈不怪嗎？……正因為如此，初進燕大時大家看不慣他，他也只好獨來獨往，落落寡合。同學們贈給了他一個外號，叫他『許真人』。」

一九一八年初，許地山與台灣省台中的林朝棟的女兒——林月森在漳州結婚。林月森的哥哥林季商和許地山曾是同學，許地山也因此而得識林月森。當年年底，林月森為許地山生了一個女兒，取名許楙新。而這時許地山仍在燕京大學就讀，只能等到學校放假，才能回家一趟，和老母、愛妻、愛女相會。如此，經過三年，學業結束，安排了工作，許地山決心結束這種「兩地分居」的生活。接妻女進京團聚。而就在往北京的途中，他們在上海停留，會見好友鄭振鐸等人，沒想到林月森卻患病，客死於上海。許地山的悲痛自難形容，在一周年的忌日，他寫下了這麼一首詩：「轉眼間，一年又過去！／這一年中，故意想起你的死，／倒不甚令我傷悲，／反使我心充滿了無量歡愉。／然而歡愉只管歡愉，／在無意識中，在不知覺中，／我的淚卻關鎖不住；／妻啊，往事不必再提起。／再提也無益。／你本是一個優婆夷，／所以你的涅槃是堪以讚美。／妻啊，若是你的涅槃，／還不到「無餘」，／就請你等等我，／我們再商量一個去處。／我的心田已成了孟買的埩嘿塔。／一具一具的愛屍，／早被盤空的禿鷲啄食乾淨。／女人，我的愛已經老死盡，／再也沒得給你了！／人一疲倦，／梵書入眼都凌亂。／伊垂頭要眠眠不得，／對著孤床心更酸。／同情的眼淚到窗盡化雪，／怕的是濺濕綠窗簾。／我用情正在這時節，／共談何如把燈滅。／燈滅、月殘，話還沒談完，／雙睛已變滴水岩。」而《空山靈雨》一書中的〈七寶池上底鄉思〉也是懷念亡妻的作品，它藉著來到極樂世界的少婦，日日思君悲啼，全不理天堂的妙音寶相，更不理迦陵頻迦的再三勸告。我們看看這執著於情愛的少婦的吶喊——「你的聲不能變為愛的噴泉，／不能滅我身上一切愛痕的烈焰；／也不能變為忘的深淵，／使他將一切情愫投入裡頭，／不再將人惦念。／我還得回去和他相見，／去解他的眷戀。」情之所鍾，真是勇往直前。除此而外，他還將這段深情，寫成感人至深的小說〈黃昏後〉，篇中他藉著主角——一位老鰥夫——帶著兩個女兒避居在一個有山有海有樹林的僻靜處，他無法抹去印在心頭上的亡妻形象，常獨自到妻子墳墓前彈琴，晚上睡覺前還虔誠地為她祝禱，與她進行靈魂的對話。一天黃昏後，他細細為兩個女兒敘述她們的母親——他的妻子——的往事：「你和你媽媽離別時年紀還小，也許記不清她的模樣；可是你需知道不論要認識什麼物體都不能以外貌為準的，何況人面是最容易變化的呢？你要認識一個人，就得在他的聲音容貌之外找尋，這形體不過是生命中極短促的一段罷了。樹木在春天發出花葉，夏天結了果子，一到秋冬，花葉、果子多半失掉了；但是你能說沒有花、葉的就不是樹木麼？池中的蝌蚪，漸漸長大成為一隻蛤蟆，你能說蝌蚪不是小蛤蟆麼？無情的東西變得慢，有情的東西變得快。故此，我常以你媽媽的墳墓為她的變化身；我覺得她的身體已經長得比我大，比我長得堅強；她的聲音，她的容貌，是遍一切處的。我到她的墳上，不是盼望她那臥在土中的肉身從墓碑上挺起來；我瞧她的身體就是那個墳墓，我對著那墓碑就和這屋對你們說話一樣。」

自從愛妻死後，許地山就一直過著鰥夫的生活。林月森在彌留之際，一再勸許地山再尋另一個伴侶，但用情專一的他，卻時時刻刻難以忘卻亡妻的音容笑貌。他的心如一口乾涸的井，他自認此生大概不會再嚐到愛的甜蜜了。而就這樣忽忽八、九年的時間過去了，許地山埋首於工作、學術，倒也怒然無慮、自得其樂。沒想到在一九二八年，年已三十六、七歲，素以穩健成熟著稱的他，竟然被丘比特的神箭射中了那顆多情的心。

一九二八年經戲劇家熊佛西之介紹，許地山認識了剛畢業於北京師範大學數學系的周俟松。而其實在十年前他們就見過面，據周俟松的回憶：「我第一次見到許地山是在一九一九年五四運動的遊行隊伍中，有人告訴我，那人是許地山。見他手持標語旗，高喊口號，無所畏懼的衝鋒陷陣，隨著隊伍到東交民巷。當時已是內外密布軍警，代表去大使館，洋人拒不接見。群眾在憤怒中，隊伍轉奔賣國賊曹汝霖住宅趙家樓。在遊行中我只是見到許地山這個人。一九二一年魯迅組織的俄國盲人作家愛羅先訶的歡迎會上，有許多燕京大學學生，從他們談話中又一次認識了許地山，也未交談。」周俟松是湖南湘潭周印昆（大烈）的女公子，周俟松說：「五四運動後，社會上思想解放，各大學開禁招收女學生。一九二二年我考入了北京師範大學數學系，我原來打算學醫的，那就要先進燕京大學。可是在師大附中畢業後大病一場。身體弱了，又因為我父親周大烈拒絕曹錕賄選，辭去了國會議員職，閑居在家多年，深恐經濟負擔重，因此改進北京師範大學。地山說過：『幸而你沒進燕大，我是不會和學生談戀愛的。』」而就這樣陰錯陽差，如命中注定了，他們相識相愛了。周俟松還說到他們在熊佛西家初見面的感覺：「他大眼炯炯有神，濃眉重髮，山羊鬍子，態度優雅，談笑風生，語言詼諧。」我們看十二月十九日許地山給周俟松的第一封情書這麼寫著：「大小姐：自識蘭儀，心已默契，故每瞻玉度則愉慰之情甚於飢療渴止。但以城郊路遙不便時趨妝次，表示眷慕私情，因是縈迴於苦思，甜夢間未能解絲毫，即案上寶書亦為君掩盡矣。本月二十六日少得一日之暇，如君不計唐

許地山與周俟松1938年結婚九周年紀念。

突，敢於上午十一時趨府，侍君與令七妹先至公園一遊，然後往觀幕劇，專此敬約，萬祈賜諾。順頌學安　七小姐乞為叱名問候　許贊堃　謹白」除了約會，還透露出發自靈腑的一片痴情。

兩人的交往，原本應該順利的，沒想到卻好事多磨，遭到周父的反對。周父雖是舊式官紳，但為人開通，何以至此？究竟原因是，他認為許地山的相貌與他的好友北師大校長范源廉的面部某些處相像，而范不幸短命死矣，因此他認為許地山恐也不長壽，因此為女兒幸福著想，他反對這門親事。由於父親的阻撓，周俟松在一九二八年北師大畢業後，便去上海，再轉武漢一女中教書。許地山為此倍覺傷感，接連來信，字裡行間情真意切，甚至箋上淚痕斑斑，隔年他帶領學生到上海等處調查蛋民生活，恰巧周俟松放暑假也回上海，久別重逢，感情更增深厚。後來他們又都回到北京，周父終於拗不過女兒，作出了讓步。於是兩人終於在一九二九年的五月一日結成連理了。許地山剪掉留了多年的「美髯」，又添置了一套新的家具，還請人設計圖案。以松樹、靈芝組成，暗含著周俟松的名字。周俟松雖然學的是數學，但對文學有著濃厚興趣。風晨雨夕，他們夫妻共同捧著一部作品高聲誦讀，讀到精彩處，相與鼓掌喝彩。許地山每寫作，也必首先同妻子討論，聽取她的各種意見。「寫到高興時，深夜不輟，他風趣地說：『紅袖添香夜讀書，這是多麼幸福的事！』又感慨地說：西歐有個作家，他妻子死了以後，他就擱筆不再寫文章了。他們是知音啊。」周俟松晚年回憶往事，仍很動情。

深閨中，夫妻間有時也會開個小玩笑。許地山生來頭腦聰敏細密，能寫一手好文章。但有一個極大的弱點，終生都難克服。他的數學計算能力很差，數數只能一個一個地數，要讓他一五、一十、十五、二十地往上加，數不上幾下，便會弄得顛三倒四，急得滿頭大汗。數學系畢業的高材生周俟松有時偏偏要丈夫難堪，非要和他賭輸贏不可，結果當然都是許地山敗北。最後周俟松扳著他的手指頭教他數，但數不上幾下，又弄錯了，氣得周俟松羞他「沒出息」。許地山則淡淡地說：「人有所長，亦有所短。揚長避短，誰奈我何！」而夫妻生活，難免有鬧意氣的時候，於是許地山想出了一個「夫妻公約」：一、夫婦間，凡事互相忍耐；二、如意見不合，在說大聲話以前，各人離開一會；三、各以誠意相待；四、每日工作完畢，夫婦當互給肉體和精神的愉快；五、一方不快時，他方當使之忘卻；六、上床前，當互省日間未了之事及明日當做之事。

一九三五年許地山受燕京大學教務長司徒雷登的排擠，被燕大解聘。他自一九一七年入燕大讀書，至離開時，共十九年，可說是學於斯，教於斯，有著深厚的感情，而驟然要離開，令他有些悲憤交集。而旋由胡適之推薦，他應香港大學之邀，任港大文學院教授。他舉家遷往香港羅便臣道。而香港大學聘中國人為教授者，除以前醫學院王寵益教授外，許地山是第二人。而當時港大中文系課程深受八股時代的影響，除四書五經之外，偏重於唐宋八大家、桐城派古文辭及記誦之學等。許地山就任後，將課程分為文學、史學、哲學三系，使內容更為充實、更有條理、更現代化。而除了港大的課程外，許地山對推展香港之中小學教育也不遺餘力，如改良小學教科書，向教育當局提議召開中小學教師研討會等。他還計畫在大嶼山設立一所書院，可惜沒有成功。而在去世前，還計畫籌辦從業知能補充學校，使一般在職人士在業餘之暇，學習他們所需的知識。

綜觀許地山的一生，從早期的新文學創作者，而為學者，再到教育家，每個階段他都全力以赴。當他的散文集《空山靈雨》及第一個小說集《綴網勞蛛》出版後，他曾一度中止文學創作，轉而從事學術研究。一九二八年他卻又寫了《在費總理的客廳裡》的小說，然而「落花生」的名字又不斷出現在各種文學刊物。這時期他還寫劇本、雜文、童話、自傳，翻譯外國文學作品等。而作為學者，他出版了《扶乩迷信之研究》、《國粹與國學》、《印度文學》、《道教史》（上冊）、《許地山語文論文集》等。而他的小說《春桃》更被改編為電影。

一九四一年八月四日，許地山因心臟病發，終年四十九歲。假如天假以年，他的成就，將不在許多大學問家之下，他的遽爾去世，無疑是文化界的一大損失。作家兼記者楊剛說：「當我看見你埋在書堆中間，埋在書目卡片和札記本中間，當我看見你把自己鎖在書架中間低頭抄錄和寫作的時候，我就不能不承認你是一位真實的學者了。真的，不讀你的《綴網勞蛛》，不會知道你是一位能文藝的作家；不讀你的《危巢墜簡》，不會知道你是那憂深思遠、抑鬱憤恨的有心人；不和你在一起做事，不會知道你刻刻追求工作，刻刻不停地要做一個督正於人有益的實行者，不會知道你有那麼廣大的、不流於空泛的熱情。……你死了，你帶去了多少人心上的光亮。」是的，這樣一個好人，這樣一個為文化盡心盡力的人，卻這樣的英年早逝、賫志而歿，正如作家端木蕻良的輓聯所說的：「未許落華生大地；徒教靈雨灑空山」！真是令人為之悵然！

守著陽光守著妳
——巴金的永遠戀人

一九九四年春，巴金的女兒李小林編了《家書——巴金、蕭珊書信集》，她說：「母親有一個願望，在她晚年，編一本父親與她的書信集。如今，這本集子終於編就，即將出版，作為一份遲到的禮物，我將它獻給母親的在天之靈。」她又說：「自一九三六年八月，未滿二十的母親以崇敬和愛慕的心情寫信約父親在上海新雅酒家見面，他們的命運就緊緊地連在一起了。他們相濡以沫，共同經歷了幾十年風風雨雨。母親始終視父親為良師益友，更是她深深摯愛的人。母親珍藏著父親給她的信（遺憾的是，由於戰亂和搬遷，一九四九年以前父母的通信，都沒能保存下來），她還按照時間順序給這些信編了號碼。『文革』初期，作為『罪證』，造反派抄走了家中所有信件。母親曾天真地請求造反派給她留下這些純屬私人的書信，毫無疑問招致一頓訓斥。事後母親告訴我，竟有人說她『不要臉』，年紀這麼大還寫這樣『肉麻』的『情書』，還想保留這種東西。我至今記得，母親說這番話時由於激憤而變調的聲音，以及受到傷害後臉上流露出那種痛苦和無奈。這些信件被反覆翻閱審查，畫上紅槓槓，打了各種各樣的記號。因為是『罪證』，它們才沒有被銷毀。它們終於又『物歸原主』。然而母親卻再也不可能看到它們了。當我讀到我父母的三百八十多封通信時，我不禁為他們字裡行間流瀉的深情所感動，我這才明白，這些信對母親有多重要。它們是她生活的一部分，是她生命的一部分。」

是的，在一九三六年在巴金的人生中出現了第一個，也是唯一的一個女性：蕭珊。蕭珊，本名陳蘊珍，是浙江鄞縣（寧波）人，一九一七年生。當時還不滿二十歲，在上海愛國女中讀書。蕭珊是學校裡的活躍份子，她和當時愛國女中的學生會主席陶肅瓊一起去邀請巴金和靳以到學校演講，向來不善辭令，更不善做報告的巴金居然同意了蕭珊的邀請，據說還拖了能說會道的劇作家李健吾同去。友人劉北汜在回憶中記得巴金上台第一句就說：「我是四川人。」這樣一句毫不相干的話。這就是巴金與蕭珊之間最初的戀曲。

而不久，抗戰爆發，在八年歲月中，他們幾度離散、幾度相聚。友人田一文回憶一九三八年十月在桂林與巴金初次見面的情景：「在桂林《宇宙風》社，我見到了年輕的蕭珊。巴金向我介紹，蕭珊是他的女友，也是他的作品的一個讀者。她說一口帶寧波音的普通話，穿著樸素，不趨時髦；一件長夾旗袍，外罩一件紅毛線衣……巴金當時在編輯《文叢》創刊號，忙著發稿、校對、跑印刷所，她也幫著處理一些雜事。」而女作家羅洪則回憶巴金偕蕭珊、魯彥和她遊象鼻山、七星岩的情景：「我們隨著嚮導者的火把，在漆黑的岩洞裡踽踽地前行……迎面出現一個瑰麗的鐘乳，當頭漏下一陣陰森的冷風，都會使蕭珊發出一聲高興但又驚怖的歡笑。」而巴金在一九四〇年十二月由重慶開明書店出版的《〈火〉第一部》，主人公之一的馮文淑即是以蕭珊為模特兒。蕭珊時為高中學生，曾到傷兵醫院當護士，並用筆名「慧珠」

一生只有一個戀人的巴金。

在茅盾主編的《烽火》周刊上發表報導文學〈在傷兵醫院中〉，巴金根據此文寫成該小說的第二章。而其中描寫主人公（蕭珊）的眼睛：「她那兩顆圓圓的漆黑的眼珠頑皮地在劉波的清癯的臉龐上滾來滾去……」「她銜著吸管慢騰騰地吸著冰水，一面抬起長睫毛蓋住的不大不小的眼睛，調皮似地偷偷望著劉波……」「她把眼睛睜得很圓，兩顆漆黑的眼珠就像要滾出來似的……」而這一雙美麗的眼睛，巴金到老也沒能忘懷。一如馮雪峰一直無法忘記——丁玲那一雙「很大很深邃，黑白分明，很智慧，又很慈和的極美麗的眼睛。」終其一生。

一九四四年五月八日巴金和蕭珊在貴陽的花溪小憩結婚。巴金說：「我們沒有舉行任何儀式，也不曾辦過一桌酒席，只是在離開桂林前委託我的兄弟印發一份『旅行結婚』的通知。在貴陽我們寂寞，但很安靜，沒有人來打擾我們。『小憩』是對外營業的賓館，這是修建在一個大公園裡面的一座花園洋房，沒有樓，房間也不多，那幾天看不見什麼客人。這裡沒有食堂，連吃早餐也得走半個小時到鎮上的飯館裡去。」「我們結婚那天晚上，在鎮上小飯館裡要了一份清燉雞和兩樣小菜，我們兩個在暗淡的燈光下從容地夾菜、碰杯，吃完晚飯，散著步回到賓館。賓館裡，我們在一盞清油燈的微光下談著過去的事情和未來的日子。我們當時的打算是這樣：蕭珊去四川旅遊，我回桂林繼續寫作，並安排我們婚後的生活。我們談著，談著，感到寧靜的幸福。四周沒有一聲人語，但是溪水流得很急，整夜都是水聲；聲音大而且單調。」「我們在花溪住了兩三天，又在貴陽住了兩三天。然後我拿著我舅父的介紹信買到郵車的票子。我送蕭珊上了郵車，看著車子開出車場，上了公路，一個人慢慢走回旅館。」新婚後沒幾天。蕭珊就一個人翻山越嶺地準備回到成都巴金的老家，而巴金則獨自留下寫他的小說。同年七月上旬，巴金到了重慶，和蕭珊晤面（蕭珊沒到成都），他們在重慶建立了自己的家。巴金說：「從貴陽我和她先後到了重慶，住在民國路文化生活出版社門市部樓下七、八個平方米的小屋裡。她託人買了四隻玻璃杯開始組織我們的小家庭，她陪著我經歷了各種艱苦生活。」

《家書》中的三百八十多封信，日期從一九四九年到一九六六年為止。大都是巴金遠離上海的家中，甚至出席國外的會議時所寫的家書。談不上造反派所說的「肉麻的」「情書」。在書信中蕭珊也總稱巴金為「李先生」、「巴先生」，個別的時候用了意味雋永的「親愛的

蕭珊1970年攝於上海家中。

朋友」，難道這就是「肉麻」嗎?!而巴老呢，他更是個重感情的人；我們從《家書》的字裡行間中，可以看到他對蕭珊最深沉的愛，但他用的卻是些平實樸素的話語，如「我們在夢裡見面吧。」「每次分別心裡總充滿著懷念。」「無論到什麼地方，我總會記著你。」……雖是平常的話語，但也是最動人的話語。除此而外，在《家書》中，我們可以看到巴金怎樣地愛書買書，而蕭珊作為一個賢內助總是不厭其煩地幫他匯錢。如一九五七年六月廿五日信中說：「蘊珍：我買了幾部書，手邊沒有錢，請你給我匯六百元來。」而一九五八年一月廿七日巴金又在北京寫信：「我買了幾部舊書，錢不夠，欠了債，這裡舊書售價太貴。」蕭珊在三十日即寄出三百元，也就是說她收到信的當天即赴郵局寄錢。信中還有談及錢的事，都是夫妻倆商量怎樣幫助親戚和朋友。有時，蕭珊已經作主送錢給朋友了，事後報告巴金：「能幫助人總是愉快的事。」有時蕭珊讓巴金在北京給孩子買點禮物回來，也忘不了囑咐同時給已故朋友的子女買一份。這讓我們聯想起巴金夫婦對好友靳以、馬宗融、索非等人的子女長期的照顧。巴金在〈懷念馬大哥〉一文中曾說，因馬宗融「身邊毫無積蓄」，又是「最好的一位朋友」，遂將馬氏遺孤長女馬小彌、幼子馬少彌收養家中（案：其母作家羅淑早逝），教育他們「健康地成長」。然因家庭人口陡增，開支頗大，見蕭珊家務日重，於心不安。儘管如此，但他們夫婦還是樂於助人。

到了「文化大革命」時期，他們夫婦「命運與共」的關係體現得更為感人。蕭珊因曾在《上海文學》編輯部參加過一段時間的「義務勞動」，於是上海作協「造反派」，誣蔑她是巴金派去的「坐探」，被掛起「牛鬼蛇神」的牌子，被罰掃街，受盡侮辱，連街上的小孩都指著罵她是「巴金的臭婆娘」。作家兼好友王西彥回憶道，我和巴金的家相距較近，每天大清早去作家協會機關時，彼此經常同乘一輛公共汽車。不止一次，我看見蕭珊送巴金到車站。由於乘客太多，巴金年齡又較大，要上車子頗不容易；蕭珊就站在車門口，竭力用雙手推著巴金的腰背，使他不致被擠下車來。我還覺得，蕭珊甘心到作家協會參加站隊和接受批鬥，可能和借以分擔巴金的苦難有關。蕭珊的行動，總要使我聯想起俄羅斯詩人尼克拉索夫歌頌十二月黨人妻子們的忠貞意志的詩篇〈俄羅斯女人〉。到了一九七二年農曆春節過後的有一天，王西彥回憶道，妻子從附近菜市場回家，告訴他說：「我碰見了蕭珊，她的臉色有些發灰，顯然是有病在身！」過了些日子，妻子又告訴他說：「又碰到蕭珊了，她的臉色更難看了，有些發綠！看來她的病情不輕！」而當時王西彥和巴金都是「不可接觸的人」，不僅別人不敢和他們來往，他們彼此間也不敢來往。而不久，就傳來蕭珊臥床不起的消息。王西彥說：「巴金和蕭珊，一個是白髮如麻的老人，正在勞動營裡受煎熬；一個是垂危的病人，正在病床輾轉呻吟。兩個命運與共的人，竟然被隔絕在兩處，咫尺天涯，卻不能互相照顧，甚至彼此見一面都相當困難。這是一種怎麼殘忍可怕的景象！我簡直無法想像他們兩人的悲苦心情！」而當巴金向「工宣隊」頭頭彙報了蕭珊的病情，請求允許他留在上海照料病人時，竟遭到無情的拒絕，理由是巴金不是醫生，「留在家裡有甚麼用處！」而且，「留在家裡對改造不利！」並「勒令」他第二天就回幹校去，不得停留。而當他終於獲准留在家裡時，蕭珊的生命已只剩下不到二十天了。一九七二年八月十三日，蕭珊因癌症去世，連巴金也來不及和她作最後的訣別。巴金與女兒女婿趕到醫院時，見「她那張病床上連床墊也給拿走了」，趕忙去太平間，發現蕭珊「躺在擔架上，但已經給白布床單包得緊緊的看不到面容了。我只看到她的名字。我彎下身子，把地上那個還有點人形的白布包拍了好幾下，一面哭著喚她的名字。」（巴金〈懷念蕭珊〉）。

蕭珊去世後的一個月左右，王西彥看見巴金，他不能忘懷當時的情景，「我發覺他已經瘦成一個稻草人，至少，他老了十歲，『老巴，你在等車嗎？』我走近他身邊。他伸過一隻瘦骨伶伶的右手，點點頭。『蕭珊的事情，我已經知道了。』我剛說出口就已經後悔莫及了，因為我看到他眼眶立即湧滿淚水。『你自己千萬要保重啊！』我握住他的手不放。『對，對！』他

巴金與蕭珊。

回答，『要保重，要保重！』就是這麼簡短的幾句。」悲痛至極，終歸無言，「平生事，此時凝睇，誰會憑欄意？」真是欲訴無人能懂，我們看看他內心的吶喊吧——「我站在死者遺體旁邊，望著那張慘白色的臉，那兩片咽下千言萬語的嘴唇，我咬緊牙齒，在心裡喚著死者的名字。我想，我比她大十三歲，為甚麼不讓我先死？……她本來可以活下去，倘使她不是『黑老K』的『臭婆娘』。一句話，是我連累了她，是我害了她。」人世間有比這更沉重的哀傷嗎？

六年後，巴金寫下了感人至深的〈懷念蕭珊〉一文，巴金說：「六年前的光景還非常鮮明地出現在我的眼前。那一天我從火葬場回到家中，一切都是亂糟糟的，過了兩三天我漸漸地安靜下來了，一個人坐在書桌前，想寫一篇紀念她的文章。……我每天坐三、四個小時望著面前攤開的稿紙，卻寫不出一句話。」經過六年，巴金寫出「於縈迴中見深摯，於嗚咽處見沉鬱」的血淚文章。文中說，在「文革」期間，蕭珊受到他的連累，受盡迫害，她「內心的痛苦像一鍋煮沸的水」；但在外表上還要裝出「平靜」，不斷給他以「安慰和鼓勵」；而當巴金訴說「日子難過啊！」她總要說：「要堅持下去。」她不斷對巴金「表示信任」，為他「感到不平」。即便在重病之中，仍念念不忘巴金的「解放」、兒子的「前途」。她在一個親人都不在眼前時，「淒涼」地死去，她來不及留下任何的話語，但她那「兩片咽下千言萬語的嘴唇」，卻有多少心事要訴說！巴金以飽含深情之筆，寫出焚心煮骨的懷念。蕭珊是巴金「生命的一部分」。他們相濡以沫、患難與共。巴金說：「在那些年代，每當我落到困苦的境地裡，朋友們各奔前程的時候，她總是親切地在我的耳邊說：『不要難過，我不會離開你，我在你的身邊。』的確，只有在她最後一次進手術室之前她才說過這樣一句：『我們要分別了。』」而這一別，就是生死永訣。巴金文章中寫到蕭珊臨死前「非常安靜」，「始終睜大兩隻眼睛。眼睛很大、很美、很亮。」是的，蕭珊的一雙美麗眼睛，打從他們初見面，到她死去，三十餘年間，巴金始終沒有忘懷，而可以想見的是巴金終其一生也不會忘懷的。

是的，再六年後的一九八四年，巴金又寫了〈再憶蕭珊〉一文，文中他說：「她離開我十二年了。十二年，多麼長的日日夜夜！每次我回到家門口，眼前就出現一張笑臉，一個親切的聲音向我迎來。可是走進院子，卻只見一些高高矮矮的沒有花的綠樹。上了台階，我環顧四周，她最後一次離家的情景還歷歷在目：她穿得整整齊齊，有些急躁，有點傷感，又似乎充滿希望，走到門口還回頭張望。……」「我彷彿還站在台階上等待著車子的駛近，等待一個人回來。這樣長的等待！十二年了！甚至在夢裡我也聽不見她那清脆的笑聲。我記得的只是孩子們捧著她的骨灰盒回家的情景。這骨灰盒起初給放在樓下我的寢室內床前五斗櫥上。後來『文革』收場，給封閉了十年的樓上她的睡房啟封，我又同骨灰盒一起搬上二樓，她仍然伴著我度過無數的長夜。」我們再次看到巴金對蕭珊的執著深情，今生今世，永不分離。巴金甚至說，有一天他若走到生命盡頭時，請將他的遺物捐給國家，而把他的骨灰和蕭珊的骨灰攪拌在一起，撒在園中給花樹作肥料。蕭珊是巴金一生中唯一的戀人，也是他生命中永遠的守候，雖然形體已遠離，但他們的靈魂卻永遠相守，不棄不離！

但有知己隔天涯

——曹禺的苦戀

一九四〇年十一月，曹禺剛剛寫完《北京人》，好友巴金來訪，據巴金說，他在曹禺「家裡過了六天安靜的日子，每夜在一間樓房裡我們隔著一張寫字檯對面坐著，望著一盞清油燈的搖晃的微光，談到九、十點鐘」；四十二年後曹禺回憶這次會面，仍興奮不已，他說：「我們談得太投機了」，「雖然是冬天，小屋裡只有清油燈的微光，但是每次想起來，總覺得那小屋裡很暖很暖，也很光亮」。而就在這次談話中，約定由曹禺來改編巴金的小說《家》為劇本，雖然巴金來訪時帶來了吳天改編的劇本，但曹禺讀後卻感到不滿足，巴金還向曹禺介紹他寫《家》的情形，說了覺慧、覺新、覺民這些兄弟，還告訴曹禺該怎麼改……。一年半以後——一九四二年的夏天，在距重慶十多公里的唐家沱，「兩岸高山聳立，江水汩汩地流著，清爽的江風陣陣吹來，有時，使人忘卻正是炎熱的夏季。從山上不時傳來杜鵑的啼叫聲，愈顯得這裡的靜謐和安適。特別是清晨和夜晚，更是出奇的寧靜。而在月夜中，一輪皓月當空，映著長江流水，真是一個詩的境界……。」這時的曹禺俯伏在江輪上的一張餐桌上，奮筆地改編《家》的劇本，從清晨到深夜……。三十六年後曹禺仍記憶猶新地回憶著：「整整一個夏天，……我

1984年曹禺攝於家中。

寫完一段落，便把原稿寄給我所愛的朋友。我總要接到一封熱情的鼓勵我的信，同時也在原稿上稍稍改動一些，或添補，或刪去一些。在厚厚的覆信裡，還有一疊複寫過的《家》的稿子。」

《家》的改編無疑的是成功的。論者指出，曹禺之所以改編《家》，並不是全由於朋友所託或朋友間的責任，而是曹禺對巴金這部作品有一種內心的感應。正如當年他創作《雷雨》，是「一種情感的迫切需要」一樣。換言之，曹禺之改編《家》乃是借巴金之酒杯，澆自己之塊壘。也唯其如此，他才會在一年半以後才正式動筆改編，也才會在巴金已詳細介紹小說的創作意圖及主要人物的情況下，還出現相當大的錯位。曹禺自己也坦承：「《家》的主要人物不是覺慧，這和我老朋友巴金的原著不一樣，他寫的是覺慧。覺慧的反抗性很強的，覺慧是小說中的主角。改編劇本後，主角變成端珏了。這是一部女人的戲。」這說明了曹禺對內容重心的轉移，也在一定程度上暗示了他當時的心境。曹禺當時正陷入與鄭秀的家庭矛盾之中，生活中又出現了方瑞這樣的「知己」；因此劇本中覺新的感慨：「活著真沒有一件如意的事：你要的，是你得不到的；你得到的又是你不要的」，是包含著曹禺自身的某些體驗在內的，其他諸如對覺慧與鳴鳳的愛情描寫中，也顯然有著曹禺與方瑞愛情生活的投影。因之曹禺的《家》成了瞭解他感情生活的切入點，而曹禺感情生活又成為他改變《家》的內驅力。

據田本相的《曹禺傳》，我們得知，在一九三二年曹禺在清華大學因排演高爾斯華綏的《罪》，找不到合適演女主角的人選，不知是誰建議請當時還是清華大學法律系一年級的女生鄭秀來擔任這個角色。鄭秀晚年回憶道：「我不知為什麼曹禺來找我。我在中學演過戲，貝滿中學在通縣辦過一所平民學校，就是靠演戲捐款辦的。我說我不能演，他仍然讓孫浩然來說服我，還有南開來的一些女同學也都說萬家寶（案：曹禺的本名）為人很好，威望很高，也來說服我。這樣，我就應允下來。我記得是在同工部演的，演了七、八場，反應挺好。不但清華同學來看，燕京大學的同學也都跑來看。」鄭秀出身於一個官宦家庭，父親鄭烈當時是南京最高法院的法官，舅舅林文是黃花崗七十二烈士之一，姨父沈璇慶曾在海軍部任職。鄭秀說：「我家祖籍福建，我從一個哺乳的嬰兒就在姨父的家裡。姨母待我很好，姨父從福建到北平，把我也帶到北平。先入東觀音寺小學，培元小學，又入貝滿女中。姨父又回到福州，我也回到福州。一九二六年到一九二七年間，父親到南京最高法院工作，那時我已經十六七歲了。我不願讀舊書，要求父親讓我一個人回到北平念書。後來，初中三年級就又回到貝滿，住在學校裡。高中二年級時母親去世。高中畢業後，原是保送我上燕京大學的，培元、貝滿、燕京都是教會學校，可以保送，但也要考試，我被燕京大學錄取了。但是，父親認為燕京是教會學校，不同意我到燕京讀書，硬要我報考清華。也就是在這年暑假，又匆忙上陣參加清華招生考試，考的是法律系，就這樣進了清華大學。」由於這次的演出，這位出身名門、容貌皎好、風度不俗的年輕姑娘使曹禺大為傾心，而鄭秀對曹禺的印象也頗佳，於是雙雙墜入愛河，成為清華園中令人羨慕的一對情侶。

一九三六年夏天，鄭秀在清華大學法律系畢業了，由父親的推薦，她在南京政府的審計部當了一名科員，平時她住在自己家裡。她辦公的地點距曹禺的住所四牌樓很近，當時曹禺正應聘到南京國立戲劇學校教書，於是午飯便到曹禺那裡就餐。鄭秀的父親起初是反對女兒的婚事，當然是出自傳統的門第觀念，但是，眼看鄭秀和曹禺的關係已經確定下來，也就不再執意作梗了。於是在一九三六年十月廿七日在南京平倉巷德奧瑞同學會舉行了訂婚儀式。不過，曹禺本人對訂婚並沒感到欣喜，反倒有一種難言的隱痛。據知情人回憶：「當時我們覺得曹禺有一種內心的痛苦，是因為已經戀愛好久了，就不好再改變，就不得不訂婚。」一九三七年底。曹禺和鄭秀在長沙舉行了簡單的婚禮。由於是逃難途中，婚禮儀式頗為簡單，然而，相比之下，儀式的簡單倒不那麼重要，婚禮的勉強才真正令人驚異。劇作家吳祖光這樣回憶：「曹禺、鄭秀結婚我在場，是在長沙一個小酒樓上。……曹禺為什麼要同鄭秀結婚，我都感到奇怪，他們的生活習慣、思想境界毫無共同之處。在清華時，他追鄭秀追得發瘋了，清華有樹林子，他們一起散步，當回到宿舍時，卻發現近視眼鏡丟了，丟了都不知道，真是熱戀，是沉浸在愛情之中了。他們曾經有過一段甜蜜的戀愛史。結婚時，只請了一桌，余上沅夫婦，陳治策夫婦，還有教務處的兩位女同事。由余上沅作證婚人，……」鄭秀很希望把婚禮辦得更熱鬧些，但那時卻沒有條件，她曾想將來勝利後回到南京再補行一次婚禮。不過，這只是她心中的想法，從來沒有同曹禺說過。

曹禺和鄭秀的結合，已經蘊藏著危機，在他們的共同生活中，由於性格、脾氣、愛好、情趣的不同，矛盾就遂漸凸顯出來。鄭秀脾氣急躁，愛清潔，處處都要乾乾淨淨，不大愛看戲。曹禺卻是個不修邊幅的人，生活上的小事很隨便，鄭秀常逼著他換衣服、洗澡，他卻說，「你要講衛生嚒，我偏不講。」鄭秀就把水、肥皂、毛巾、換的衣服都準備得好好的，把他推進浴室裡，把門反鎖上。可是曹禺卻偷偷地帶了一本書進去，一邊看書，一邊撥弄著水，發出嘩嘩的水聲。鄭秀以為他洗澡了，放心了，就去做別的事情，等到回來，看他還沒有洗完出來，打開門一看，原來他抱著書本睡著了。他根本就沒有洗澡，這自然使鄭秀很生氣。另外到了四川江安小城後，小城的閉塞，和曹禺當教師的貧窮，使久住大城市的大家閨秀鄭秀無法忍受，鄭秀不知怎麼搞的，特別熱中於打麻將，有時成天成夜地打。這無形中都築起了兩人之間的鴻溝。

而就在此時，一位年輕的姑娘悄悄地進入曹禺的生活之中。她就是鄧譯生，又名方瑞。她是出身書香門第的大家閨秀。她的母親是桐城派著名代表人物方苞的後代，曾祖父為著名書法家鄧石如。在這樣一種家庭氛圍中，儘管沒進過大學，她卻有著很好的國學根柢，工書善畫，而且性格文靜溫柔，具有傳統的中國女性之美。一九四〇年夏，方瑞來到四川江安看望胞妹鄧宛生，住在表弟方琯德家中，恰巧就在曹家的對門。鄧宛生和方琯德那時都是曹禺執教的國立劇校的學生，他們常去曹禺家，方瑞也一塊兒去，於是曹禺和方瑞認識了。很快，彼此產生了愛慕之心。

對曹禺來說，這是一場不同於當年清華園與鄭秀那種迷狂式的戀情。在那場戀情中，曹禺還不曾真正知道自己需要什麼樣的女性，從某種意義上說，他也還不曾真正瞭解自己。他以一個二十出頭的青年所特有的浪漫一頭墜入情網。他著迷於鄭秀的容貌、風度，以及她在清華男學生中的艷名；但他並不真正瞭解鄭秀。同樣，鄭秀崇拜曹禺的才華、學識，卻缺乏真正感情上的交流。像一個初次酩酊的人，愛情的瓊漿固然令曹禺心醉神迷，然而酒醒之後那種難以忍受並經久不去的暈痛更加折磨著曹禺。他需要一杯解酒的茶，方瑞的出現正好滿足了他這種需要。而立之年的曹禺無疑成熟多了，他的心告訴他，方瑞正是他所需要的那種女性。然而此時，此身今已非我所有，恨不相逢未娶時。他既難以將此戀情深深地埋在心底，又不能絕情於鄭秀。處在鄭秀與方瑞之間的曹禺，面臨著一個艱難的選擇：一邊是他想愛而不能去愛的方瑞，一邊是他不愛又不能不愛的鄭秀。從理智上說，他應該維持和鄭秀的婚姻，但在情感上，他又多麼希望與方瑞長相廝守。他無力破解傳統文化在人格心理上形成的板結而又不甘於命運的撥弄，他渴望有所行動卻又顧忌種種現實因素。這種無法排解的矛盾無時不在困擾著曹

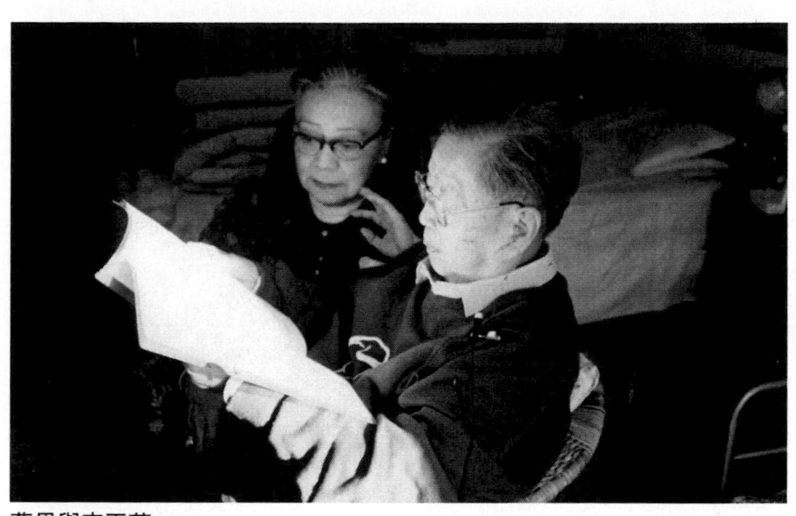

曹禺與李玉茹。

禺，而自覺不自覺地在其創作中表現出來。正因如此，曹禺才會將焦點集中在覺新、端玨和梅芬三人的關係上，而原本以覺慧為中心人物的小說《家》，卻因之變成一齣「女人的戲」，一齣愛情悲劇。

曹禺改編《家》，全部文稿均由方瑞親手謄抄，甚至改動增刪，因此如果沒有方瑞，《家》的改編恐怕是不可想像的。但性格謹小慎微的曹禺卻沒有勇氣在《家》初版時公開表露自己的真情，而一直等到三十六年後，才含蓄地表示以此紀念一個逝去的朋友，甚至沒有點明這個朋友就是方瑞。同樣的情形，曹禺在一九四一年出版《北京人》劇本時，曾引用唐代詩人王勃的名句「海內存知己，天涯若比鄰」為題詞，在當時似乎無人真正體察到曹禺的用心，後來雖有胡風的一番解釋，但難免是郢書燕說。其實曹禺所指「知己」，就是方瑞。而「天涯若比鄰」對曹禺而言，似應該是「比鄰若天涯」之意，因為當時方家與曹家隔門相望，近在咫尺，但種種現實因素在兩人間造成的距離，遠勝天涯。膽小、拘謹的曹禺在當時的處境，似乎也只能借這樣的詩句來表達他心中的情意。因為他和鄭秀當初確有一段戀情，婚後也有兩個女兒——萬黛和萬昭，他實在難以啟齒主動提出離婚；並且他也知道鄭秀絕不會同意的。但在內心深處，他又實在不願意再維持這個婚姻。他希望有一種和婉的、不傷情面的解決方式，那就是鄭秀顧及到他的痛苦而主動退出。

然而在現實生活中，這是不可能的——曹禺在一九四〇年認識方瑞，但直到一九五〇年鄭秀才同意和曹禺離婚。從抗戰後期，曹禺與鄭秀產生裂痕之後，兩人關係時好時壞，但總體而言是日漸惡化，長期過著分居的生活。一九五〇年冬，為了讓這對共同生活了十幾年的夫妻好聚好散，減輕感情上的痛苦，鄭秀所屬的單位人民銀行經濟研究處和曹禺所在的單位中央戲劇學院共同商議，決定在中央戲劇學院會議室舉行一個離婚儀式。這天，兩個單位的工會、人事幹部會同法院代表到場；兩家報社的記者，歐陽予倩夫人和鄭秀的兩個好友也來了。會議室的長桌上鋪著乾淨的白布，上面擺著茶水、糖果和水果，使會場顧出輕鬆、和諧的氣氛。會上兩個單位的同志講了話，兩位當事人也表述了各自的心情。最後法院裁決，兩個女兒歸鄭秀撫養，曹禺每月負責贍養費。裁判書剛一讀完，鄭秀忍不住放聲大哭。想到兩人當年月下定情、南京訂婚和八年離亂中共同經歷的艱難歲月，曹禺也情不自禁地失聲痛哭起來，百感交集。晚年，曹禺回憶起他與鄭秀的並不美滿的婚姻，他感慨地說：「在這件事上，她有錯，我也有錯。」

和鄭秀離婚後，不久，曹禺和方瑞結婚，這也是他們長期結下的深厚感情的一個必然結果。而婚後二十多年來，方瑞一直把服侍好曹禺當作自己最重要的事。然而文革期間，眼看著曹禺竟成了被批鬥、隔離、管制的「階下囚」，被懲罰生爐子、掃地，幹最髒最重的活，方瑞怎能不心碎？方瑞對曹禺的生活照顧堪稱無微不至，每次曹禺出差或出國訪問，方瑞都會幫他把一切生活細節都預先考慮到，準備好。曹禺外出若過了預先約定的時間，方瑞就會茶飯不思，心緒不寧，直到他平安回來。然而，這幾年，眼看曹禺被關進「牛棚」，不是挨鬥就受批。而且明知他關在那兒，卻不准去看他，問候他，方瑞怎能不揪心？一九七三年海城地震以後，也許是造反派顧不上管曹禺這個年邁體衰的批鬥對象，因此每晚放他回家，但方瑞的心並未安寧。她的精神的弦繃得夠緊夠久，已十分敏感，十分脆弱。但她仍盡力拖著重病的身體去保持廿多年的習慣，照料曹禺的生活。但她的身體卻愈來愈糟了，她每天都要服安眠藥，經常躺在床上，精神也整個崩潰了。據她表弟方琯德的回憶：「我記得，曹禺好像是解放了，但還沒有最後定下來。我去鐵獅子胡同看他和表姐方瑞。他有病躺在一間房子裡，方瑞躺在另一間房子裡，那景象真是很慘很慘的啊！但是，那個時候，人們又能給他多少幫助呢？後來方瑞死了，曹禺像癱瘓了一樣。他最親愛的伴侶，終於沒有熬過那最艱難的歲月，恨恨死去了。曹禺的心情壞到了極點！有時，他一個人痴呆呆地守著空落落的房間，不思不想，守候著那無涯的暗夜。」方瑞是一九七四年去世的，她死後，床上撒落著許多安眠藥片。是她糊塗了吃了夠多的安眠藥，還是她清醒地用安眠藥結束了自己的生命？這很難判斷了。在動亂中，方瑞默默地

曹禺、李玉茹，與女兒。

支撐著自己，點燃著自己，把苦痛留在心底，把鎮定留給親人。

十年文革終於過去了，年近七旬的曹興有了黃昏之戀——第三次的婚姻，那是一九七九年二月七日，一輛黑色的小轎車在復興門外大街上朝著天安門方向駛去。但是，車到廣播大廈的十字路口，卻向左拐進禮士路，直驅月壇居民辦事處。原來曹禺和李玉茹去那裡辦理結婚登記。李玉茹原名李淑貞，是滿族，北京人。父親是個貧民，很早就去世；她和母親相依為命，從小沒讀過多少書，只得向票友李墨香先生學老生；以後考入北平中華戲曲專科學校，開始學青衣。曹禺同李玉茹的結合，也不是偶然的。其實他們早就相識。李玉茹回憶著：「我是曹禺的觀眾和讀者。早在北京中華戲曲專科學校讀書時，我就看過中國旅行劇團演過的《日出》還有《蛻變》，我就知道曹禺了。……一九四七年到一九四八年，這一段時間，我和曹禺接近較多。我記得我還把自己寫得不像樣子的古詩拿給曹禺看，是他影響我對新文學發生了興趣。……總之，那時我對曹禺、對方瑞大姐是十分敬愛的，他們給了我這樣一個剛剛走上京劇舞台的年輕人不少懇切的幫助。曹禺，在我心目中既是老師又是朋友。」只是，後來他們在京滬兩地，人各一方，都有著各自的事業。李玉茹也成為全國著名的京劇表演藝術家，這期間他們很少有見面的機會。而在十年文革中，李玉茹腰部被打傷了，而且一個人還要帶著兩個女兒，也是不容易的。她也聽到曹禺在北京人藝看守大門的消息，但她並不知道方瑞已去世了。直到一九七八年，他們才聯繫上，那是「文革」後的第一次聯繫，不過也僅是工作上的聯繫。該年十一月，曹禺去上海，由任德耀陪著去看望李玉茹。劫後重逢，一種患難知己的感覺，在彼此的心頭浮動著。當李玉茹得知方瑞在一九七四年去世的消息，她既為她所敬重的方瑞而悲悼，也為曹禺失去陪伴他半生的親愛的伴侶而感到傷心。兩顆孤寂的心靈就這樣地逐漸靠近了。就在一九七九年開文代會期間，他們又深談了一次，把事情確定下來。曹禺說：「工作，誰的工作也不要耽誤，上海、北京兩個家都維持著。」就這樣，他們就結合在一起了。後來，老友巴金在上海特地把一些老朋友請來，在錦江飯店舉行宴會，慶賀他們的新婚。

婚後的生活是幸福的、和諧的，這對於曹禺的晚年來說是太需要了。曹禺說：「我是很感謝玉茹的。這幾年，我兩場大病住院，都是她來照顧我。你知道，她也是有許多工作的啊！她的照顧是兒女們不能代替的，我很需要她的幫助。」確實晚年多病的曹禺是太需要李玉茹的照顧與扶持的。除此而外，曹禺的學生黃宗江的一段描述：「不久之後我就管玉茹叫師妹兼師娘了。論歲數原是我們師妹，可論輩份啊，她可是我們恩師的娘子，萬師母了。我遙遙地側目欣賞著這一美麗的遲來的愛情：金色的黃昏，每當看完一場戲，演員謝幕，萬先生作為觀眾，在台下總是肅然起立，衷心地忘情地衝台上鼓掌，上裝常是解了扣子敞著懷。我師娘就為她那位萬先生默默地把他的扣子一個一個扣好，把那圍巾圍好，這是多麼，多麼，我想說多麼偉大的小動作啊！惟其有這點小小的偉大，才能真正地大而又大，大得不得了！」亦足見其伉儷情深!!

一九九六年十二月十三日黎明，戲劇大師曹禺在久病多年，終於走下舞台，告別人世。曹真的女兒萬方在一篇文章中說道：「我爸爸走得很安靜。做了病理檢查之後，也沒能查出明確的在這麼短的時間裡致死的原因。當時的情況是護士半夜查房，給他量了血壓，他還在睡著。十多分鐘後護士長又進來看看，因為他那兩天發燒，發現他的呼吸不對，極慢極淺了。在作處理之後，醫生讓我們再進病房和他告別。這時外面已晨光熹微，但病房的厚窗簾擋住了天光。我爸爸的身體被一條大白單子裹著，下巴用白繃帶整齊地兜住，只有臉露在外面，臉上很光滑，看上去就像睡著了，睡得十分安穩。我們和他告別，但是他不知道了。我爸爸他真福氣，沒有經受垂死的病痛折磨和死亡的恐懼。在寂靜的深夜，他衰弱的身體裡產生了難以覺察的奇異的波動，也許有個聲音告訴他『我們要走了』。他來不及多想，甚至沒有聽清楚，他想問問對方，可是又沒有力氣。在最後的時刻，是他對一切事物的好奇心引導他跟著那聲音去了，他沒有見過死神，他想見一見。」雖然曹禺已走完他的一生，但他的戲卻不斷地為後人所搬演著。

註：本文之寫就，參考曹樹鈞、俞健萌合著的《攝魂——戲劇大師曹禺》一書，特此致謝。

但冀苦樂與君同
——吳祖光的患難夫妻

有篇文章這麼寫著：「吳祖光先生是中國知名的戲劇家，但吳先生的另一面，知道的人就不一定多了，那就是吳先生首先是一個有良知的知識份子。一九五七年，吳先生是敢說真話的人，自然命運也就坎坷。近十幾年來，按說經過苦難的吳先生應該學會應付我們面臨的這個世界了，但吳先生不學，也不屑學，一直保持了知識份子天然的對社會進步承擔的責任。近來，我聽有人說到吳先生與國貿的事，多數人對吳先生的行為是既同情又責備的，他們認為吳先生那麼大年紀了，自己又不是沒事幹，何必管閑事呢？最後歸為這是吳先生性格的悲劇。對此，我是很不以為然的。吳先生令人肅然起敬的一面，正是他那種對正義、對公道的被人漠視敢於挺身而出的知識份子品格。」而當他談及同是劇作家並是好友的曹禺，在一九四九年後的作品時，他不無感慨地說：「曹禺，太聽話了！」太跟隨當時流行的文藝觀點而創作，結果是產生不出好作品。而這批評對於一向較為「軟弱的天才」的曹禺本人，亦表贊同他的看法。作為一個有良心的知識份子，吳祖光是以「敢言」而聞名的。

吳祖光，一九一七年四月廿一日生，江蘇省武進縣人。他是書香門第的俊逸子弟，曾在孔

吳祖光與新鳳霞攝於1953年。

德學校上過學，後來又在中法大學文學系讀書。有「神童」的稱譽，對於這個稱號，吳祖光這麼說：「關於『神童』的綽號本來不值一提，但開始這樣叫的卻是夏衍先生，那是一九四二年我寫了《風雪夜歸人》劇本時，夏衍剛從桂林到重慶來，看了我的手稿之後，大概是對別人這樣說了一句，後來就傳開了。那年我已經二十五歲，實在不能算『童』了。」由此可知，第一個稱他為「神童」的不是曹禺，而是夏衍。但第一個賞識他的卻是曹禺，一九三七年吳祖光才二十歲，便寫出了一齣話劇《鳳凰城》，曹禺看了大加讚賞。雖然後來文學史家王瑤對它的評價是：「吳祖光的第一個劇本《鳳凰城》，是寫一個英雄人物游擊隊領袖苗可秀的故事的。劇中偶然性的穿插太多了，運用了許多舊劇的手法，不能算是成功的作品。」儘管如此，吳祖光已嶄露他在戲劇創作的才華了。關於吳祖光的青年時代，曹禺有這樣的描述：「我認識祖光大約在一九三七年，在南京劇校，我們同在那裡教書。他只有二十歲，他在那裡教國文，很得學校同學的愛戴。我初見他時，他像是一位『白面書生』，不大說話，而自然有一種翩翩然的風度。」又說：「……但我相當羨慕他，他有一手好文章，無論寫什麼，他可以洋洋灑灑寫下去，毫不困難。還有那一手聰明的毛筆字。這都會使人有深刻的印象。」

七七事變，學校內遷，吳祖光也開始了顛沛流離的生活。一九四一年至四三年在中央青年劇社、中華劇藝社任編導。一九四四年後任重慶《新民晚報》副刊編輯。一九四六年任上海《清明》雜誌、《新民晚報》副刊編輯。這期間他顯示了驚人的戲劇才華，自一九三七年到一九四六年，共寫了十個話劇劇本。他的處女作——《鳳凰城》，在抗戰初期曾與田漢、夏衍、洪深、于伶等名家名作，並列為被演出最多的劇本。他的代表作《風雪夜歸人》上演後轟動一時，致使國民黨當局不得不下令禁演。一九四七年，他到香港，最初入香港的大中華影業公司，編導了《風雪夜歸人》和《莫負青春》兩部影片，一九四八年他轉到永華影業公司，編寫《國魂》（根據話劇《正氣歌》改編）、並編導《山河淚》、《春風秋雨》（改編自《蝦球傳》）。而在一九四九年中共建國時，他從香港趕回北京。

而就在此刻一位民間藝人——新鳳霞，也從唐山來到北京。新鳳霞，原名楊淑敏，祖籍江蘇蘇州，一九二七年生，身世不明。她自幼被拐賣到天津，輾轉被楊姓貧民老夫婦收養，因此以兩老為親生父母。父賣糖葫蘆為生，她的堂姐楊金香是唱京劇刀馬旦的。她長到七、八歲，便跟著堂姐學京戲。十四歲正式拜王先舫、張福堂、鄧硯臣、花蓮舫等為師，學評劇（又稱「蹦蹦戲」）。女師傅花蓮舫並為她改藝名新鳳霞。四個月後，便以膾炙人口的劇目《打狗勸夫》在天津登台，開始顯露頭角。在舊社會的戲班子裡，新鳳霞度過了漫長的充滿屈辱的日子。在小戲園子裡，地痞流氓、豪紳惡霸趾高氣揚，橫衝直撞，女演員一出場，台下便發出怪叫：「小姐，來勁兒嗎！」受傷的無聊士兵舉起手裡的拐杖去勾女演員的腳。那時候，當一個民間藝人可真難啊！

一九四九年北京剛解放，新鳳霞接受聘約在天橋「萬盛軒」登台，這位女評劇演員的名字立刻在北京傳開了。一九五〇年四月，名作家老舍陪同作家趙樹理到「萬盛軒」小戲園，看新鳳霞演出根據趙樹理同名小說改編之《小二黑結婚》。看完後，兩人被請到後台，老舍笑著對新鳳霞說：「我聽趙樹理同志介紹，說天橋有個評劇團，有個年輕的演員新鳳霞，名不虛傳哪！不錯，是個好演員。」其後老舍又陪洪深來看新鳳霞演出的話劇《夜審田楊氏》，又介紹吳祖光和新鳳霞認識。吳祖光在悼新鳳霞的文章這麼回憶的：「建國初期的一九五一年，北京創辦了一個屬於文藝性質的雜誌《新觀察》，主編是兩位女將——我的兩個大姐郁風和戈揚。剛創辦不久，就叫我給她們寫一篇採訪新鳳霞的文章。那是鳳霞的聲名鵲起之時，北京的廣大觀眾無不為這個青年演員傾倒震懾的時候，亦可能她們聽說了老舍對我和新鳳霞的關懷所想出的選稿的設計吧。我很高興地接受了任務，……我決定請她吃飯，但也不能冒冒失失去請，我就又想到曾經給我買過一整排戲票的老同學、大眾劇場經理盛強，地方訂在大柵欄附近一個著名的飯館泰豐樓樓上的單房間。鳳霞比我遲到，她一來就說她從來沒有一個人來過飯館，是她的包車伕老何送她來的。盛強為我解釋了為甚麼還在這裡對她進行採訪的原因，她高興地接受採訪，回答了提出的一些問題。現在看來，我寫得很拘謹，不敢放開，那時我當然有所顧慮，沒有認識到她已達到的成就和超人水平的緣故。那篇小文的日期是一九五一年六月。題目是〈新鳳霞與新評劇〉，是我作為記者頭一次對鳳霞的採訪。」

這次採訪雖說不上一見鍾情，卻為兩人以後感情的發展奠定了基礎。新鳳霞雖在舞台上演過含情脈脈的小姐、賢淑美麗的少婦，也演過溫順的賢妻良母，但她自己卻不曾有過真正的愛情。在舊社會中，戲園老闆、財主惡霸，都曾打過她的主意，但她從不敢想像自己會有愛情和幸福的。自從同吳祖光見面以後，她心裡突然燃起從未有過的愛情火花。她覺得吳祖光不僅懂得戲，更懂得演員的心，他對舊社會的賣藝人的生涯充滿深刻的同情和理解，對新社會演員的理想和抱負又給予無保留的支持。他絲毫沒有那種高人一等的作家的倨傲之氣。在接觸過一段時間之後，新鳳霞不得不承認那是愛情的力量抓住了自己的心。至於吳祖光，他似乎有些犀利，在開始的時候，與其說是出於對新鳳霞的愛慕，還不如說是出於對劇藝術和有成就的演員的尊重。直到有一天。新鳳霞像舞台上的劉巧兒那樣，勇敢地表達了自己的愛情。吳祖光才如夢方醒，大喜過望：「啊！這是真的嗎？當然，當然我們應當永遠在一起！」

一九五一年他們在北京南河沿「文化俱樂部」舉行婚禮，老舍任介紹人，郭沫若任證婚人，歐陽予倩任男方主婚人、陽翰笙任女方主婚人，這在當時北京文藝界是一件盛幸。兩個在風雪中飄泊慣了的男女，終於有了一個幸福的家。他們的婚後生活是和諧而美滿的。鳳霞年幼失學，識字不多，於是吳祖光成了她的老師，他指導她看書寫字，有計畫地閱讀中、外名著和藝術家的傳記，又同她一起去拜訪名畫家齊白石。白石老人很喜歡這個聰慧伶俐的女演員，破例收她作了徒弟。吳祖光有很多文化界的朋友，他們閒時都願意到這個幸福的小家庭來坐坐，這使新鳳霞有機會結識了許多才華橫溢的新朋友。他們的談吐、志趣、風度和素養都使這位從小受班主控制，飽嚐人間艱辛的民間藝人感到新奇和溫暖。

一九五七年反右運動開始，吳祖光被認為是「反黨反社會主義的右派份子」，被遣送去北大荒勞動改造。但不管人們如何數說吳祖光的所謂「罪行」，新鳳霞總是睜著那雙稚氣的閃亮的眼睛爭辯說：「不！他是個好人！」而當她被逼要與吳祖光「劃清界線」——離婚時，她卻斬釘截鐵地回答說：「吳祖光是好人，我要等他回來，王寶釧等了薛平貴十八年，我要等他二十八年。」整整三年，她每天除了演戲和幹些雜務，剩下來的時間，就給吳祖光寫信。每個月還給心上人寄一個包裹，那裡面有她一針一線縫織的衣物。她的文化水平不高，在信中沒有纏綿的詞句和高深的哲理，但是充滿真情。她把一切困難、屈辱和思念的痛苦，和著淚水吞進肚裡，她總是這樣寫著：「我很好，老人和孩子也都好，你放心！」。還把孩子們的一雙雙小手按在紙上畫下來，寄給吳祖光，讓原本最愛孩子的他感觸到孩子們給他的溫暖。新鳳霞並沒有像王寶釧那樣等待十八年。一九六〇年底，吳祖光回來了。雖然，那一場反右運動的陰影還籠罩在這一對夫妻頭上，但畢竟是團聚了。

吳祖光與新鳳霞1956年攝於馬家廟自宅。

一九六一年以後，兩人專心致志於各自的事業。新鳳霞全心投入評劇舞台上，她是評劇院主要演員中演出場次最多的一個，在天津中國大戲院一個月連演三十幾場戲劇，此刻她的精力好像是用不完似的。吳祖光則埋首劇本創作，先後寫了六個劇本：《武則天》、《鳳求凰》、《三打陶三春》、《三關宴》、《桃花州》、《踏遍青山》；並應長春電影製片廠的邀請，改寫了評劇《花為媒》為電影劇本。然而好景不常；一九六六年的「文化大革命」，吳祖光除重新被冠上「大右派」的稱號外，還加上了「大黑幫」、「二流堂反革命份子」的罪名，不由分說便被隔離、關押、專案審查。新鳳霞也遭到揪鬥關押，說她是「反動藝術權威」，還是什麼「二流堂堂嫂」。整整七年間，他們夫妻雙雙陷入一樁所謂「二流堂反革命集團」的冤案之中。

說到「二流堂」，不能不談到抗戰後期的一

九四五年，重慶房荒嚴重，吳祖光借住在好友唐瑜的一所竹木結構的房子裡。與吳同住的有十來個人，於是這所房子便成了集體宿舍。當時重慶文藝界的一些朋友都常來這裡聚會談天。一九四六年，延安有人到重慶，曾在「曾家岩十五號」招待文藝界朋友看秧歌劇《兄妹開荒》，劇中出現「二流子」一詞，大家聽了頗覺新鮮，互相拿來開玩笑。之後有一天晚上，郭沫若和徐冰（在周恩來身邊負責統戰及文化工作）特地來看望在板棚中的這批文化人，當他們看到吳祖光等過著的流浪漢式生活時，徐冰開玩笑說：「你們都是二流子，這個地方可以取名『二流堂』。」郭沫若的興致很好，還準備題字，但因未找到大字毛筆而作罷。一九四九年，夏衍從香港回到北京，周恩來還特意問起：「二流堂的人都回來了沒有？」他們當然都回來了。巧得很，吳祖光夫婦、盛家倫、黃苗子、郁風等的新居又都在東城棲鳳樓，這個地方又成為文藝界人士往來頻繁的所在，因此又被戲稱為北京的「二流堂」。二十年後，江青處心積慮地非要把這批文化人打成反革命不可。她之這樣做，無非是借以反對周恩來，並把一批熟知她底細的文藝界同志置於死地。

文革期間，他們長期隔離，連通信的自由也被剝奪，逢年過節也不准回家，吳祖光在「五七幹校」中，掏廁所、拾糞、餵豬。而新鳳霞則是「掏廁所、掃地、收拾排演場、擦洗門窗、跟著大卡車倒垃圾、裝卸磚瓦、白灰、黑煤、黃土、洋灰、木料、砂子、石頭等，……『文革』期間我得了高血壓病，可是讓我挖了七年防空洞。……」一九七五年秋天，當這對患難夫妻團圓有日的時候，厄運卻突然降臨到新鳳霞的頭上。在一次去郊區演出的途中，她病倒了。

新鳳霞患的是「腦血栓」，發病後四肢僵直不能轉動，但醫生最初卻誤診為「腦溢血」。由於錯誤的診斷和治療，使新鳳霞遭受到不應有的苦痛，並可能是導致她日後半身行動不便的主要原因。新鳳霞得病後不久，「四人幫」就倒台了，十年的噩夢終於過去，悲劇也告收場，長期離散的家庭終於團圓了。

鳳霞的一生過來不易，在痛苦的折磨和強大的壓力面前沒有屈服，沒有流淚。可是當她半身癱瘓病倒在床上以後，她卻變得消沉、悲哀起來。「覺得天昏地暗，日月無光，對人生失去了信心。一個從小學唱戲，又跳又唱的戲曲演員，一下子不能上台唱戲了，這個打擊是常人很難忍受的。」而她又受不得半點哀憐和同情，常常在人家安慰和憐惜她的時候，便氣得哭起來。一次，她正顏厲色地對吳祖光說：「假如你是在可憐我，你就給我走開！」吳祖光對她說：「你別多心，你會好的。我把你看作一個體操運動員在一場競賽中受了傷，只不過傷勢重了些，需要較長時間才能恢復。痊癒之後你還會登上舞台的。」但後來新鳳霞終究還是無法再重登舞台，於是往後的日子，她在家中讀書、寫作、繪畫（一生繪有水墨畫不下數千幅），也為登門求教之晚輩說戲（一生有五十多位親傳的弟子）她樂此不疲。她生平著書近三十種，一九九七年更出版《新鳳霞回憶文叢》四卷本：卷一《童年紀事》，卷二《梨園舊影》，卷三《人世瑣記》，卷四《藝海博覽》。她一生總計寫了四百萬字。

一九九八年四月初，新鳳霞作為「常州的媳婦」，由吳祖光陪同第二次回到江蘇常州，六日，出席「劉海粟紀念館」剪綵儀式，並為該館與友好揮毫作畫十幅，並計劃晚上前往欣賞

「常州滑稽劇團」演出，不料因腦溢血猝發，陷於極度昏迷，送醫後雖極力搶救，延至四月十二日終告不治，享年七十二歲。吳祖光在悲痛之餘，撰寫了〈哀悼吾妻新鳳霞「回首往事」〉一文，文章最後寫到：「鳳霞、鳳霞，驚才絕藝，曠古空前，妳的堅貞勇敢、音容笑貌將永遠留在世世代代觀眾的心裡，將永遠活在我和子女後代的心裡。」

補記：

吳祖光的第一任妻子呂恩（一九二〇至二〇一二），本名俞晨，江蘇省常熟人，中國著名戲劇表演藝術家。青年時代熱愛演藝事業，毅然報考國立戲劇專科學校。先後在重慶、上海、香港、北京等地從事話劇、電影演藝事業，中共建國後為北京人民藝術劇院演員。呂恩晚年談到與吳祖光的婚姻，她說一九四六年三月，他們在上海梅龍鎮飯店舉辦婚禮，證婚人是葉聖陶、夏衍。「如果從一九四四年在『二流堂』住在一起算起，到一九五〇年分手，應該是六年。在這之前，只是朋友交往。」呂恩又說：「我們是很友好地分手。我們沒有孩子，也沒有什麼財產糾紛，沒有吵。我們兩人分開，夏衍和那些朋友他們都理解。夏衍說：他們性格不一樣。」

一九五一年吳祖光經老舍介紹與新鳳霞結婚。吳祖光於二〇〇三年四月九日，因冠心病發作，在北京逝世，享年八十六歲。

註：本文的寫就，參考鮑文清的採訪資料，特此感謝。

詩人本是多情種
——艾青的追尋

在中國詩壇中，艾青活躍了整整六十多年。他是中國新詩發展史上，創作時間最長、作品最多、影響也最大的詩人之一。雖然論者指出他在「文革」後復出的作品，似乎是他早期創作風格的一次重複；而他五〇年代的詩歌藝術，也像是他延安時期詩歌藝術的一次重複。但他晚年的詩作，從整體上說是他創作的第二個高潮，詩風寬闊，深沉蘊藉，變幻多樣，綽有餘裕，對生活有更大幅度的概括。而談到自己的詩時，艾青這麼說：「我是酷愛樸素的，這種愛好，使我的情感顯得毫無遮蔽，而我又對自己這種毫無遮蔽的情感激起了愉悅」，「我只是設法把我感受得最深的，用最自然的方式表達出來」，「我只是發出我內心的聲音」。這也是理解艾青作品和他的為人的重要話語。

艾青，一九一〇年三月二十七日，生於浙江省金華縣畈田蔣村的一戶地主家庭。取名蔣正涵，字養源，號海澄。母親生他時是一次罕見的難產，於是他被算命先生認為是「剋父母」的，必須送給別人寄養五年方可領回。因此他被送到村中一窮苦人家去寄養，收養她的農婦，原來不是畈田蔣村的人。很小的時候她被賣到這個村做童養媳，她的丈夫也是一貧如洗的農民，名叫蔣忠丕。她窮得連一個真正的名字都沒有，人們就用她原來的村名「大葉荷」稱呼她（因為艾青家鄉的土音「大葉荷」與「大堰河」完全一樣，所以艾青在詩中就把「大葉荷」誤寫成「大堰河」了）。艾青，這個地主家庭中不受歡迎的孩子，在貧苦農婦家中，卻得到了溫暖與寵愛。大堰河賦予他的，豈止是甘甜的乳汁，還有那憨厚、純樸的氣質，善良和富於同情的心腸。詩人後來常說：「整整五年，我吸吮著大堰河的乳汁，和大堰河家窮苦的兄弟們一起土裡滾泥裡爬，與中國的窮苦農民結下了不解之緣。」

一九二八年七月，艾青初中畢業，九月他考入杭州國立西湖藝術院繪畫系。次年春天，他乘法國郵船到巴黎留學。在巴黎由於父親斷絕了供給，每天上午做工，下午學習繪畫。同時閱讀了中文或法文的許多文學名著。一九三二年一月二十八日，由馬賽乘船回國，五月在上海加入「中國左翼美術家聯盟」，又與力揚、江豐等人創建「春地美術研究所」。七月十二日晚，「春地美術研究所」正在上世界語課，巡捕房密探將艾青、江豐、力揚等十三名美術青年逮補。當局把他們看成「共黨」或受其指使的「暴亂煽動者」，判處六年有期徒刑。在獄中艾青失去了繪畫的條件，於是他開始寫詩，他「借詩思考，回憶，控訴，抗議」。他在獄中躲開人的監視，把寫成的詩篇交給律師或者前來探監的親友，由他們按指定地點寄給一位友人，再由他寄到報刊上發表。也有的詩歌是他從看守所直接寄給刊物發表的。一九三四年年底，艾青由上海監獄被押解到蘇州反省院，次年十月獲釋出獄（實際上只服了三年多的刑期）。

而早在上海監獄坐牢期間，家裡就為艾青定了親事。女孩名叫張竹如，一九一九年二月二十五日生於浙江省義烏縣上溪村。張家與蔣家原是親戚，艾青的母親到上溪村看病，就住在張竹如家。艾青在獄中，張竹如按照蔣家交給的地址，給艾青寫信，艾青也回了信。有時還抄上一兩首獄中寫的詩，有時寄上一兩張他以黑白綿條畫在比卡片紙還小的紙上的畫。艾青出獄之前，未過門的媳婦張竹如已來到蔣家，一方面侍奉艾青的父母，一方面等待艾青的歸來。一九三五年底他們結婚了，一切都是按照傳統的習俗進行的。

一九三六年一月下旬，艾青由妹夫張祖良介紹，告別了新婚的妻子、父母和家人，到了江蘇常州武進縣立女子師範擔任國文教師。但只教了一個學期，他就離開了。從此艾青和竹如過著一種流浪式生活，他們來到上海，先在閘北的一個貧民區亭子間棲身，不久又在法租界拉都路一座樓房的二樓租了一間房間居住。艾青在新華藝大教了一段美術課以後，又在《天下日報》文藝副刊找到一個編輯的差事。這期間，艾青把一九三二年至一九三六年夏秋之間所寫的詩彙集在一起，然後從中選出〈大堰河——我的保母〉、〈透明的夜〉、〈聆聽〉、〈那邊〉、〈一個拿撒勒人的死〉、〈畫者的行吟〉、〈蘆笛〉、〈馬賽〉和〈巴黎〉等九首詩作編成《大堰河》一集，於一九三六年十一月十日在上海出版了，那是艾青的第一本詩集。

一九三七年九月，艾青帶著張竹如來到杭州蕙蘭女子中學，任該校國文和美術教師。不久，竹如分娩了，是個女孩，艾青為她起了個名字，叫「七月」。十一月十二日上海淪陷，杭州危在旦夕，於是艾青和竹如商量，決定借些盤纏，離開杭州到武漢去。到了武漢之後，艾青先在車站附近的旅館找個住處。不久，搬到了武昌藝術專科學校，借住在傳達室內。在這裡，艾青與文藝界的許多朋友如胡風、田間、蕭軍、蕭紅、聶紺弩、端木蕻良以及畫家李樺等見面了。十二月的武漢，寒冷早已封鎖了整個城市，看到日軍的侵略，使中國子民蒙受種種的苦難，艾青寫下了這樣的詩句：「中國的苦痛與災難／這雪夜一樣廣闊而又漫長呀！／雪落在中國的土地上／寒冷在封鎖著中國呀……／中國，／我的在這沒有燈光的晚上／所寫的無力的詩句／能給你些許的溫暖麼？」一九三八年初，艾青離開武漢到山西臨汾「民族革命大學」任教。不久，又離開臨汾去西安，再回武漢。八月，離開武漢到湖南衡山。十一月，離開衡山到廣西桂林。負責創辦並編輯《廣西日報》的「南方」副刊。

而在桂林期間，因經常要躲警報，女兒又小，加上張竹如又已懷孕了，因此艾青就勸她帶著女兒回金華老家，張竹如原本不願和艾青分開，但想想已一年多沒有回家，加上艾青的好友鍾鼎文的夫人也要回金華，於是就同行了。但她萬萬沒有想到她這一離開，就先後有兩個女孩進入到艾青的生活中。首先是《救亡日報》的女記者高灝。她以婀娜的風姿、秀美的神韻和典雅的舉止，令桂林文藝界許多人為之傾倒。著名的日本反戰作家鹿地亘在他的回憶錄中這樣描寫道：「高灝和高芬，兩人都是夏衍主辦的《救亡日報》的女記者。說真的，兩個人都是西施般的美女。比起帶幾分天真活潑的妹妹芬來，還是具有那種難得的女性溫柔的姐姐灝，更奇妙地打動了我的心。我不能不認為自己留在桂林是一種幸福。」艾青與高灝最初相識是在一次詩歌朗誦會上。高灝用甜美的聲調、豐富的表情朗誦了艾青的詩篇，博得與會者的喝彩。艾青也為這位姑娘如此深刻理解自己的作品而激動。此後他們在音樂晚會上，在文化人集會上，經常見面。兩人也經常漫步與交談。艾青後來回憶說：「她長得很漂亮，溫柔而和善，說話總是慢聲細語，有一種甜潤之感。她對我很有感情，我也很喜歡她。這事不久就傳遍了桂林，都知道我們很要好。當時，也有人把她介紹給范××，我通過『內線』詢問她：是喜歡艾青還是范××？她婉言作了回答：『我立志走文學之路。』」而有一次，艾青和高瀾一起參加一個晚會。有人要艾青唱歌，艾青不唱，大家就喊：「高瀾代替！高瀾代替！」高瀾就站起身，代替艾青唱了一首名叫〈向上爬〉的歌曲。一九三九年夏秋之間，艾青和高瀾乘坐一輛車子去桂林遠郊參觀一個農場。路過一條山間的小溪時，他們下車步行。高瀾身穿一件藍色的旗袍，微風吹過，她那柔美的線條更清晰地顯現出來。她在小溪流中一邊洗腳，一邊向艾青講述她童年的故事。參觀回來，艾青在門上發現了鹿地亘和馮乃超的名片和留言，說他們來訪未晤。於是艾青和高瀾一起去看望他們，那天晚上他們一直暢談到熄燈的時刻。馮乃超舉著蠟燭送艾青和高瀾下樓梯。走到樓梯拐彎處，馮回去了。這時走在前面的高瀾突然回過頭來看艾青一眼。這一眼，是那麼激烈地抓住了艾青的心，使他久久不能平靜。這就是後來艾青〈關於眼睛〉中所不能忘懷的那一雙眼睛：「有那麼一雙眼睛／在沒有燈光的夜晚／你和她挨得那麼近／突然向你閃光／又突然熄滅了／你一直都記著那一瞬……」艾青和高瀾從樓房走出來，看見天上的月亮從一朵白雲鑽進另一朵白雲，地上是一個水坑挨著一個水坑。艾青晚年回憶道：「我們靠得很近。走著走著，我把手輕輕放在她肩上。她沒有拒絕，而是很柔情地說：『別這樣，有人看見！』……」但面對艾青寫信給回到金華的張竹如，要求離婚的事，高瀾卻對艾青說：「你怎麼能這樣呢？你怎麼能這樣呢？」

而就在這前後，又有一位女子闖進艾青的生活中。她就是當年艾青在常州武進女子師範的女學生韋鶯。一九三八年初，他們又在武漢碰面，那時她和另外幾位女青年，希望艾青推薦到臨汾參加民族革命大學學習。艾青說：「他們並沒有委託我招生，不好推薦。」以後艾青輾轉到桂林，韋鶯等參加抗日戲劇演出組織，走了韶關等許多地方。一天，艾青回到《廣西日報》他的辦公室兼臥室，突然看一個矮個子的女子坐在屋內。見艾青進來，起身問道：「您還認得我嗎？」艾青再看看，回答說：「認得，你已經長大成人了！」韋鶯瞧瞧寬敞的辦公室問道：「可以住在這裡嗎？」艾青出於師生之誼，回答說：「可以。」而這時，高灝的婚事，由母親作主（父親早逝），她許配給一位中學教務長。艾青晚年回憶道：「她（高灝）鬱鬱寡歡，得了精神病。以後到了上海。有一次荒蕪去看她。她拿起〈向太陽〉（案：艾青的詩）要朗讀。當她與荒蕪一起到公園散步時，她說：『我沒有屠格涅夫人那樣能夠為丈夫朗誦作品的幸福……』」這是後話了。而住在艾青居室的韋鶯，每晚都極力表白她對艾青的情意。七天之後，她和艾青正式同居了。張竹如在家鄉聞訊，立即趕回桂林。然而韋鶯與艾青的事，木已成舟，終難挽回了。桂林的作家對韋鶯的行為很是不滿，一位女作家甚至要聯合同仁向韋鶯提出抗議。這時艾青與韋鶯已前往湖南新寧，張竹如在桂林只住了一夜，第二天便由陽太陽的夫人陪同前往新寧，誰知剛一上路，就在路上產下一男孩。張竹如抱著孩子來到新寧，找到艾青，看到韋鶯，她將淚水咽到肚子裡，一句話也說不出來。她把孩子交給艾青後，在新寧找地

1957年4月，艾青與高瑛在上海國際飯店。

方休養了半個月後，借了路費，她沒有回金華老家，而去了重慶。張竹如後來到上海結婚定居，晚年兒女滿堂，這是後話。至於她和艾青生的女兒「七月」，在抗戰中因痢疾死亡，後來生的男孩，因艾青與韋鶯無法撫養，寄養在老鄉家，很快就夭亡了。

艾青常說：「不幸的婚姻等於無形的枷鎖。」他和韋鶯的婚姻終於在一九五五年的五月十二日，由法院判決離婚了。剛離了婚的艾青，有天上午他看完一篇詩稿，起身走到窗前，驀然間，他發現一位身材苗條而豐滿的姑娘，正隨著體操的音樂節奏，不斷變化著姿勢，她身體的每一部位都顯示出藝術之美，她強烈地吸引著艾青。她，就是剛從哈爾濱調到北京中國作協工作的高瑛，年方二十二。高瑛一九三三年八月十日生於山東省黃縣的一個農民家庭，九歲隨父母到東北的佳木斯落戶，十五歲考入松江省魯迅文藝工作團，當了一名舞蹈演員。十八歲嫁給了文工團創作部部長。一九五五年的五月隨丈夫調到北京，那時，她已是兩個孩子的母親了。但高瑛和丈夫感情一直不好，早就有分開的念頭。然而她丈夫卻以艾青介入他們家庭、破壞他們家庭，向法院提出告訴。後經法院判決：判處艾青和高瑛各半年有期徒刑，監外執行。同時判處高瑛和其丈夫離婚。一九五六年十月卅日，艾青和高瑛正式登記結婚了。這天高瑛身穿紅色套裝，被艾青迎進了早已為她準備好的一座新四合院，迎進溫馨的家。

一九五七年「反右」運動中，艾青被打成「右派」。為了不使艾青看到報上的批判文章，減少刺激，每天上午和下午送報時，高瑛總是提前來到大門外等著，把當天的報紙先翻一遍，凡是有批判艾青的，她都藏起來，不讓艾青看到。有時艾青問：「今天怎麼沒來報？」高瑛就說：「不知道。」在生活上，高瑛親手做艾青最愛吃的菜，她想慢慢化解鬱結在艾青心頭的煩悶，癒合在艾青心靈上的傷口，擦拭著他靈魂上的淚。而在艾青陷入深淵之時，王震將軍向他伸出援手。一九五八年四月，艾青夫婦和孩子艾未未到黑龍江密山縣的北大荒八二五農場去墾荒。次年十一月，他們又到新疆烏魯木齊生產建設兵團。「文化大革命」時，艾青遭到批鬥、抄家，被遣送到生活最艱苦，被稱為「小西伯利亞」的一四四團二營八連。全家起初被安排在一個由土坯壘成的平房內，但不久就被趕進「地窩子」裡（地窖），地窩內並沒有床，全家睡在鋪著厚厚的草的土堆上。沒有電燈，只用昏暗的小油燈照明。艾青的勞動開始是剪修林木，過了一段時間，又分配他打掃廁所。夏天，冒著令人噁心的奇臭，冬天頂著刺骨的寒風，他把十五個露天廁所打掃得乾乾淨淨。一九七二年十一月，艾青全家搬回新疆的石河子，結束了五年半的「地窩子」生活。次年九月他在高瑛等的陪同下到北京看眼睛，由於長期在昏暗下生活，他的右眼失明了。一九七五年後，艾青左眼的視力也開始減退了，於是他不得不再次回到北京。從此以後他就沒有再回新疆了。一九七九年他獲得平反，當後來周揚向艾青表示道歉時說：「艾青同志，我們對你搞——錯——了。」艾青回答道：「你說『搞錯了』，三個字很簡單，可是，你一個字就是七年啊，人生能有幾個二十一年呢？」是的，這二十一年，是艾青精力最充沛最好的年齡，可是已經白白浪費了。

從與艾青結婚後，高瑛一直陪著他走過多少的風雨，承擔過多少苦難。晚年更是艾青寸步不離的幫手，尤其在艾青右臂摔傷後，只能用左手吃飯，高瑛總是坐在他旁邊，隨時給他夾菜、擦嘴、擦汗。後來艾青連左手也不方使了，高瑛就耐心地把飯菜一口口地餵到艾青嘴裡，每當看到艾青胃口好了，多吃了一點，高瑛比什麼都高興。一九九四年底，艾青在醫院接受山東電視台記者採訪時說：「這些年，高瑛對我的照顧非常好，非常辛苦，我不知怎樣感激她。我找了一個山東人做老婆，找對了。」一九九六年五月五日艾青在北京協和醫院高幹樓十二號病房逝世。終年八十六歲。

註：本文的寫就，參考周紅興的《艾青的跋涉》及吳洪浩的《不滅的詩魂——艾青》一書。特此致謝。

一生兩世誠可哀

——路翎的悲慘人生

路翎，這位曾在四〇年代國統區閃耀無出其右的天才作家，卻因「胡風反革命集團」被捕入獄，從此與世隔絕二十餘年，平反復出後，已是一幅令人不忍目睹的「灰燼」形象……。他的好友詩人冀汸在〈哀路翎〉中就說，「在人生悲劇中，你的遭遇比你的任何一位朋友都要淒慘。一九五五年那場『非人化的災難』，將你一個人變成了一生兩世：第一個路翎雖然只活了三十二歲（一九二三～一九五五），卻有十五年的藝術生命，是一位挺拔英俊才華超群的作家，第二個路翎儘管活了三十九歲（一九五五～一九九四），但藝術生命已消磨殆盡，幾近於零，是一位衰弱蒼老神情恍惚的精神分裂患者。」真是天何以堪！他的好友羅飛在〈悼路翎〉中，也不無感慨地說：「正當他才華橫溢之時，突然被迫放下了筆，進了牢籠，成了犯人，又成了瘋子，又成了掃街的『四類份子』，又成了痴呆的老頭，又成了只會用『文革』語言寫劇本審讀意見的一份微薄工資的領取者。……而後，才是一個出土的，恢復了劇作家、小說家名義的一塊沉默了的石頭。他的才華哪裡去了？他的生命存在著，而他的才華已經死了！過去為他皇皇巨著所感動過、所激勵過、所啟迪過的讀者，面對的是一顆無光的石化了的路翎。」人生的苦難和不平，莫過於此，但晚年的路翎卻選擇了無言，而那才是人生最大的悲劇。

路翎，原名徐嗣興，一九二三年一月廿三日生於江蘇省蘇州市倉米巷三十五號，父親趙振寰因入贅，因此孩子從母姓。他三歲那年父親因故自殺身亡，不久，母親徐菊英改嫁張繼東。他繼父雖「讀過大學」，但學的並不是文學，業餘愛好也只是「喜歡修理一些電器和器具」。他「一生當職員」，時常失業。年僅五歲的路翎就「產生了一種淒涼、孤獨的心情，從這時開始到三〇年代，這種心情一直很濃厚。」（見《路翎書信集》）而除了在小學讀書時的潘美老師——「這位優秀的女教師耐心地指導過路翎閱讀和寫作」外，路翎幾乎沒有得到過專門的文學指導，只憑著他大量地閱讀中外古今的小說名著。十二歲時，路翎曾向北平的一家雜誌社投過一篇散文，發表後得了兩角錢的稿費。這不是一般的文學啟蒙，而是偉大的餽贈。而當他在一九三九年寫成的短篇《「要塞」退出以後》，令人不敢相信這是出自一個年僅十七歲的少年之手，雖然從藝術上的角度衡量，它還不夠精細。「但是，它卻是路翎的文學道路中的一塊重要的界碑」。因為，它已「透露了路翎刻畫動蕩環境中人物起伏的內心世界的藝術追求」的風格特徵。因此，次年五月，胡風在《七月》第五集第三期上發表了這篇小說，並列為「新作家五人小說集」的首篇。而他也第一次署名路翎。

在給胡風的信裡，徐嗣興對署名這樣說道，「名字我也曾想到，只是想來想去，別的也一樣彷彿不好。自己紀念兩個朋友，就用『路翎』吧——如若排好版，就不必麻煩了。」至於他所說的兩個朋友，一是李露玲，一是姚掄達。「路」是「露」的諧音，「翎」是姚掄達在合川時用的筆名「彤翎」的「翎」字。而這兩個人，一是他的初戀情人，一是他的好友兼情敵，是他一生永難忘懷的人。在一九三九年下半年，徐嗣興和好友姚掄達參加三民主義青年團演劇隊，他們同時認識也是團員的李露玲。李露玲原名李世璵，她來重慶之前，因讀了胡蘭畦所寫的《在法國女牢中》這本使她終身難忘的書，她崇拜書中女主人公葉露玲，於是她改名李露玲。她是湖北沙市人，一九二三年生。露玲長得嬌小可愛，大大的眼睛，彎彎的眉毛，身材苗條，人又極聰明，另外還帶有一股矜持的高貴氣，在沙市小城裡，有「鄧波兒」的美名。在晚飯後，她與徐嗣興經常沿著山路散步，交換一些讀書的心得和隊裡的人和事。後來，姚掄達（後來又名姚牧）也跟著他們一起散步，不同於徐嗣興的木訥寡言，姚很活潑，話也較多，常常是他倆一人牽著她的一隻手，蹦跳著向山上走去。在隊中，這三個人，當屬「小蘿蔔頭」一族類，經常是跑跑龍套。露玲與嗣興管理隊裡的服裝、道具，也參加過一些演出：唱抗戰歌曲，演點小角色。嗣興在尤兢的《夜光杯》中扮茶房，在馬彥祥的《工潮》中演罷工工人；姚掄達則在樂隊中。因為露玲長得小，他們兩人都把她當小妹妹看待，關懷得無微不至，真是頂在頭上怕嚇著，放到嘴裡怕化了。嗣興曾教她游泳，他要她摒住呼吸，平躺在水上。但是她一躺，身子就側歪一邊了。一見她要喝水了，嗣興立即把她捧起來。在這樣的「愛護」下，露玲最終沒能學會游泳。一九四〇年初，經胡風的介紹，他們到陶行知辦的育才學校，徐嗣興和姚掄達分別當文學系和音樂系的「小先生」（小老師），李露玲則在音樂系當學生。嗣興愛露玲，恨不得把心都掏給她，但他卻羞於用語言表達出來。露玲後來回憶說，也許你從他的某些行動裡得到的可能比他說的還要多。總之，他太不會招女孩子喜歡，也太嚴肅。當然他的人品是絕對的好。那時候他與露玲的關係已經相當深了，但他從來沒有非份之想，一點過分的舉動都沒有。而當露玲染上瘧疾，學校條件很差，無法調養，嗣興徵得家裡的同意，露玲到徐家養病，嗣興也回家照顧她。住在徐家，徐的祖母、母親都對露玲不錯，但露玲總覺得她們是把她當成兒媳婦看待，這點使她難以接受。尤其那時，她還想當演員，她是一個不甘願一輩子跟在丈夫後面的女子。而相對於姚掄達，對於李露玲卻有著另一種誘惑力，他活潑、會說、會唱，他總稱讚露玲有演員的天才，不要埋沒在鄉村等等，於是露玲終於選擇了姚掄達，而與嗣興分手。

曾是好友的劉國光回憶道：「那時我尚在合川讀書。有時候我利用星期天去看他們，暑期就到古聖寺（「育才」所在地）去住一個月。一天，忽然接到一封嗣興母親的電報，說嗣興病重，叫我速去。接到電報的當天下午我乘船趕到了草街子。我的想法是，想約上姚牧一起去看嗣興，而且草街子是去嗣興家文星場的中間站。到了草街子後，我大吃一驚：姚處有李在。李哭紅了眼睛，很是過意不去的樣子。我也很不好辦，我們大家早已認定李與徐的關係，並且取促成的態度，沒想到事情會是這樣。我只好在『育才』住一夜，第二天去嗣興那裡。我到徐家後，看嗣興的樣子，也還過得去，只是人瘦了許多。事情好像已經過去。但據嗣興的母親說，前幾天可是要死要活的。嗣興只是不說話。看來，他是決心要忘掉這一切，也決心要記住這一切。」

而就在李露玲猶豫在徐嗣興與姚掄達的愛情之間時，她寫信給從小學到中學都是同學、好友的余明英，並向余明英求救，她說，我愛他們兩個，我不知道怎麼辦。只有死。附上徐與姚的照片。而余明英一見到徐嗣興的照片，心中猛然一跳。暗暗思忖著：如果他能愛我，我一定會同意。但是余明英還是勸李露玲要愛徐，不能動搖。但後來兩人還是分手了。據余明英的回憶，由於好長時間不知李露玲的情況，於是她寄了一封信給徐嗣興。徐很快回了信，代李說明情況。於是他們才有了書信的往來。而余明英在重慶中央通訊社工作的一年多裡，嗣興每次到重慶辦事，總要到通訊社看她。兩人沿著山坡向上走，有時他給她講故事。明英說，有一次散步，徐顯得激動。過了好久，他對我說，我們結婚好嗎？我聽清楚了，但還是驚訝地問了一句。他重複了一遍。我心裡是很高興的，但並沒有回答。過了一陣，我說：我要跟家裡商量。徐也沒再說別的。在下一次見面時，他馬上問：跟家裡商量了嗎？我說，沒有。但他一定要我的肯定的答覆。我只點了點頭，便把我的日記本交給了他。他也把他的日記本交給了我——像是事先商量好了似的。後來我看到他前一天的日記，寫道：「我明天進城去，這次決定我的命運。」

一九四四年八月十五日，他們兩人結婚了，余明英回憶著說：「前一個月，嗣興的媽媽給了我四千元錢，讓我買點衣物。我到徐家的一個親戚的店裡，請他們幫我挑選衣料。那件衣服我十分滿意，現在還記得，是府綢料的，白底紅花，陽紅，但淡淡的，花不是一朵一朵的那種，做成旗袍滿大方的。嗣興跑報館，登結婚啟事。我給他買了一件漂亮的西服——以前都是從委託行買的舊西裝，大家稱之為『蹩腳西裝』的那種，這次是很好看的灰色。婚禮在北碚的兼善公寓舉行。那天，擺了三桌。胡風先生特意趕來。除胡風外，這一桌還有徐的朋友，冀汸、馮白魯等。那一桌是徐的工作單位的同事，另一桌是徐的父母家人。朋友們沒能都趕來，但都送了禮物。阿壠的是有龍鳳的被子，這之前還有一首偈語，云：花到頭邊酒到唇，不簪不飲不為春。人生最是平凡事，滲透平凡也聖神。新房是在黃桷鎮下壩街臨時租的一間民房，床和家具是借的。」路翎結婚了，但他和明英仍是兩地分隔，明英在重慶工作，路翎則在黃桷鎮。每當週末明英從重慶來黃桷鎮，而有時路翎則帶孩子到重慶。生活就在這別離的思念和忙碌中度過。但是對路翎來說，他們的情感領域是充實的，而且有了一個滿意的歸宿。

而在認識明英前，也就是一九四二年四月，路翎寫成了著名中篇小說《飢餓的郭素娥》。路翎以他本身豐富的礦區生活的積累，藉一個勞動女性的悲慘命運，寫出了她的肉體的飢餓和精神的飢餓，執意發掘蘊藏在人民心中的追求個性解放和自發反抗社會的「原始強力」。控訴了那個「把人燒死、姦死、打死、賣掉」的野蠻社會。《飢餓的郭素娥》的問世，使路翎成為一個才華橫溢的青年作家而馳名於文壇，當然這其中得力於胡風的提攜，甚至可說是沒有胡風，就沒有路翎。然後路翎開始重寫現代文學中最長的長篇小說之一——《財主底兒女們》。原本他在一九四〇年已寫成這本書的第一稿二十萬言，但寄給胡風的原稿在香港戰火中丟失了。路翎並沒有被這種意外而遺憾的事情挫了銳氣。他端坐在昏暗的桐油燈之前，奮筆直書，鍥而不捨，積三、四年之力，完成了八十萬言的皇皇巨著。它被譽為力求把托爾斯泰的史詩筆觸和羅曼羅蘭的心靈解剖藝術融於一爐，描繪大家族的衰敗和知識份子心靈歷程的力作，也是路翎的代表作。而除此之外還有短篇小說集《青春的祝福》、《求愛》、《在鐵鍊中》、《平原》、《朱桂花的故事》，中篇小說《蝸牛在荊棘上》、長篇小說《燃燒的荒地》，劇本《雲雀》、《迎著明天》、《英雄母親》、《祖國在前進》，另外還有報導文學《板門店前線散記》等。路翎是一位創作力極為旺盛的作家，以一個年僅三十歲的作家，交出如此豐富而且卓越的作品，在中國現代文學史上倒是不可多見的。

然而命運卻開了路翎一個玩笑，正處於創作鼎盛期的路翎，在一九五五年六月十九日因「胡風反革命集團」骨幹份子被補入獄。八月四日他被送往秦城監獄，編號是〇六八四。詩人綠原回憶道：「五〇年代以後一段漫長的歲月裡，路翎和我曾經同一個院子被囚禁了好幾年，一度被安排住在隔壁兩間房。每天廿四小時，除了睡眠、吃飯、大小便之外，其餘時間都側耳可聞他一直不停的、頻率不變的長嚎，那是一種含蓄著無限悲憤的無言的嚎叫，乍聽令人心驚膽顫，聽久了則讓人幾乎變成石頭……」而數度入獄的文友賈植芳認為：「路翎與胡風一樣，在文學領域如同奧林匹斯山上的宙斯，能所向無敵；可是一離開文學領域進入社會，他們就變得單純而幼稚，特別對於中國歷史社會發展中的黑暗與野蠻，知識份子命運的複雜性和殘酷性，都缺乏深刻的認識，所以一旦天塌地裂，他們的精神都會受不了。胡風是這樣，路翎也是這樣。他們始終不明白，他們為什麼會碰到這樣不公正的遭遇？他們不能想像，他們如果得不到他們所衷心擁護和信賴的政府和社會的承認，活著還有什麼價值？可以說，胡風和路翎直到他們淒淒涼涼地離開這個世界，這個心病依然糾纏在他們的心頭，他們是十足的書生。」一九

路翎、余名英夫妻1949年時的身影。

六一年，路翎因精神上刺激過大而失常，住進了醫院。出院後保外就醫回到家中一年多。隨後因給中央寫信發洩不滿，又再度被關進了監獄。直到一九七五年六月十九日，五十三歲的路翎在坐了整整二十年的牢後，才被釋放了。路翎用一生中最寶貴的光陰，奮力地爬出陰森恐怖的地獄，但他依然置身於人間的「古拉格群島」，因為一位天才作家從此扼殺了，只是在北京一條尋常的胡同裡，多出了一個分不清頭髮和鬍子的蓬首垢面的掃街老頭！

在那艱難的日子裡，余明英在街道辦的工廠裡縫補麻袋，每月收入二十七元，路翎掃街，每月收入十五元，他們住在九平方米的房子裡，除了單人床，便是一張大床，床上堆著破舊的被褥，此外便再也看不見什麼了，稱得上是家徒四壁。而路翎每天在掃完街後，便鑽進這又矮又暗又潮濕的小屋子裡呆坐著，從沒有玻璃的小窗口凝望著灰濛濛的天空，一坐就是一天，什麼話也不說，當然更是什麼字也不寫了。曾經寫過幾百萬字的多產作家，如今家裡竟沒有一本書，竟找不到一枝筆或一頁稿紙。有人去探望他，把他過去寫的書送給他看，他一面摩挲著陳舊發黃的封面，一面恍惚而淡漠地問道，這會是我寫的麼？而後來他又慢慢地開始寫作了，據傳記作家李輝和他接觸的經驗，說：「可是，我偶爾翻閱它們，產生不出興奮和欣喜。我不能不承認這一殘酷現實：那個當年才華橫溢、創作《財主底兒女們》的路翎已經不復存在。很明顯，他的思維、心理狀況，已經不允許他架構小說，特別是長篇小說這一形式。同時，他的語言方式，也難以擺脫年復一年經過檢討、交代的陰影，大而無當或者人云亦云的詞彙，蠶食著他的思維，蠶食著他的想像力。」而一九九四年二月十二日，這位「未完成的天才」，終於結束了他晚年的孤寂和恍惚，告別人間。

註：本文之寫就，參考朱珩青著的《路翎：未完成的天才》，特此致謝。

珍重再見勿忘我
——阿壠的生死戀

儘管在中國現代文學史上，所謂「魯迅派」、「雪峰派」、「胡風派」、「七月派」，都是一些相當模糊的概念，既沒有嚴格的美學界定，更常常被塗上濃重的政治、道德色彩，有時還是「宗派」的代名詞。因此像詩人魯藜就表示過不贊成含混地提「七月詩派」，他認為三、四〇年代的《七月》、《希望》不只是一個簡單的「流派」問題，如果說是「流派」，它也是最有影響、最有吸引力的「流派」，是最重要的「流派」之一。學者嚴家炎就說，「七月派是抗戰時期形成的一個以小說和詩歌為主體的文學流派，是以胡風為核心的一個有影響、有貢獻的流派。」

在「七月派」中，小說創作上有路翎為代表，詩歌創作上有田間、綠原、魯藜，甚至早已成名的艾青作代表，而文藝理論方面，阿壠可稱得上胡風的一位代表。他的大量詩論在國統區有過強烈反響。阿壠歷來都被視為胡風「七月派」中的一位骨幹人物。

阿壠，原名陳守梅，又名陳亦門，還曾用筆名S・M、師穆、聖門等。一九〇七年生於浙江杭州。家境清貧，刻苦自學，曾考入上海工業專科學校，一九三一年「九一八」事件後，他

1949年10月為魯迅先生掃墓，攝於上海萬國公園魯迅墓前，阿壠為後排右一。

立志從軍報國，考入國民黨中央軍官學校第十期。因受中共地下黨影響，思想傾向進步，並開始從事寫作。一九三六年畢業後任排長，一九三七年八月在淞滬戰役中負傷，之後他寫出了列入「七月文叢」之一的報導文學集《第一擊》。一九三九年通過作家朋友、原在共產黨長江局任周恩來的政治祕書的吳奚如的關係，前往延安。吳奚如後來回憶說，他送阿壠去延安，讓阿壠化了名，準備他在抗大學習之後再回國統區從事情報工作和統戰工作。阿壠在延安的野戰演習中眼球受傷，到西安治療，這期間他寫成長篇小說《南京》，在全國文協徵稿評獎中獲得第一名。一九四一年傷癒後擬重返延安，因交通線被封鎖，於是他通過舊時「中央軍校」幾個同學的關係，進入國民黨戰時工作幹部訓練團第四團。隨後他到重慶，考入國民黨陸軍大學。好友耿庸說：「如果說，他第一回進入國民黨中央軍校就他自己而言是一個迷誤，那麼，這一回他卻是帶著預定的清醒而明確的目的。當時，瞭解他的朋友們都被灼燙地感到了他的悲壯的、自我的犧牲的精神。」綠原回憶，一九四四年，他曾受阿壠的委託，帶一包袱東西給住在重慶市郊賴家橋的胡風。送到後才和胡風看到，是十幾冊國民黨軍隊的編制和部署的印本和圖表。胡風當即送給廖夢醒轉至延安。而何劍薰也回憶在一九四四年夏天，他的筆名S・M暴露後，他建議他更換個名字。何劍薰說：「當時我手上拿著一部《列子》，翻開一本，順手一點，即在〈天瑞篇〉上，點到一個『壠』字。我說，『好字，田壠的壠，土旁龍。這個名字好，又出自〈天瑞篇〉，天瑞天瑞，大吉大利，就用這個字吧。』他問『壠』字有何好處。我說：『龍，鱗蟲之長，能大能小，能幽能明，能下水，也能上天。過去稱皇帝都用這個字。配上一個土字，更好。《禮記》上說，有人此有土，有土此有財，有財此有用，財者本也，德者末也。好字，好字，就用這個字。』且說，這個壠字，只能和田字相連。用一個田字加在前面更為得體。因他姓陳，古代陳田同音。而且『田』字就是『陳』的始字，還是它的後起義。我的這篇妙論，使得素來嚴肅的阿壠，也不禁笑了起來。不久以後，在報上，他果然使用了阿壠這個名字。就不知道為什麼沒有使用田字，卻用了他們江浙人最心愛的那個『阿』字放在前面，大概是『聽人動，取一半』的吧。」

而就在一九四三年阿壠在成都認識了張瑞，那時阿壠已經是一位創作成就顯著的作家，而張瑞才只年僅二十歲。張瑞的妹妹蘇予（筆名）晚年這麼回憶著：「一九四三年初春，你第一次見到你讚賞的詩人S．M。當時他是國民黨陸軍軍官大學學員，畢業前由重慶到成都見習。你好像整個人都變了，三月、四月、五月，每次月假我由搬遷到鄉下的華美女中回家，你談的只是S．M。他來自一個你完全陌生的世界。他是著戎裝的國民黨軍官，又是『七月文叢』《第一擊》的作者。他複雜的社會身分，曲折的生活經歷，他三十六歲成熟男子的凝重氣質，無疑強烈地吸引你。你說他家境貧寒，靠刻苦自學考進上海工專，輟學後進了國民黨中央軍校；他在『八一三』淞滬抗戰中打過仗，負過傷，臉上留下了傷疤；他到過延安，散文詩〈光明讚〉就是歌頌延安的……談起這些，你兩眼放光，完全沒有平日那種冷漠沉鬱的神態。你們很快相愛，提出結婚。」

張瑞因先天右腳有些跛，不知是傷殘者的孤獨、自尊和敏感，她比別的孩子顯得早慧而且早熟。當她在小學六年級時，便在成都的報紙副刊上發表散文〈蜀道難〉，寫她一九三四年隨家人去北平，乘江輪過三峽的見聞。上中學後，她用薇庵、秦蓁等筆名，在成都、重慶的報紙、詩刊上發表作品，其中一九四〇年發表在重慶《時事新報》副刊的長詩〈真理的開花〉這麼寫著：「你說玫瑰的刺／傷害了你／丁香／又使你悒鬱／月見草使你的靈魂／染上／沉濁的夜色／輕愁的蘭花／讓你感到／寂寞／……可是我告訴你／真理要開花……」在緊張的功課重壓下，她放棄練琴、午休和自由活動時間，如飢似渴，苦讀《新哲學大綱》、《反杜林論》、《馬恩與馬克思主義》，還寫出介紹法國作家安德烈．紀德和俄國作家杜斯妥也夫斯基的文章，評介〈巴爾札克和他的《歐也妮．葛朗台》〉和評論十九世紀歐洲啟蒙運動的長文。而就在她高中畢業前的半個學期，她隻身到重慶覓職，但幾個月後，她又回成都了，她認為重慶仍然是個「狹的籠」，平庸的「籠」。而後她同成都「平原社」的一些寫詩的朋友往來較多，有老大哥般的詩人蘆甸，還有在四川上學的孫躍冬和白堤、杜谷等。而阿壠也是透過他們而認識的。

兩人認識後，城裡那飄滿槐花香味的小巷，柳蔭覆蓋的金河，百花潭和村郊的溪塘、竹林、墳園，到處有著他們的足跡。阿壠更寫下了許多動人的情詩給張瑞，像〈求訴——給Ray〉這麼寫著：「曾經，我躑躅在河邊／一朵潔白的花開得多好／好得不敢伸手就採／生命啊……／痛苦也是高貴的享受時／我享受過最好的一些了／……／你向我祈求毀滅麼／我不是什麼美麗的暴力／即使颱風與雷雹／也將帶來遼遠高爽的大晴朗／帶來七色虹／我是肯定世界的／我更肯定世界地肯定你！／棕色羊驚奇地瞠視／村犬，連吠叫的脾氣也沒有了／輕悄地來了，立刻又輕悄地走開／小孩子在旁邊學樣／成年人照常來往與耕作／一切為了我們底安靜！／自然指揮著秩序／生命啊／是人，賦與了人形的／於是非生物／也莊嚴與流盼了。」

一九四四年四月中旬他們先在小城公園的桃花源會館請客，訂婚；五月八日在榮樂園舉行隆重的結婚儀式，宴請親友。婚後張瑞隨著阿壠住在重慶山洞的陸軍大學眷屬宿舍，而從小生活在優裕環境的張瑞，從來沒燒過柴灶、煤爐，在這裡雖然有相互的溫愛與凝眸，但更有一日三餐打掃洗刷的辛勞，還有一群打麻將、搬弄是非，成天叨嘮柴米、穿著的軍官太太們；更要命的是懷有身孕的情緒反應和每天平淡的日子，更何況他們住的山洞，是國民黨軍事機構和陸軍大學的大本營，張瑞形容說「十個人裡五個是特務」，連空氣都使人窒息。再加上她成為阿壠的妻子後，在胡風、梅志、舒蕪等人中，她覺得自己幼稚、陌生。於是她和阿壠之間有了裂痕，我們看阿壠一九四四年七月八日寫於重慶山洞的一首〈無題〉：「你，奔響著的荒澗，要吐訴些什麼呢？／原來／被愛既然也是大幸福／被棄和迫害，在這人生的歷程上／正應該一樣不壞。／不要／使我在門裡而有在門外之感／不要／不要把我的愛情同我的唾沫／尤其是／到今天了啊，看今天了啊……／你所痛苦的，難道不也是／我所痛苦的麼／手所痛苦的腳不感覺麼／肉所痛苦的心不跳動麼？／……不，不，不喲！／愛我／或者不愛我／只是不要冷淡我！／和不信任我！」詩人是有著沉痛的呼喚。而同年九月九日所寫的〈無題（又一章）〉：「不要踏著露水——／因為有過人夜哭……／哦，我底人啊，我記得清楚，在白魚燭光裡為你讀過〈雅歌〉。／但是不要這樣為我禱告，不要！／我無罪，我會赤裸著你這身體去見上帝……／但是不要用計算星和星音的空間吧。／不要用光年；用萬有引力，用相照的光。／要開作一枝白色花——／因為我要宣告，我們無罪，然後／我們凋謝。」在詩人虔潔的愛的誓言裡，我們似乎感覺到隱藏著一份苦味的蜜汁。

而次年四月阿壠送張瑞回成都家中待產，八月下旬生下兒子陳沛。妹妹蘇予回憶說，「……但你的笑容越來越少，菸越抽越兇了。……有時我夜半醒來，還看見你倚坐床頭，手裡的菸頭明滅閃亮。終於到了那一天，一九四六年的三月十八日，你出人意料，突然在家裡服安眠藥自殺了。」

張瑞終於擺脫不了人際感情的重負和折磨，自殺身亡，她給阿壠留下後半生愈來愈濃的思念。為失去的妻子和愛情，阿壠在短短幾年裡寫出一首首情感熾烈的詩，稱得上是別具一格的情詩。他說：「我的左手底無名指上戴著你給的戒指，刻著Forget men not的字／對岸的毋忘我花，對岸的背影／現在我又低呼著你了／低呼著，隔著河。」而這個妻子當年結婚時送給他的戒指，阿壠一直戴著，直到死去的時刻。而在五〇年代初，阿壠在受到多次嚴厲批判後，他感到痛苦和孤獨，他更加思念他死去的妻子張瑞。他在筆記本上，寫下一首首的律詩，傾訴自己的真愛。其中有〈給瑞〉這麼寫著：「素手相攜兩步橋，春城夜夜可憐宵。半夜急雨歸來晚，帶夢還望隔院簫。」詩後有他入獄前的補記：「成都時作，時與妻子相愛甚苦，新舊作頗多，每於次日相見時付之，今則一字無存。〈給瑞〉一首，首句亦復記不真切。」傷悼之情，淒切如昔。而另一首〈如夢令〉：「結髮也曾心動。嚙指也曾心痛。相愛不多年，留與白雲青塚，珍重，珍重，還入夢來相送。」則讀之令人痛徹肺腑！

一九五五年五月阿壠因「胡風反革命集團」份子，而被捕入獄。入獄時，他什麼也沒能帶上，存款，幾千冊藏書，還有幾歲的兒子，都留在身後。唯一隨他入獄的，是手上戴著那兩個刻有英文「勿忘我」的戒指。兒子陳沛留在家中，由公安局派人照料他的生活，不能與阿壠見面。每年上級只安排照一張兒子的照片，帶到獄中給阿壠看上一眼。一九六三年，阿壠給兒子寫了信，那是八年來陳沛收到的爸爸的第一封信。信中說：我的事以後再說，你要多讀書，多學習馬克思、列寧、毛澤東的書，好好學習。陳沛後來這麼回憶著。但當時他感到突然，也感到害怕，他將信交給組織看，上面不置可否，有人勸他別把信留下，免得惹是生非。於是陳沛把它退回獄中，這對阿壠無疑的是個致命的打擊，從此父子再也沒有聯繫。直到一九六六年底，公安局通知陳沛到監獄醫院探望阿壠，但因當時正逢文化大革命蔓延之際，陳沛沒敢去。而這時身患骨髓結核症的阿壠，因未得到及時治療，終於在一九六七年三月二十一日病逝獄中。而在他去世十三年後，冤案才終得平反。

阿壠曾是「七月派」詩人中最有才華者。他的詩風，激情充沛，雄渾深沉，詩人不但具有鑄煉意象和溶化人生經驗的敏銳感覺力，而且能夠自覺內化人格和心靈的自我透視於藝術想像之中，對於生命意志和自由意識的內心體驗異常豐富。詩人公劉就說過：「阿壠的詩是思想者的詩。可以說，沒有一首沒有痛苦的、沉重的思想，而這種思想，正是在暗夜中的中國的時代特徵。」而除了詩之外，在散文、報導文學和小說創作及詩歌理論的著述方面都作出卓越的貢獻。他的詩集有《無弦琴》、《無題》、報導文學有《第一擊》、長篇小說有《南京》、詩論有《人和詩》、《詩與現實》、《詩是什麼》等。

四〇年代中期，阿壠和詩人曾卓、綠原、鄒荻帆、冀汸、杜谷、蘆甸等編輯了一套詩叢，其中第六種最後一本《白色花》，是以阿壠〈無題〉詩：「要開作一枝白色花——／因為我要宣告，我們無罪，然後／我們凋謝。」為意象命名的。五〇年代中期他們果然都為詩而入獄，後來他們的冤獄雖得平反，但「我們無罪，然後／我們凋謝」，為紀念他們共同的命運，胡風同仁們在重見天日後的第一本詩合集，就取名為《白色花》。但令人嘆惋的是阿壠——這朵真正「白色花」早已含恨九泉了。

生來相愛不容易
——朱生豪的事業與愛情

在翻譯莎士比亞戲劇的巨匠中，很多人只記得梁實秋，遺忘了朱生豪。朱生豪在一九三五年春開始著手翻譯《莎士比亞戲劇全集》，對各種版本進行校勘、研究。為便於中國讀者閱讀，更打破英國牛津版按寫作年代編排的次序，而將莎翁劇作分為喜劇、悲劇、史劇、雜劇四類編排自成體系。一九四七年世界書局出版了朱生豪的譯作三輯，二十七部劇本。譯作傳到海外，歐美文壇為之震驚，許多莎士比亞研究者，簡直不敢相信中國人會譯出如此高質量的劇作。但朱生豪卻在一九四四年十二月廿六日，因勞累過度罹患肺病去世了，在他去世前夕他說：「夫以譯莎之艱巨，十年之功不可云久，然畢生精力，殆已盡於茲矣。……幸喜莎劇現已大部分譯好，僅剩最後六個史劇……不管幾時可以出書，總之已替中國近百年翻譯界完成了一件最艱巨的工程。」雖然朱生豪以三十二歲，英年早逝，但他卻在翻譯史上放射出永不磨滅的璀燦光芒!!

而除了莎士比亞外，在朱生豪生命中最重要的一部分是愛情，他對宋清如的愛。十年之間，他寫了五百四十多封的情書，在沒有終點的愛情長跑中，他認定十年前播下的愛情種子，

1942年5月1曰，宋生豪與宋清如結婚留影。

一定要把它澆灌成參天大樹。因此有人說假使沒有宋清如的愛，朱生豪的生活肯定要黯然失色，甚至根本就不可能完成莎士比亞劇作翻譯的皇皇大業。

朱生豪原名朱文品，入學後改名朱森豪，一九一二年二月二日生於浙江嘉興南門一個沒落的小商人家中。兄弟三人，生豪是長子，最受母親寵愛。不幸的是當時家庭經濟每況愈下。母親在愁苦生活中，對生豪寄予深切的期望，她曾經流著淚叮囑著他說：「長大了，要有出息啊。」也許這遺訓，終於成為朱生豪不斷力求上進，不斷奮鬥的動力。而在母親過早去世後，不久父親、叔祖母又相繼去世。兄弟三人，由早霜的姑母照顧。從此，人生的悲哀，人世的炎涼，開始壓上了朱生豪的心頭。使得原來沉靜的性格，愈益沉默寡言了。後來朱生豪曾這麼描述自己：「每年中，估計起來，我成天不說話的約有一百天，每天說不上二十句的約有二百天。說話最多的日子，大概不至於超過三十句。」他孤僻的性格可見一斑。

由於學習勤奮、成績優秀，朱生豪小學畢業後，插入初中二年級。一九二九年畢業於嘉興秀州中學，得校方推薦，升入杭州之江大學並享有獎學金。宋清如說：「我最早認識朱生豪，是在一九三二年秋季。我是師範科畢業的，那一年有了新規定，師範生因曾享受公費，不能直接進入國立大學。於是考進了之江大學，選讀中文系。那時朱生豪已是四年級學生。之江環境幽美，人數不多。在我初次參加『之江詩社』的活動中，偶然地認識了他。」宋清如出身於江蘇常熟一富戶人家，因排行第二，被稱為宋氏二小姐。頭腦封建的父親篤信「女子無才便是德」的信條，只求女兒作一個賢妻良母，而不希望她識文斷字。但天性聰慧的宋清如，自幼喜好讀書。父親去世後，母親拗不過愛女的懇求，只得讓她進學堂。先入蘇州省立女中師範部，後又考入蘇州女子師範。而正當她一心埋首學業之時，六歲就由父母作主與江陰華氏訂下婚約的她，卻面臨著人生最大的轉折點——婚嫁。家裡請來了木工給她做嫁妝，她哭喊著：「我不要嫁妝要讀書！」並以絕食相抗爭，善良的母親又一次作出了讓步。於是她如願考進了之江大學，而也在這裡認識了被一代詞宗夏承燾稱之為「才智，在古人中亦只有蘇東坡一人而已」的江南才子朱生豪。

宋清如晚年回憶道：「因為我在高中時期，開始對新文學有所愛好，也嘗試著寫些新詩。

那天『詩社』活動，我別出心裁地寫了首寶塔詩，作為參加詩社的見面禮，不意這個『詩社』的詩人們，不少是詩詞能手。他們交流的作品，不是詩，就是詞（古體詩詞），可我連平仄都辨不出來。於是寶塔詩無異成了怪物。當時彭重熙（生豪同班友人，詞極好）看到了寶塔詩後，就推給坐在他旁邊的朱生豪看。我注意到，朱生豪看了之後，帶著微笑把頭低下去，既沒有說話，也沒有表情。事情，也許是三五天之後，他給了我一封信，附有自己的三四首新詩，請我指正。我給了回信。這就開始和他有了信件往來，內容無非是交流創作的新詩。後來，我學寫舊詩時，也經常請他修改，從而加深了相互理解。」而在畢業前夕，朱生豪將他對宋清如的愛意，寫成〈鷓鴣天〉三首詞，贈送給她，詞云：「楚楚身裁可可名，當年意氣亦縱橫，同游伴侶呼才子，落筆文華絢不群。招落月，喚停雲，秋山朗似女兒身。不須耳鬢常廝伴，一笑低頭意已傾。」「憶昨秦山初見時，十分嬌瘦十分痴。席邊款款吳儂語，筆底纖纖稚子詩。交尚淺，意先移，平生心緒訴君知。飛花逝水初無意，可奈衷情不自持。」「浙水東流無盡碧，人間暫聚易參商。闌珊春去羈魂怨，揮手征車送夕陽。夢已散，手空揚，尚言離別是尋常。誰知詠罷河梁後，刻骨相思始自傷。」黯然神傷，唯別而矣，朱生豪後來憶及這次的分別，說：「當初在之江最後兩天的戀別，印象太深刻了。至今追憶起來還是摧人肺腑；眼睜睜地看你走了，靈魂上留著一片空虛，人真像死了一樣。」

而自一九三三年夏天在之江大學分別後，朱生豪即到上海，在世界書局供職。三年後宋清如從之江大學畢業，先在湖州教書，不久又到四川。他們又經歷了一段對戀人來說是漫長的離別時期。這期間，朱生豪總是不了給宋清如寫信，每週少不了兩封、三封。「……終於有一天你厭倦歸來，在歡迎你的人群裡，有一個你幾乎不認識了的蒼癯的面貌眼睛，本來是乾枯的，現在則發著歡喜的淚光，帶著充滿感情的沉默前來握你的手。你起始有些愕然，隨即認識了我。我已因過度的歡喜而昏暈了。也許你那時已因人生的不可免而結了婚，有了孩子，但這些全無關係。當我醒來的時候，是有你在我的旁邊。我告訴你，這許多年我用生活的虔敬崇拜你，一切的苦難，已因瞬間的愉快而消失了，我已看見你像從夢中醒來，於是我死去，於你眷舊的戀念和一個最後最大的靈魂安靜的祝福裡。我將從此繼續生活著，在你的靈魂裡，直至你也死去，那時我已沒有再要求生存的理由了。一個可笑的羅曼史的構想吧？」「……後來我們並肩漫步著，我知道這個下午我要離你而去了，心頭充滿惜別的情調，但我知道這是個寶貴而幸福的瞬間，和你走在一起，更沒有別人在旁邊，我們好像說了許多話，又好像一句話也不說。我側過頭來望著你的臉，這是第一回我在夢裡看得你那樣仔細，你並不發胖，但顯然不像從前那樣荏弱相，肌膚也似乎結實得多了。你的臉是那麼明淨、那麼慈愛，像秋之晴空那樣地、像春之白雲那樣地，一個可以羽翼我的母親。看得我哭了，我眼中並沒有淚，但覺得我的全身，全靈魂都充溢著眼淚。我希望世界趕快在這一瞬間毀滅，或是像太陽照著雪人一樣，讓我全身的機構一下子碎成粉末，布散在太空中，每一粒粉末中都含有對你的眷戀，我真不知道盈在我胸中的，是幸福、歡樂、苦痛、惆悵，或是什麼。這些真是我夢中的感覺，並不是此刻為要把信寫得動人而胡謅起來的。」

朱生豪用宋清如送給他的美國康克林水筆，寫下了一封又一封洋洋灑灑、熾熱難耐的情書。但面對這些壯麗的愛情詩篇，宋清如似乎有些猶豫、彷徨了。是愛還沒有成熟？抑或是預見到以後生活的艱辛？她也說不清。她暫時把自己的一顆愛心包裹起來了。但朱生豪並沒有氣餒，他說：「謝謝你給我一個等待。作人最好常在等待中，須是一個遼遠的期望，不給你到達最後的終點。但一天比一天更接近這目標，永遠是渴望。不實現，也不摧毀。每發現新的歡喜，是鼓舞，而不是完全的滿足。頂好是一切希望化為事實，在生命終了前的一秒鐘。」愛，就在這痛苦、磨難和等待中，一步步昇華。從相識，經過十年的愛情長跑，在一九四二年——這個腥風血雨、國難當頭的時刻，宋清如長途跋涉來到了孤島——上海。她在朱生豪最落魄、最痛苦、最困難、最需要她的關頭，一改過去的羞怯、徬徨，毅然決然地答應和他結婚。

結婚準備工作由她的詩友、熱心潑辣的張荃大姐一手操辦。證婚人是朱生豪中學時代的校長、之江大學教務長黃式金先生。恩師夏承燾和陸高誼擔任介紹人。婚禮在五月一日國際勞動節，典禮是那樣的寒磣，沒有鮮花、沒有鼓樂。新娘的結婚禮服、皮鞋是從一位李姓的同學那裡借的，新郎的長袍是臨時向一位包車夫租的。新房就在朱生豪姑媽住的那八平方米的小閣樓上。因為沒有像樣的擺設，使得介紹人夏承燾先生題寫的「才子佳人柴米夫妻」的條幅顯得更加醒目。是的，為了成就朱生豪的事業，這位已發表了不少詩作、寫了不少小說，被《現代》雜誌主編施蟄存稱為「不下冰心女士之才能」的才女，決定犧牲自己的事業，全力輔助朱生豪，做一名名副其實的「柴米夫人」了。

新婚，沒有使這對才子佳人嚐到甘甜。他們處於生活無著，貧困潦倒的境地。為了解決生計問題，為了能繼續從事譯莎工作，他們不得不離開上海，帶著他們的全部財富——一只籐箱，來到宋清如的娘家——常熟，朱生豪取出箱中劫後餘生的莎翁原著和兩本字典，終日閉門不出，埋首於翻譯工作。其實早在一九三五年春，當日本帝國主義譏笑中國文化落後到連莎氏全集都沒有譯本時，朱生豪在世界書局英文部負責人詹文滸先生的支持和幫助下，就開始這一項填補中國文化空白的宏偉工程。他並寫信給還在之江大學就讀的宋清如說：「你崇拜不崇拜民族英雄？舍弟說我將成為民族英雄，如果把Shakespeare譯成功以後。」宋清如感動之餘，四處奔走為他搜集各種版本、各種資料，在她全力支持下，朱生豪握著宋清如送他的那支筆，開始去攻占他偉大的目標。也許是「神筆」相助吧，朱生豪的翻譯速度異常驚人。在一九三七年六月，第一輯「喜劇」已譯完七卷，交付世界書局。然而就在此時日本侵華，即將付梓的七卷譯稿、有關資料和四本已經釐定的詩集《古夢集》、《舊體詩》、《小溪集》、《丁香集》（新詩），連同一點家當，都毀於日軍的炮火中。於是一切從頭開始，不到半年，莎翁九種「喜劇」全部補譯完畢。然後他又馬不停蹄地翻譯第二輯「悲劇」。而此時因戰亂紛起，娘家的家業一天天地衰敗，他們僅有的經濟來源斷了，僅能靠微薄的稿費勉強度日，而這時朱生豪的姑媽、表姊也從上海遷來避難，一下子添了兩張閒嘴，加上物價飛漲，他們的日子幾乎到了山窮水盡的地步。而此時的宋清如，買米、燒飯、買菜，照顧有病的小叔……那時她還懷著身孕，但為了掙幾文錢貼補家用，這位從沒有動過針線的大家閨秀，挺著日益隆起的大肚子，到街坊的成衣店領取衣物，代為拆補。

生活的重壓沒有抑制朱生豪譯莎的成果，他雖是「一架沒有吸足油的機器」，但他的運轉速度卻一天比一天驚人。從一天譯三千字上升到八千字。第二輯「悲劇」譯完了，第三輯「雜劇」中的《理查二世》第四卷譯成了。可是貧困交加和過度的勞累，無情地摧毀朱生豪的健康。一九四三年六月一日，當他譯到《亨利五世》時，突然肋骨疼痛，發高燒，並伴有咳嗽和手足痙攣等現象，經診斷是肺結核。日益虛弱的身體使他再也無力握筆，他躺在病床上，後悔萬分地對宋清如說：「早知一病不起，就是拚著命也要把它譯完。」臨終前的一天，他艱難地病床上欠起身，憐愛地撫摸著她的頭髮，輕輕地、輕輕地念叨：「要是我死了，好友，請你親手替我寫一墓誌銘，因為我只愛你的那一手『孩子字』，不要寫在什麼碑版上，請寫在你的心上，『這裡安眠著一個古怪的孤獨的孩子』。」「朱朱，不會的，你不會死的，你的事業還沒有完成，上帝也會伸出手來救你的！」她捧著他的頭，強壓著悲痛哽咽著，大顆大顆的淚珠滴灑在朱生豪的頭上。一九四四年十二月廿六日。這位文壇翻譯巨匠，在落魄、困苦和貧病中隕落了，那年他才三十二歲，留下一個十三個月大的兒子。

「生來相愛不容易，死後相愛尤可貴。」多少個風雨之夜，宋清如靠在朱生豪的書桌上，她與他的照片、手跡、情書、鋼筆、籐箱……還有他的靈魂相伴。她病了，病得很重，但她最終沒有被擊倒！她要把全部的愛傾注在朱生豪未竟的事業上。她廢寢忘食地整理、修訂朱生豪的遺著；她為譯稿的出版到處奔走。一九四七年世界書局先後出版了三輯廿七種，而直到一九五四年八月，人民文學出版社才出齊朱生豪譯的莎劇三十一種。手捧著書，宋清如激動得大哭起來：「朱朱，你十年的磨難，十年的艱辛，十年的心血終於結出沉甸甸的碩果。」而一九五五年已被人民政府妥善安置在杭州商業學校當教師的宋清如，特地告假一年，前往四川，在朱生豪的胞弟朱文振的協助下，著手翻譯丈夫未及譯成的六種莎翁史劇。但在文革期間，她已譯好的五個半的史劇，卻被紅衛兵給燒了。直到一九七八年，人民文學出版社對朱生豪所譯的三十一個劇本進行校訂，並把補譯的六個歷史劇和莎氏詩歌譯作全部出齊。至此朱生豪的全部心願和未竟之志終於實現了。宋清如淚如泉湧，哽咽著說：「朱朱，古怪的孤獨孩子，今天，莎翁傑作已在中國大地上發出特有的光輝，你不再孤獨，你可以含笑九泉了！」。我們感懷朱生豪所留下的燦爛輝煌的業績，我們也看到這位他事業不可或缺的助手，這位執拗、堅韌的慈祥老人——宋清如，她把他們共同凝聚的超越生死的愛，化為力量的源泉，在人生崎嶇而又漫長的道路上繼續跋涉……一九九七年，宋清如寂然去逝，但她已經完成了朱生豪的遺願，完成《莎士比亞全集》的翻譯。

註：本文之寫就，參考屠駿祥之訪問資料，特此致謝。

咫尺天涯共相思
——蕭三的異國戀曲

他是一個歷史複雜、閱歷豐富的人。他在茫茫天宇下，在萬古長存的大地上苦苦求索，幾近一個世紀。湘江水邊、巴黎街頭、莫斯科紅場、延安窯洞……到處都有他匆忙的身影和艱辛的足跡。他是一個以詩歌為第二生命的人。作為一個革命者、一個共產黨人、一個國際主義戰士，身居異國，他出於革命的需要開始寫詩。他說：「我首先是黨員，然後才是詩人。」又說他「不以詩篇為生命，而以生命作詩篇。」是的，他漫長的一生就是一首豐富多彩的壯麗史詩。他就是蕭三。

蕭三原名蕭子暲，筆名埃彌・蕭，那是因為尊敬盧梭的《埃彌爾》而取的，埃彌是埃彌爾的縮寫。一九八六年十月十日生於湖南湘鄉。湖南省立一師畢業後，曾任教於一師附小，與毛澤東、蔡和森一起創建新民學會。一九一八年赴北京，入勤工儉學留法預備班，後參加五四運動。一九二〇年五月赴法，入蒙達日公學，組織「工學世界社」並研討馬列主義。一九二二年秋加入中國共產黨，年底赴俄，在東方勞動者大學學習。一九二四年回國，一九二七年國共分裂，曾任國中央組織部長和代理書記，參加過上海工人的三次起義。後因病赴蘇療養，並先後任教於遠東大學和莫斯科東方學院。一九三〇年秋曾作為中國左翼作家聯盟的代表，出席在蘇聯哈爾科夫舉行的國際革命作家代表會議，並被選為國際革命作家聯盟書記處書記，主編《世界革命文學》的中文版。一九三三年入紅色教授學院學習。一九三四年出席蘇聯作家第一次代表會議，並連任兩屆蘇聯作協黨委委員。在蘇期間，蕭三除用俄語寫作並出版了《詩歌》、《擁護蘇維埃中國》、《湘笛集》、《蕭三詩選》等作品外，還經常為《救國時報》撰稿，宣傳中國革命和工農紅軍、宣傳魯迅和中國左翼文學，在國際上有相當影響。

而就在一九三四年十月，蕭三在黑海之濱的療養勝地加格里，有了一次異國的戀情。雖然在這之前蕭三已有過一次婚姻，那是早在一九一四年的暑假，蕭三到父親的學生譚半泉家去玩，認識半泉的十六歲的妹妹譚雪君。雪君身材粗壯，肩寬手大，烏髮如雲，鴨蛋臉，高而略大的鼻子下，齒白唇紅。眼睛雖不大，卻很有神采。蕭三對她頗有好感，於是向母洩露自己的感情。婚事在一週後便定下來，不幾日這個沒有生活經歷天真幼稚十八歲的蕭三，便成為雪君的丈夫。婚後兩人感情並不融洽。雪君身體結實，做飯、洗衣、辦酒席樣樣能幹，但性情剛烈，缺少溫柔體貼，於是兩人便開始發生齟齬，久之感情的裂痕則愈來愈深。加之雪君不識字，又較粗心，既不瞭解國家社會，更不瞭解丈夫的宏大抱負。於是雪君在蕭三心裡所占的地位愈來愈小了。此時，留法勤工儉學運動在全國興起，到國外尋找救國救民之途的思想開始在蕭三的腦海中醞釀。蕭三婚後一年，雪君為他生了一個女兒。但不到幾個月便抽風夭折了。這樣，維繫蕭三與雪君愛情苦果的最後一束紐帶也終於斷了。後來，蕭三離開家鄉，在風風雨雨

1936年11月，蕭三與夫人葉華在莫斯科留影。

裡，難以顧及雪君。這位不曾擺脫封建思想束縛的年輕女子，在憂傷中死去，死時剛滿三十歲。

在黑海之濱的蘇聯作家協會休養所的一次午餐中，有一個姑娘吸引蕭三的視線。她年輕、漂亮。豐腴窈窕的身材，金色的頭髮，一雙深如泉水般清澈、蔚藍色的眼睛，在長長睫毛下閃動著好奇又快活的光芒，鮮紅小巧的唇上，掛著天真的微笑。她原名埃娃，一九一一年生於萊茵河畔的一個富裕的猶太醫生家庭。但她未滿周歲時，父親因病去世，生活擔子落到受過良好教育的母親身上。儘管當時的德國仍保留著婦女不參加工作的習俗，但為了撫養子女，她背起相機走出了家門。清苦的生活鍛鍊了埃娃堅強的意志和追求新思想新事物的性格，同時母親的攝影愛好也成為她的嗜好，並從此決定了她日後的職業。十七歲時，埃娃考入慕尼黑電影學院學習電影攝影。也就在這年，她母親去世。在唯一的哥哥赫伯特的幫助下。她完成了學業。一九三〇年，她哥哥把她從將要納粹化的德國接到瑞典。

而這次是她哥哥送給她一張來蘇聯參觀的旅行證，作為她二十三歲的生日禮物，於是她來到這個巨大而神祕的國家。三十八歲的中國詩人，以他那溫文爾雅的不凡氣度、幽默的談吐和淵博的知識，擾動了這個在資本主義國家長大的女孩的心湖。她對蕭三產生了強烈的好感。她非常想聽他講講她所不知道的許多事情。蕭三毫無保留地講述了自己的經歷，講了毛澤東，講了新民學會，講了留法勤工儉學……就這樣，他們忘卻了時光的流逝，忘卻了周遭的一切，只知道兩顆心是那麼快地貼近了起來。

然而，一聲車鳴，撕碎了一個美麗的夢。休假期限的來臨，使他們不得不分開。回到斯德哥爾摩的埃娃，天天等待著蕭三的來電或來信。蕭三每天用熱得灼人的心，書寫著一封封熱得炙人的信：「你實在是一個很好的孩子，我非常地愛你。」「我的愛人埃娃，我要你快點來莫斯科，很快地來！」「不要忘了我，我非常地愛你。」「我很愛你，一分鐘也不忘記你。你是我的，我是你的。」信是用俄文間或用拉丁文拼成中文寫的。兩顆相愛的心，像兩顆巨大的磁石，緊緊地向著一個共同的方向急速地靠攏著。但是，擺在埃娃面前的困難，並不僅僅是時間與地點的考驗，也不僅僅是來自家庭的反對。這是一個十分重大的考驗，它意味著放棄自己的國籍，去作一個社會主義蘇聯的公民，這是她從未想像過的嚴峻課題。

蕭三又拿起筆給埃娃寫了一封長長的信。他向她說明，客觀上她不具有蘇聯國籍就不可能與他成婚，主觀上他需要一位有政治覺悟的妻子而不是一個表面上的蘇聯人。半年後的一九三五年八月，經過許多波折和一系列繁瑣的手續之後，埃娃終於來到莫斯科，加入蘇聯國籍。在一棟政治僑民宿舍裡，她和蕭三舉行了隆重而簡樸的婚禮。

在莫斯科，他們生活了四年。「七七事變」後，蕭三堅決要求回到延安，這年十月，在共產國際總部，他邂逅老熟人任弼時，於是通過他們的共同努力，蕭三被批准十一月底返國。因是組織祕密安排，因此埃娃和孩子無法同行，於是母子只得暫回瑞典哥哥赫伯特處居住。在車站前，埃娃流著淚對蕭三說：「我們，什麼時候能再見面？」蕭三則輕輕吻了吻妻子的金髮，然後在一張她為他拍的照片後，題下了〈送別埃娃我愛〉的詩：「送君千里，／終須一別。／但願此心耿耿，／千古同明同滅。／如行地的江河，如經天的日月。／後會有期，且努力／完成我們的事業。」深夜，雪花飛揚，亮如白晝的月台，他們分別了。蕭三跟著火車奔跑，直到它如一條響尾蛇鑽進黑暗的夜空。他孤零零地成了個雪人。回到家，他眼角噙滿淚水。他不僅離開了嬌妻愛子，也將離開他奉獻了自己的青春、生活長達十一年的蘇聯。

經過長途跋涉，一九三九年五月，蕭三激動地來到延安。他廢寢忘食地參加和組織抗日宣傳工作，他創作了〈詩人，起來！〉的詩：「詩人，起來／現在這時節／不能貪取甜蜜的睡鄉／莫忘了，千萬戰士的熱血／流在中原的沙場上……」而令他們最高興的是，一九四〇年九月，經毛澤東批示，埃娃母子來到延安。一家三口住進了中央文化俱樂部內，「葉華」的名字便是這時取的。葉華在延安擔任女子大學托兒所保育員和「抗日小學」教育顧問，還常到醫院的門診部接待年輕媽媽，教給他們在艱苦環境中帶小孩子的方法。她也參加過大生產運動，紡紗織布，種西紅柿，吃稀飯和土豆，她不怕苦。

有次，賀龍問葉華：「你不遠千里來延安，一定很愛蕭三吧？」葉華笑了。的確，她很愛蕭三。但畢竟她是一個西方的普通女性，她和蕭三的思想境界還有不少距離，而正是這種思想上的距離他們在延安開始經常性的爭吵，加之蕭三身兼數職，忙得難以顧家，葉華常感到孤獨和受冷落。於是一九四三年夏天，葉華提出兩人暫時分開一段時期。蕭三同意了。葉華想去蘇聯，為通過國統區方便，由周恩來簽署了一張假離婚證。當她與毛澤東告別時，毛澤東說：「歡迎你再回來！」十一月廿三日，她帶著長子立昂和在延安生的兩歲次子維加，離開了延安。後來她回憶這是她「生命中最黑暗的一天。」車子開動了，葉華還試著想跳下車，但終於沒敢。他們沒有好好說點什麼就分手了，蕭三心中很難過。一路，他眼淚涔涔。這次，多情的詩人，比在蘇聯別妻離子更要痛苦得多了。因為這一別竟是六年的時光！

在蘇聯哈薩克的齊姆肯特，葉華和孩子們過著艱苦的生活。她曾在一個小鎮上租了兩間小屋。每天把孩子鎖在家裡，自已則背著相機，挨家挨戶找生意，賺到幾個錢，只夠買一點黑麵包和酸牛奶。繁重的工作和家務使她疲憊不堪；有時為讓孩子吃飽，她自己忍飢挨餓，因此身體越來越瘦弱，但她相信總有一天要返回中國，回到丈夫身邊，讓孩子回到父親懷抱。為了迎接這一天，她監持學習中文，同時還學習英文。團圓的日子終於姍姍來遲。一九四九年七月，葉華母子獲准到莫斯科，而蕭三正作為中國代表在莫斯科參加普希金誕辰一百五十周年的慶祝活動。他們相會了，他們緊緊地擁抱，淚水奪眶而出，他們相信今後他們是永遠再不分開了。

回到中國後，蕭三任文化部外事局局長，奔走世界各地，促進世界和平和文化交流，並先後出版著作、譯作十五部。葉華任新華社攝影記者，她用照片展示中國環境和生活的變化，也出版了多種影集。她精通德、俄、英、法、瑞典等國語言，並開始用漢語寫作。他們夫婦積極投身各自事業，還常在家中熱情接待文學青年。一九六四年十月，經周恩來親自批准，葉華加入了中國國籍，從此，中國成了她的祖國。

十年文革，蕭三和葉華都被戴上「國際特務」的帽子被捕入獄。甚至三個孩子也先後遭殃：一個是「反革命」，一個是「五一六份子」，一個是「特嫌」。烏雲鋪天蓋地而來，將這個幸福的家庭密密實實地罩住了。蕭三和葉華同被關在北京郊外的秦城監獄，但卻彼此不能見面，不通音訊，不知下落。就如蕭三〈獄中述懷〉所說的：「夫妻同落網／算是共患難／拘留同監禁／咫尺若天涯／本與「同朝夕」／卻不許見面／我心痛腸斷／她眼淚洗臉／地共相思／人世稱稀罕／如此直至終身日／夫妻能否見一面？」而抄家時，那些凝聚蕭三一生心血的文稿被抄走，令原來有病的他，病勢更加重，有時竟出現休克狀態。七年零三個月之後的一九七四年，蕭三與葉華獲釋了，但仍然戴著「特務」帽子，「群眾專政」，監督看管。他們住在北京東單麻線胡同的平房裡，靠一點生活費度日，有時還要被批鬥。延安時的生活是清貧的，但他們有工作的權利，雖苦猶甜；而現在……。後來葉華忍無可忍，她勇敢地提起筆，用不很熟練的漢語，給當時的中央組織部長胡耀邦寫了一封申訴信。直到一九七九年九月，他們才被徹底平反了。

「我雖老而殘，志意猶少壯。」平反後，他們又準備以高昂的熱情投入工作。然而對於蕭三，政治名譽恢了，但恢復得太慢了，他的身體已因監獄折磨而難以恢復了。他住進了醫院，葉華時刻陪伴著他；當年風華正茂，如今垂垂老矣！她望著蕭三額頭上的皺紋，她心中默默祈禱著他們能一道走完人生最後的旅程，但她的希望卻成了泡影，一九八三年二月四日，蕭三那雙曾握過高爾基、法捷耶夫、毛澤東、蔡和森、周恩來、胡耀邦等人的手，從床頭垂了下來；那張曾歷經南海、紅海、地中海、黑海的海風和黃土高原的寒風吹過的臉，也不再會有任何表情了。蕭三走了，葉華悲痛欲絕，要是能再過兩年，他們就可一起慶祝金婚了！

雖然他們曾經分分合合，但半個世紀的相繫相依，雖時而熱誠地尋找，時而苦地期待，時而近在咫尺，時而遠在天涯。但幾經歲月的顛簸，幾經歷史的磨難，坎坎坷坷，風風雨雨，是愛情的信賴，把這對備受苦痛熬煎的夫妻緊緊地維繫在一起。因此葉華拒絕了許多外國朋友及家鄉親人們的邀請，她沒有移居國外，她愛蕭三，也像愛蕭三一樣愛著中國。她寫了《中國——我的夢想，我的生活》，引起諸多迴響。她不僅寫下對丈夫的懷念，更寫下了對中國這塊土地的眷戀！

註：本文之寫就，參考吳爍星、王衛的〈藍眼睛和黑眼睛的對話〉一文，特此致謝。

釀時代11　PC0425

蕭紅、徐志摩、朱自清等21位五四文青羅曼史

作　　者　蔡登山
責任編輯　蔡曉雯
圖文排版　楊家齊
封面設計　陳佩蓉

出版策劃　釀出版
製作發行　秀威資訊科技股份有限公司
114 台北市內湖區瑞光路76巷65號1樓
電話：+886-2-2796-3638　傳真：+886-2-2796-1377
服務信箱：service@showwe.com.tw
http://www.showwe.com.tw
郵政劃撥　19563868　戶名：秀威資訊科技股份有限公司
展售門市　國家書店【松江門市】
104 台北市中山區松江路209號1樓
電話：+886-2-2518-0207　傳真：+886-2-2518-0778
網路訂購　秀威網路書店：http://www.bodbooks.com.tw
國家網路書店：http://www.govbooks.com.tw
法律顧問　毛國樑　律師
總 經 銷　聯合發行股份有限公司
231新北市新店區寶橋路235巷6弄6號4F
電話：+886-2-2917-8022　傳真：+886-2-2915-6275

出版日期　2014年10月　BOD一版
定　　價　360元

Printed in Taiwan

國家圖書館出版品預行編目

蕭紅、徐志摩、朱自清等21位五四文青羅曼史 / 蔡登山著.
-- 一版. --臺北市 : 釀出版, 2014.10
面 ;　公分. -- (釀時代 ; PC0425)
BOD版
ISBN 978-986-5696-40-5 (平裝)

1. 蕭紅 2. 傳記

782.885　　103017654

讀者回函卡

感謝您購買本書，為提升服務品質，請填妥以下資料，將讀者回函卡直接寄回或傳真本公司，收到您的寶貴意見後，我們會收藏記錄及檢討，謝謝！

如您需要了解本公司最新出版書目、購書優惠或企劃活動，歡迎您上網查詢或下載相關資料：http:// www.showwe.com.tw

您購買的書名：＿＿＿＿＿＿＿＿＿＿＿＿＿＿＿＿＿＿

出生日期：＿＿＿＿年＿＿＿＿月＿＿＿＿日

學歷：□高中(含)以下　□大專　□研究所(含)以上

職業：□製造業　□金融業　□資訊業　□軍警　□傳播業　□自由業

□服務業　□公務員　□教職　□學生　□家管　□其它＿＿＿

購書地點：□網路書店　□實體書店　□書展　□郵購　□贈閱　□其他

您從何得知本書的消息？

□網路書店　□實體書店　□網路搜尋　□電子報　□書訊　□雜誌

□傳播媒體　□親友推薦　□網站推薦　□部落格　□其他＿＿＿＿＿

您對本書的評價：（請填代號　1.非常滿意　2.滿意　3.尚可　4.再改進）

封面設計＿＿　版面編排＿＿　內容＿＿　文／譯筆＿＿　價格＿＿

讀完書後您覺得：

□很有收穫　□有收穫　□收穫不多　□沒收穫

對我們的建議：＿＿＿＿＿＿＿＿＿＿＿＿＿＿＿＿＿＿

＿＿＿＿＿＿＿＿＿＿＿＿＿＿＿＿＿＿＿＿＿＿＿＿

＿＿＿＿＿＿＿＿＿＿＿＿＿＿＿＿＿＿＿＿＿＿＿＿

＿＿＿＿＿＿＿＿＿＿＿＿＿＿＿＿＿＿＿＿＿＿＿＿

請貼
郵票

11466
台北市內湖區瑞光路 76 巷 65 號 1 樓
秀威資訊科技股份有限公司 收
BOD 數位出版事業部

（請沿線對折寄回，謝謝！）

姓　　名：＿＿＿＿＿＿＿＿　年齡：＿＿＿＿　性別：□女　□男

郵遞區號：□□□□□

地　　址：＿＿＿＿＿＿＿＿＿＿＿＿＿＿＿＿＿＿

聯絡電話：(日) ＿＿＿＿＿＿＿＿ (夜) ＿＿＿＿＿＿＿＿

E-mail：＿＿＿＿＿＿＿＿＿＿＿＿＿＿＿＿＿＿